한류노믹스

한류효과론

# 한류노믹스

**K**OFICE

## 목차

**프롤로그**
'국뽕'과 자화자찬을 넘어 한류의 객관적 가치를 따져보자 6

### 제1부 한류의 경제적 파급효과

- 한류를 대하는 우리의 자세 18
  - 왜 이토록 '효과'에 집착하는가 19
  - '시장 가격을 넘어서는' 문화산업의 특성 21
  - 공공재로서 '한류', 어떤 가치로 각인을 시킬까 23
  - 경제적 효과 분석, 아직은 미완의 도구 26
  - 한류 영향권을 어디까지 볼 것인가 28
  - 한류에도 '축적의 시간'이 필요하다 30

- 한류의 경제적 효과에 관한 연구 32
  - '한류지수'에 대한 이해와 '한류의 경제적 파급효과' 산출과정 33
  - 권역·국가별 한류지수와 한류콘텐츠 소비 추이 39
  - 국가별 한류콘텐츠 경험률, 최근호감도, 소비량변화 추이 50
  - 국가별 한류콘텐츠 선호집단 분석 118
  - 한류 마니아 분포 129
  - 경제적 효과의 분석범위 및 추정방법 143
  - 한류의 직·간접 수출효과 148
  - 한류의 국민경제적 파급효과 153
  - 한류의 경제적 파급효과 분석에 대한 소결 161

## 제2부 한류의 정성적 파급효과

- 한류와 국가 브랜드 172
    - 한류 확산과 국가 위상 변화 173
    - 해외 시장에서의 '생활 한류'와 국가 브랜드 효과 179
    - '코리안 메이드'의 반란 186
    - Visit Korea 외래 관광객 2천만 시대 194
    - 국가 브랜드로서의 한류 198

- '코리안 웨이브' 타고 세계로 확산되는 한글 201
    - 방탄소년단 B.T.S의 나라로 202
    - 학생만큼 늘어난 한국어 선생님 218
    - 한국어 교육 영토의 현주소 222
    - 한류와 한국어 교육의 미래 230

- 새 시대의 공공외교 그리고 한류 235
    - 신新공공외교의 부상 236
    - 시대별 한류 현상의 주체와 공공외교 패러다임의 변화 246
    - 한류, '소프트 파워'를 넘어 '오가닉 파워'의 공공외교로 259

참고자료 _ 261
KOFICE 간행물 _ 268
엮고 쓰다 _ 270

● 프롤로그

## '국뽕'과 자화자찬을 넘어
## 한류의 객관적 가치를 따져보자

미래 성장동력과 국정농단의 먹잇감 사이에서
길 잃은 대한민국 '한류'

    모두가 희망하는 미래지만 준비 없는 희망은 무책임하다. 특히 과거 성공 경로에의 지나친 의존이야말로 실패의 지름길이다. 지속가능한 미래 한류 역시 준비하고 대비해야 한다. 어떤 준비를 해야 할까? 돌이켜보면, 남들보다 늦은 탓에 피눈물 나는 각고의 노력으로 우리는 3차 산업혁명의 '빠른 추격자 fast follower'로서, 경이로운 압축성장을 이뤄냈다. 게다가 뜻하지 않게 한류라는 문화적 성공의 주인공으로서 지난 20여 년간 적잖은 영광을 누렸다.

    김영삼 정부 시절 할리우드 영화 〈쥬라기 공원〉이 거둔 수익이 현대자동차 150만대 판매액과 맞먹는다는 말이 나온 이후, 문화산업은 우리의 새로운 성장 동력으로 공식화되었다. 그 후 정권이 여러 차례 바뀌었지만 문화콘텐츠산업에 대한 정부의 지원 의지는 더욱 뜨거워져 갔고, 관련부처와 시장은 하루가 다르게 몸집을 키워나갔다. 학계에서도 발 빠르게 '문화경제학'이 학문의 새 영역으로 부상하면서 '문화산업의 지원 필요성'에 대한 경제학적 정당화가 상당 부분 진전을 이루었던 시절이었다.

이 와중에 우리의 '한류'는 늘 끊임없이 대형사고(?)를 쳤다. 1997년 〈사랑이 뭐길래〉와 1998년 H.O.T.의 중국 진출을 시작으로 최근 〈태양의 후예〉와 방탄소년단에 이르기까지, 글로벌 흥행을 이어 왔고 지금의 한류는 누구나 인정하는 글로벌 문화트렌드로 자리매김됐다. 과거 해외에 비친 한국의 이미지는 '조용한 아침의 나라', '세계 유일의 분단국', '한강의 기적', 'IT 강국' 정도였다면, 한류의 글로벌화 후에는 한류가 일본의 대중문화를 대체하며, 아시아를 넘어 유럽과 미주 대륙까지 영향을 미치는 국가브랜드로 효자 노릇을 톡톡히 해내기에 이르렀다.

그 후에도 한류는 진화를 거듭했다. 소위 '문화가 새로운 국제사회의 권력이 될 것'이라는 새뮤얼 헌팅턴의 예견이 정부의 각종 보고서를 장식했고, 조지프 나이의 '소프트 파워로서의 문화'는 한류가 우리의 문화적 자부심을 넘어 국가전략의 중요한 동력임을 안팎에 선언케 했다. 그런 한류가 최근 들어 예전만 못하다. 무엇보다 최순실과 차은택으로 대변되는 국정농단의 불똥이 여기저기 튀었기 때문이다. 현직 대통령의 파면으로 그치는 것이 아니라 그동안 진행되던 국가사업은 멈추었고 지원은 축소되었다. 상징적으로 한류, 창조경제, 융합, 문화융성 등은 2017년 현재 대한민국 국회와 예산당국이 고개를 절레 흔들며 손사래 치는 암묵적 금기어가 되어버린 지경이다. 이 와중에 한류의 경제적, 사회적 효과라며 수치와 지표를 제시하는 게 과연 적확한 상황인식인지에 대한 논란까지 불러일으킬 정도다. 무엇보다 한류를 둘러싼 다양한 정성적, 정량적 분석이 자칫 '효과에 대한 집착'으로까지 비쳐질 수 있다는 자기검열과 경계가 바로 그것이다.

사실 그동안 우리 정부와 업계가 한류산업 부문에 대한 국가적 지원을 위해 끊임없이 '한류 위기론'과 '한류의 경제적 효과론'을 번갈아 활용해온 것 또한 상당 부분 사실이다. 그런 탓일까? 지난 정부가 '문화융성'을 국정기조로 내세웠지만, 바로 문화 분야에서 발생한 스캔들로 몰락하게 된 것도 의미심장하다. 문화, 특히 한류에 대한 깊은 철학 없이 그저 '문화로 돈을 버는 것'으로 치부한 천박함이 국정농단 사태의 출발이 아니었나 싶다. 이처럼 국내적으로 한류가 추문에 휘말려 지금 다소 빛이 바래고 있다지만, 창의력과 추진력을 바탕으로, 우리 문화와 경제의 한 축으로 자리 잡은 '글로벌 한류'의 위상은 여전히 굳건하다. 한류의 출발 자체가 좁은 내수의 한계를 벗어나기 위한 시장의 몸부림이었기에, 틈새와 변방에서의 탈출, 원히트 원더one-hit wonder에의 끊임없는 의심과 위기극복은 우리의 피할 수 없는 과제였다. 결코 멈출 수 없는 변화와 혁신은 우리 한류의 숙명이며, 이미 달궈질 대로 달궈진 성장엔진은 안팎의 우려처럼 그렇게 쉽게 식지 않을 것이다.

이제 '한류'는 명실상부 대한민국 대표 국가 브랜드가 되었다. 한국 이미지와 한류의 그것은 서로 겹칠 수밖에 없고 동전의 앞뒷면처럼 불가분의 관계가 되었다. 그렇다고 한다면 한류가 해외 다양한 지역에서 어떤 방식으로 얼마나, 어떻게 수용되는지, 그리고 그것의 계량적 효과는 얼마나 되는가를 주도면밀하게 살펴보는 작업은 너무도 당연하다. 다만 한류를 산업적 가치와 경제적 효과의 범주에서만 바라보았던 기존의 접근방식이 소위 '공공재公共財로서의 한류'에 대한 충분한 이해를 결여한 것임을 우리는 지적하지 않을 수 없다. 당초 한류가 정부나 대기업에 의해 철저히 사전 기획되어 진행된 것이 아닌 탓에 우리가 의도치 않고 간과했던 한류의 정치, 사회, 문화적 외부효과Externality에 대한 분석 또한 별도의 중요한 연구 지점이 되어야 할 것이기 때문이다.

## 진화進化하는 한류산업,
## 그 효과는 과연 무엇이고, 얼마나 될까?

이것은 단순한 듯, 단순하지 않은 질문이다. 다수의 사람들은 익히 들어본 소위 '한류의 경제적 효과'를 우선 떠올릴 수 있다. 2012년 전 세계를 그야말로 뜨겁게 달궜던 싸이의 〈강남스타일〉 신드롬 당시, 경제적 효과로 거론된 액수만 무려 1조 원이 넘는다. 하지만 이는 정확히 계산된 수치가 아닌 다수의 국내 언론과 국민들의 기대가 반영된, 상당 부분 추론에 불과했다. 물론 이를 계기로 드라마 〈별에서 온 그대〉, 〈태양의 후예〉 등 소위 대박 한류 콘텐츠가 등장할 때마다 이들의 경제적 가치를 측정하고 홍보하려는 각고의 노력들이 언론과 학계 차원에서 적극 진행되었다. 이는 산업으로서 한류의 가치를 객관적으로 평가하고 지원함에 있어 긍정적인 '시그널'이 되었음은 물론이다. 또한 한류 콘텐츠의 경제적 가치와 효과가 가시화될수록 '융합한류'라는 거대 기조 하에 뷰티, 관광, 음식, IT 등 다양한 산업 군과의 연계 또한 두드러지는 양상을 보였다. 즉 한류산업과 관련된 영역, 장르, 대상들이 수직적으로 또는 수평적으로 확장되고, 합쳐지고, 이어지고, 고도화되는 등의 복잡다단하면서도 스마트한 융합 과정이 가시화되었다고 볼 수 있다. 그 옛날 한두 개의 프로그램이나 스타 연기자, 아이돌 그룹을 앞세워 해외 진출에 고군분투하던 한류가 어느새 화장품, 관광 심지어 공공외교까지 여러 식구를 거느린 어엿한 장남이 된 듯하다.

## 싸이의 <강남스타일> 신드롬 그 이후, 수치화에 발목 잡힌 한류산업

싸이의 <강남스타일>이 전 세계인들에게 K-POP, 더 나아가 K-CULTURE의 존재 가치를 널리 알리면서, 우리는 이내 즐거운 상상에 빠져들었다. 우리의 문화산업, 즉 한류가 세계 대중문화 시장에서 주류로서 본격 편입되었다는 평가가 그것이다. 이러한 상상이 헛된 망상이 아니라는 것을 증명하려는 듯, 싸이 이후 EXO, 방탄소년단, 트와이스 등 여러 K-POP 아이돌이 美 빌보드와 일본의 오리콘을 비롯해 전 세계 음악 시장을 뜨겁게 달구고 있다. 한편 <별에서 온 그대>, <태양의 후예>, <도깨비> 등 대박 한류 드라마 또한 한류산업이 위기를 겪을 때마다 분위기 반전을 위한 구원 투수 역할을 톡톡히 해냈다. 무엇보다 화장품, 의류, 액세서리, 관광 등 한류콘텐츠를 매개로 한 소비재 및 서비스 상품의 노출은 경제적 효과로 이어지는 각종 계량적 수치를 보다 크게 상승시키는 데 일조했다.

이를 뒷받침하듯 최근 몇 년간 우리나라 제조업 전체의 수출량은 하향세가 두드러졌지만, 한류로 인한 수출액 부문은 지난 4년간 견조한 증가세를 보였다. 연평균 5.2%의 증가율로 2013년 64억 달러에서 2016년 78.5억 달러까지 꾸준히 증가했다. 한류의 국민경제적 파급효과로 제시되는 생산유발효과도 동기간 13조 9,051억 원에서 17조 8,493억 원으로 증가했다. 이 견고한 성장세는 한류산업이 한국 경제의 미래 성장동력으로서 그 중요성이 얼마나 막대한가를 여실히 증명해주고 있다.

하지만 이처럼 몇 천억 또는 조 단위로 산출되는 '한류로 인한' 수출액과 국민경제적 파급효과 산출의 가치에 대한 의견은 여전히 분분하다. 한류에 대한 정책적 지원을 위해 가시적 성과를 객관적으로 측정하고, 연차별로 계량화하는 것은 필수적이다. 그러나 한편으로는 한류 효과의 수치화 작업이 곧 정부의 지원의지를 다잡고 정책자금을 얻기 위한 수단 그 자체로 변질되지 않았나 하는 우려의 목소리 또한 상당하다. 아울러 언제나 자본이 부족한 문화산업 종사자들이 정부 또는 금융권의 투자·지원을 받음에 있어 내세울 수 있는 객관적인 명분이 그나마 '한류의 경제적 효과'밖에 없다는 옹색한 현실이 자칫 한류의 가치를 금전적으로만 환원시키는 오류를 범할 수 있다는 점도 지적되고 있다. 따라서 우리는 한류의 본질인 문화적 가치에서부터 경제, 사회, 정치·외교 영역까지 전 방위적으로 확산이 가능한, 한류의 파생적 외부효과를 우리 스스로 경제적 가치라는 좁은 틀에 가둔 채 억누르고 있는 것이 아닌가하는 문제제기를 하지 않을 수 없었다.

> "<강남스타일>이 그렇게 될 줄 몰랐다. 내가 웃자고 시작한 일이
> 점점 커지고 사람들이 다음을 기대하니까 약간 무서웠다.
> 그 다음부터는 뭘 해도 자꾸 왜 <강남스타일>처럼 안되지 싶었다.
> 내 삶에 제일 힘들었던 시기인 것 같고 아직도 의문이다.
> <강남스타일>이 어떻게 그렇게까지 됐는지를 찾아야
> 내가 엇비슷하게라도 만들어볼 텐데 말이다"
> - 싸이 인터뷰 中(예능프로그램 <JTBC 아는 형님>, 2017.05.13)

멀리 갈 것도 없이 최근 새로운 앨범을 들고 컴백한 '싸이'를 예로 들어보자. 싸이는 6집에 수록된 <강남스타일> 신드롬 이후 최근까지 2장의 정식 앨범과 1장의 EP를 발매하였다. 이들 앨범에 수록된 음악들은 아직

까지 〈강남스타일〉이 쌓아올린 스코어에는 솔직히 미치지 못했다. 하지만 객관적 수치로만 본다면 꽤 괜찮은 성적을 꾸준히 거두고 있다.• 어엿한 월드스타로 불리고 있지만, 성공에 대한 싸이의 압박감과 부담이 상상 초월이라는 것이 최근 그의 인터뷰만 봐도 여실히 드러난다. 그의 불안감을 스타라면 당연히 겪을 수밖에 없는 개인의 감정적 문제로만 치부할 수 있을까? 〈강남스타일〉 이후 그의 신곡 발표 소식이 전해질 때마다 국내 언론들은 앞다투어 신곡의 글로벌 흥행 가능성을 점쳤고, 관련 산업들은 또 다시 엄청난 '싸이 효과'를 누릴 수 있을 것이라는 꿈에 부풀었다. 길가던 외국인을 붙들고 "두유 노우 싸이"를 다시금 외칠 수 있기를 말이다. 계량적이고 가시적인 성과에 대한 과도한 집착과 기대, 원히트 원더에 대한 불안감이 자칫 그가 창의성을 발휘함에 있어 발목을 잡지 않았을까, 이것이 곧 제2, 제3의 〈강남스타일〉 탄생을 막고 있는 것은 아닌가하는 반성이 들기도 한다. 바로 그것이 우리 스스로가 만들어내는 자생적 '한류 위기론'의 시작이고 '자기실현적 위기 self-fulfilling crisis'의 근원이기 때문이다.

비단 싸이뿐만이 아니다. 〈별에서 온 그대〉의 도민준과 천송이, 〈태양의 후예〉의 유시진 대위 등이 해외에서 큰 인기와 함께 막대한 수익을 거뒀다는 소식이 전해질 때마다 '대한민국의 스타 또는 문화 콘텐츠가 세계를 제패했다'는 식의 기사들이 포털에 도배되었고, 우리 또한 이러한 상황에 짐짓 익숙해진 것은 아닌지 돌아볼 필요가 있다. 이러한 태도가 과할 경우 자칫 애국

---

• 싸이의 〈강남스타일〉 신드롬을 가능케 한 유튜브 조회 수를 살펴보면, 2017년 5월 31일 기준 〈강남스타일(2012)〉(2,854,114,126회), 〈젠틀맨(2013)〉(1,075,579,620회), 〈행오버(2014)〉(294,615,204회), 〈DADDY(2015)〉(269,913,665회), 〈나팔바지(2015)〉(44,884,672회), 〈New Face(2017)〉(36,186,682회), 〈I LUV IT(2017)〉(34,678,057회)이다.

적 나르시시즘, 시쳇말로 '국뽕*'으로 이어질 수 있다고 본다. 혹자는 한류를 매개로 한 애국심의 전이轉移라 평할 수도 있으나, 과도한 자부심은 '문화제국주의' 차원에서 타 국민들의 반발을 일으키기도 한다. 이것이 '반한' 또는 '혐한'을 발발·확산시키는 주요인이라 이미 여러 차례 경고된 바 있다. 이제는 한류산업의 가치와 평가에 대한 우리의 시각도 변화가 필요하다.

### 자화자찬自畵自讚이 아닌,
### 한류의 범위와 가치에 대한 객관적이고 균형 잡힌 시각이 필요할 때

> "지난 수십 년을 돌아볼 때, 한국 경제에서 성공이란 '재벌'가문의 전유물이라고 해도 과언이 아니었다. 여전히 삼성이나 현대 같은 대기업들이 한국 경제의 주를 이루는 것이 분명하다. 하지만 이제는 많은 사람들이 한국의 국가 브랜드가 '한류'라는 새로운 국면을 맞이하고 있다."
>
> - 영국 BBC(2011.04.26)

2010년 초 소녀시대, 슈퍼 주니어, 카라 등 K-POP 아이돌이 아시아를 넘어 미국과 유럽에서 이제 막 인기몰이를 할 당시에도 해외 유수 언론들은 K-POP이라는 킬러콘텐츠로 인한 막대한 효과를 대대적으로 보도하였다. 〈대장금〉의 이영애를 비롯하여 몇몇 아이돌은 한류스타라는 이름으

---

* '국뽕'은 '국國'가+'히로'뽕'의 합성어로, 국수주의와 민족주의가 심하며 타민족에 배타적이고 자국만이 최고라고 여기는 일련의 행위나 사람을 일컫는 신조어다.

로 해외에서 국빈대접을 받았다. 또한 해외 팬들이 좋아하는 한류스타를 보기 위해 한국을 방문하고, 스타가 광고하는 옷과 화장품을 구매하려 면세점에 줄을 서는 광경이 낯설지 않게 되었다. 탄탄한 글로벌 수요를 기반으로 한류가 나름의 경제 생태계를 구축하게 된 것이다. 기존에 한국 경제의 중심축을 담당하던 삼성, 현대 등 소수의 대기업이 아닌, 소프트 파워의 진수인 '한류'가 곧 한국의 국가 브랜드를 대변할 것이라는 주장이 안팎에서 나오기 시작했다. 이러한 전망이 틀리지 않았음을 증명하려는 듯, 다수의 집단혁신가들인 '한류 메이커스'의 노력은 이내 알알이 탐스럽고, 다채로운 결실을 맺었다. 4차 산업혁명으로 불리는 기술혁명기에 새로운 한류 스타와 세계적 킬러콘텐츠를 만들기 위한 그들의 땀과 몸부림은 지금 이 순간에도 계속되고 있다.

이 책 『한류노믹스』는 경제적 파급효과라는 한류가 낳은 가장 묵직하면서 탐스러운 과실에 대한 자화자찬이 결코 아니다. '국가 브랜드로서 한류의 가치 제고'와 '한국어의 세계화', '문화를 매개로 한 공공외교' 등 우리가 간과한 한류의 다채로운 효과들을 포괄적으로 고찰한 연구서다. 한류의 성장과 발전 과정 속에서 환경 변화에 조응하며 스스로 진화하는 유기체로서의 한류를 소개하고 있다는 점에서 '한류 생태지도生態地圖'라 할 수 있다. 무엇보다 한류라는 탄탄한 씨앗에서 자라난 다양한 효과들의 현황과 한계점 그리고 미래 성장가능성까지 아울러 꼼꼼히 점검했다는 점에서 기존에 발간된 주마간산走馬看山식 브리핑과는 분명히 차별적임을 자신한다.

한류와 문화산업을 위해 국가가 해야 할 역할은 분명히 있지만, 국가 주도의 문화산업 진흥이 갖는 한계 또한 명확해지고 있다. 정부의 문화산업 육성은 무엇보다 장기적 차원에서 추진되어야 한다. 닌텐도 같은 게임기를 우리는 왜 못 만드냐는 대통령의 책망에 '한국형 닌텐도' 프로젝트가 급조됐고, 영화 〈아바타〉가 개봉되자 부랴부랴 3D 지원방안이 발표됐었다. 정부정책의 뒷북은 여기서 멈추지 않는다. 게임 〈포켓몬 고〉가 세계적 선풍을 일으키자 증강현실AR 대책이, 구글의 바둑 인공지능 프로그램 〈알파고〉 충격 직후에는 인공지능AI에 대한 관심과 대책이 부처를 막론하고 여기저기서 쏟아져 나왔다. 시장과 업계는 외풍과 유행에 흔들리지 않는 지속 가능한 정책을 원한다. 정권은 유한하지만 좋은 정책은 긴 호흡으로 살아 숨쉬어야 하기 때문이다.

결국 정부가 해야 할 일은 시장이 자유롭게 콘텐츠를 제작하고 표현해 낼 수 있는 기반을 단단히 조성하고 그 과정을 지지하는 것이다. 한류산업 역시 마찬가지다. 글로벌 권역별 한류콘텐츠의 소비양상과 패턴을 정확하게 조사하고, 국가별 선호집단과 소비경로를 입체적으로 파악하여 기업에게 콘텐츠 수출전략 수립의 기초자료를 제공하는 일련의 인프라 구축이 바로 그것이다. 아울러 한류의 정량적, 정성적 효과에 대한 계량화된 통계와 정치한 분석을 통해, 틈새와 변방을 넘어 4차 산업혁명의 주역으로 대한민국이 오롯이 자리매김할 수 있도록 해야 하는 것이다. 바로 이 지점이 이 책 『한류노믹스』 발간의 유일한 목표임을 명확히 하고자 한다. 아울러 4차 산업혁명 시대에 필요한 것은 '문화의 산업화'가 아니라 '산업의 문화화'가 되어야 한다고 믿는다. 문화로 돈을 벌려 하기보다는, 일과 산업이 즐거움 그 자체이자 문화가 되어야 한다는 뜻이다. 한류 또한 유력한 비즈니스 수익모델을 넘어 팬들에게 보다 겸손해지고, 상대국과 마음을 나누는 '착한 한류'로 거듭나서 '반한', '혐한'의 해묵은 오해를 씻어내길 간절히 바란다.

# 제1부
# 한류의 경제적 파급효과

한류노믹스

# '한류'를 대하는 우리의 자세

### 한류에도 '축적의 시간'이 필요하다

김윤지 연구위원(한국수출입은행 해외경제연구소)

한류의 경제적 파급효과

# 왜 우리는 이토록
# '효과'에 집착하는가

흔히 한류의 세대 구분은 '싸이'의 〈강남스타일〉 흥행 이전과 이후로 구분된다는 이야기를 많이 한다. 싸이의 등장 이전인 1990년대에도 중국과 일본 등지에 우리 드라마 수출과 아이돌 진출이 이뤄졌는데, 이 당시에도 시기별 특성에 따라 한류 1세대, 2세대와 같은 구분이 존재하기는 했다.

하지만 2012년 싸이의 〈강남스타일〉이 전 세계적으로 엄청난 인기를 누리면서 '한류'라는 단어의 존재감이 확연하게 달라졌다. 특히나 이 곡의 메가 히트 이후 한류를 하나의 새로운 산업으로 바라보기 시작했다는 점 때문에 싸이의 존재감은 남달랐다.

이때부터 많이 언급되기 시작한 것이 '싸이의 경제적 효과', '한류의 경제적 효과' 등 각종 '효과'에 대한 논의다. 생각해 보면, 그 어떤 산업도 다른 분야에 미치는 '효과'에 이렇게 집중한 적이 없었다. 특정 산업의 전방 효과, 후방 효과 등 연관 산업과의 관계를 논하는 경우는 간혹 있지만, 그다지 연관 없어 보이는 다른 산업과의 '특정 효과'에까지 이토록 관심을 기울인 적은 없었다.

왜 이런 현상이 나타나게 되었는지 한번 의문을 가져봄직 하지 않을까? 이것은 다른 산업에서는 발견할 수 없는 문화산업만이 갖는 독특한 특징들로부터 기인했을 가능성이 높다. 여러 문제가 얽혀 있지만, 첫 번째로 문화산업은 대체로 그 규모가 작다는 점에서부터 이야기를 풀어보고자 한다.

대부분의 문화산업은 산업의 규모가 작다. 전체 산업 규모뿐 아니라 기업들의 규모 또한 작고 영세한 곳이 많다. 미국의 할리우드처럼 엄청난 규모로 자리 잡은 곳도 있지만 몇몇 나라를 제외하고는 대부분 산업의 규모가 그리 크지 않다. 2016년 우리나라의 문화콘텐츠 수출액은 63억 달러로 전년에 비해 8.3%나 증가했지만, 전체 수출액으로 따져보면 4,955억 달러의 1.3% 수준이었다. 그나마 우리나라 전체 수출액이 2016년에 많이 줄어서 이 정도고, 몇 년 전까지만 해도 전체 수출액의 1%에 채 미치지 못했다. 따라서 '생산액', '수출액' 또는 '생산 비중'으로만 본다면 문화산업은 결코 많은 이들의 주목을 끌만한 분야는 아니다. "작고 작은 산업, 그 안에서 활동하시는 분들끼리 오손도손 잘해 보세요" 하고 넘어갈 만한 수준일 수도 있다.

그런데 문화산업의 규모가 대체로 이렇게 작은 수준으로 존재하게 된 것은 이 산업 종사자들이 성실하지 못하거나 혹은 문제가 있기 때문이 아니다. 이조차도 이 산업의 특성 때문이다. 문화경제학의 토대를 마련한 인물로 회자되는 미국의 경제학자 보몰과 보웬은 이러한 특성에 대해 '보몰의 비용 압박 Baumol's Cost Disease'이라고 정리했다.

'보몰의 비용 압박'을 간단히 설명하자면 이렇다. 보몰은 경제 전체가 생산성이 지속적으로 향상될 수 있는 분야와 그렇지 않은 분야로 나뉘어져 있다고 보았다. 제조업이 전자에 속한다면 문화산업은 대표적으로 후자에 속하는 산업이다.

생산성이 지속적으로 높아지는 산업에서는 갈수록 노동 비중이 줄어들면서 상대적으로 노동 비용도 저렴해진다. 때문에 산출물 가격도 하락해 시장의 크기가 커나가게 된다. 하지만 후자의 산업에서는, 각종 비용은 계속 상승하지만 산출물 가격을 한없이 올리기 어려워 시장 존립 자체가 어려운 상황에 직면하게 된다. 투입되는 노동력의 질에 따라 산출물 수준이 크게 좌우되기 때문에 무작정 노동 비용을 줄일 수도 없고, 시장이 작아 노동 비용을 늘리는 것도 어렵다는 것이다. 이른바 노동 수요와 공급 비용의 불균형이 생기게 된다. 이에 따라 후자의 산업은 '비용 압박'에 직면할 시 성장 자체가 매우 둔화될 수밖에 없다. 당신의 자녀가 "나중에 커서 영화감독이 되고 싶어요"라고 말했을 때, 당신이 "밥 굶는다. 빨리 그 꿈 접어라"라고 답하는 상황이 지속되고 있는 한, 우리 문화산업의 규모가 기대만큼 마냥 커 나가기는 어렵다는 이야기다.

## '시장 가격을 넘어서는' 문화산업의 특성

비용 압박 속에 근근이 연명해 나가던 문화산업이 '시장 가격을 넘어서는' 의미와 내용을 갖고 있다는 점이 부각되면서 다른 활로가 나타나기 시작했다. 문화는 단지 시장 가격만으로는 측정할 수 없는 '공공재'적 성격을 가지고 있기 때문에 정부가 지원을 해서라도 이 산업을 존속시켜야 할 필요가 있다는 논리가 자리 잡기 시작한 것이다. 보물과 보웬이 '문화경제학'이라는 분야를 하나의 학문 영역으로 정착시키면서 이룬 가장 중요한 업적이 바로 '문화산업의 지원 필요성에 대한 경제학적 정당화'였다.

경제학에서 '공공재'란, 외부 효과 때문에 많은 이들에게 편익을 제공하지만 시장 기능으로는 유지될 수 없는 분야를 뜻한다. '한류'에 빗대어 이를 설명해 보자. 어떤 TV 드라마가 큰 성공을 거두면 콘텐츠 생산자들

외에 다른 여러 사람에게도 많은 편익이 발생한다. 일단, 특별히 비용을 들이지 않고도 광고 몇 편을 보는 대가로 사람들이 좋은 문화 상품을 즐길 수 있다는 것도 편익에 해당한다. 드라마 인기에 힘입어 외국인들이 한국으로 관광을 오기도 하고, 드라마에 등장한 의류나 식품, 화장품의 판매량이 급증하는 등 이와 관련 기업들에게도 편익이 주어진다. 나아가 '한류'라는 카테고리가 형성되면서 '한류'와 연계 맺은 여러 비즈니스 기회가 생기는 것도 이러한 편익에 해당한다.

하지만 막상 그 드라마를 만든 생산자는 적자를 보거나 파산할 수도 있다. 과거 우리나라에서도 이런 경우는 숱하게 많았다. 즉, 문화상품은 여러 사람들이 가치를 즐길 수 있고 또 생산자와는 무관한 데도 불구하고 활용할 수 있는 기회가 생긴다는 점에서 '공공재'와 비슷하지만, 생산자는 '비용 압박' 등 여러 이유로 어려움을 겪을 수 있다는 이야기다.

그렇다면 이 산업을 어찌해야 할까? 정부가 지원을 해서라도 '공공재'를 지켜야 한다는 것이다. 이에 실제로 이 산업이 '공공재'로 여겨질 만큼 다양한 가치, 즉 '효과'가 있는지 여부를 따져보는 과정이 필연적이다. 이것이 증명된다면 보몰과 보웬 선생의 말씀을 따라 정부는 지원도 하고, 이 산업의 종사자들은 어려운 여건을 조금이나마 해소할 수 있는 '젖줄'을 공급받을 수 있다. 때문에 싸이가 큰 성공을 거두게 되면서 각종 '효과'에 집중하게 된 것은 이런 흐름으로 보았을 때 자연스런 현상이었다고 할 수 있다.

아마 이런 식의 전개가 아니었을까 싶다. 기회를 엿보았든, 우연이었든 간에 어떤 '한류' 상품이 크게 히트를 친다. 보통 어떤 산업에서 큰 성공을 거두면 "OO산업 대박, 성공 원인은?" 정도의 이야기를 나누고 서로 덕담이 오간 뒤 그걸로 마무리됐다. 그런데 '한류'는 '문화산업'이기 때문에 뭔가 '공공재'적 특성은 없을까 파고들게 된다. '문화'는 그런 특성이 있다는 점을 우리 마음속에 은연중에 담아왔기 때문일 수도 있다. 또는 단순히 '싸이' 한 사람, 혹은 기획사 하나가 수익을 거두는 것으로 이야기를 마무리하기엔, 이런 크나큰 성공이 안타까웠을 수도 있다.

## 공공재로서 '한류', 어떤 가치로 각인을 시킬까

이 경우 '한류'가 공공재라는 인식을 자리 잡게 하려면, 여러 측면에서 접근하는 것이 가능하다. 순수하게 문화적인 가치가 높다는 점으로 접근할 수도 있고, 정치·사회적인 측면에서의 가치를 강조하는 수도 있다. 또 최근 가장 유력하게 떠오르는 방식인 경제적 가치로 환산하는 방법도 있을 수 있다.

그런데 문화산업의 경우 문화적인 가치, 혹은 정치·사회적인 가치로의 접근은 조금 구구절절한 설명인 것처럼 느껴지는 면이 없지 않다. 과거 우리나라 문화산업이 제대로 성장하기 이전, 스크린 쿼터제 사수나 일본 문화 수입 반대 등과 같은 이슈들이 제기되었을 때 이미 많이 언급되던 이야기들이라 그럴 수도 있다. 시대가 변화함에 따라 보다 색다른 접근을 원하는 측면도 있었을 것이고, 우리의 능동적인 힘을 이야기하고 싶었을 수도 있다.

이럴 때 가장 힘을 얻는 방식이 '경제적 효과로 환산'하는 접근이었다. 사실 문화와 경제는 이질적인 면이 많은 분야라 서로 융합되기 힘들다고 여겨왔다. 문화와 정치, 문화와 사회와 비교했을 때 문화와 경제는 훨씬 그 거리가 멀다. 그런데 만약 문화산업이 이미 잘 알려진 정치적, 문화적, 사회적 가치 외에 경제적 가치까지 있다는 게 밝혀진다면 '공공재'로 자리 잡는 것은 아주 수월해진다. 가장 취약했던 면이 채워지는 것이기 때문이다.

특히 우리나라는 과거 IMF를 겪으면서 '경제적 가치'가 모든 이슈를 다 덮어버리는 현상을 경험했다. 이후에 사회 전반적으로 다른 어떤 것보다 '경제성'이 중요한 가치로 올라섰다. 경제학은 학문의 왕좌로 올라섰고, 모든 것을 경제적 가치 중심으로 판단하는 것이 꽤나 익숙한 일이 되었다. 예컨대, 직업을 얻을 때조차 "얼마나 가치 있는 일인가", "얼마나 나와 잘 맞는 직업인가" 보다는 "얼마나 오랫동안 돈을 많이 벌 수 있는가"를 중심으로 접근하는 세상이다.

하물며 특정 산업의 가치를 논하는 데 있어 '경제적 가치'를 빼놓을 수는 없을 것이다. 전통적으로 문화산업은 우리의 정신을 풍요롭게 하지만, 돈을 벌어들이는 것과는 거리가 있는 것으로 여겨졌다. 하지만 그것이 외부에 끼치는 다양한 효과들을 계산해 그 총합을 따져보니 매우 경제성이 높다는 것이 증명된다면, 성장 가능성이 충분한 산업으로 주목받을 수 있다. 이른바 시대가 요구하는 입증 방식이었던 셈이다.

이런 접근이 단지 '한류 종사자'들의 숙원만으로 시도된 것은 아니었다. 어떠한 돌파구라도 필요했던 우리 모두에게 이런 접근은 어떻게 보면 자연스러운 것이었다. '한류'가 공공재라는 점이 확인된다면, 일단 관련 업계는 정부 지원의 근거를 확실히 얻을 수 있다. 콘텐츠업계, 이른바 '한류' 생산자들은 영세하기로 따지자면 그 어떤 산업에도 결코 뒤지지 않는다. 유형의 자산이라곤 하나도 없고, 오로지 사람들만으로 구성된 기업들이 대부분인지라 은행 대출을 이용하는 것조차 어려웠다. 하지만 정부가 이 분야가 '공공재'임을 확인하고 지원 방안을 늘리게 된다면, 업계에서는 당연히 반색할 일이다.

정부의 입장에서도 이러한 접근은 반가웠다. 자동차와 배를 수출하고, 휴대폰을 잘 만들어 우리 경제가 이만큼 커왔지만, 대부분의 분야에서 성장의 한계를 드러냈다. 신성장 동력을 찾아 새로운 활로를 잡아야 하는데, 그 방향이 쉽지 않았다. 실물 중심 산업경제에서 정보 중심의 지식경제로 넘어오면서, 서비스산업을 중심으로 경쟁력을 재편해야 한다는 이야기는 많았다. 하지만 자신 있게 내걸만한 대표 서비스산업이 있는 것도 아니었다. 추격해 오는 중국과 다시 격차를 벌리면서, 더불어 앞선 선진국들과 동등하게 견줄 수 있는 새로운 산업 먹거리가 필요했다. 그만큼 어떤 것으로 중심을 잡아야 할지 막막했다는 이야기다.

바로 이때 세계가 열광하는 '한류'가 나타났다. 하지만 여전히 믿음직하지 못한 측면이 많았다. 이 산업이 제대로 자리를 잡을 수 있는지, 다른 산업들을 견인할 수 있는 '재목'이 될 수 있을지 의구심이 들 수밖에 없었다. 아무리 따져봐도 그릇이 작은 산업이라는 판단이 든다면, 아쉽지만 수저를 놓을 수밖에 없었다. 그런데 제 그릇은 그리 크지 않지만, 이 그릇으로 펼칠 수 있는 상의 크기가 제법 큰 산업이라는 계산이 나오기 시작했다. 물을 주면 여러 곳으로 물길이 흘러갈 수 있는 분야라니, 정부의 입장에서는 이보다 더 좋을 순 없었다.

심지어 제조업계에서도 이런 접근은 요긴했다. 선진국에 비해 브랜드 파워가 크게 떨어지는 우리나라 소비재업계에 '한류'는 엄청나게 유용한 브랜드다. 제품에 '한류'라는 라벨을 붙이면 판매고기 올리기는 현싱들이 나타났기 때문이다. 한국 드라마와 K-POP이 쏟아내는 이미지들은 엄청난 '광고'와 다를 바 없었다. 과거에는 기대하기 힘들었던 부분들이었다. 그야말로 순수하게 '공공재 한류'의 편익을 누릴 기회가 생겨났기에, 그 효과의 크기에 대해 궁금할 수밖에 없었다. 더 많은 비즈니스 기회를 창출하기 위해서라도, 이 효과에 대한 '정량적인 접근'은 매우 요긴하게 활용할 만했다.

## 경제적 효과 분석, 아직은 미완의 도구

'한류'의 성공과 함께 등장한 '경제 효과'에 대한 높은 관심은, 문화산업이 우리나라에서 성장하고 정착하면서 시대의 변화를 반영해 자연스럽게 이뤄진 결과였다. 어떤 콘텐츠가 성공하기 위해선 시대적 상황과 맞아떨어져야 하듯, '한류'가 떠오르고 있는 바로 지금이 우리의 사회·경제적 상황에서 매우 긴요했다는 이야기다. 그리고 그런 작업들이 꾸준히 이뤄진 덕분에 이제 '한류는 공공재'라는 것에 대해 누구도 부인하기 어려워졌다. 한류의 경제적 효과의 '정량적 수준'에 대해서는 의견이 조금씩 다를 수 있지만, 한류가 상당한 경제적 효과가 있다는 점에 대해서는 모두가 동의할 수 있는 수준이 되었다. 그간의 여러 연구에서 다양한 접근이 시도된 성과라 할 수 있다.

이 과정에서 여전히 풀어야 할 문제가 많은 것도 사실이다. 문화경제학은 문화산업이 여타 산업과는 다른 여러 특성들을 잘 정리하고, 그 과정에서 정부 지원이 필요하다는 근거를 성공적으로 정착시켰다. 하지만, 여전히 특정 문화산업의 가치를 측정하는 것에 대해서는 여러 시각이 혼재되어 있다는 한계도 가지고 있다. 이것은 단지 우리나라의 문화산업계 차원이 아닌, 문화경제학 전체에서 풀어야 할 숙제이기도 하다.

이제까지 경제학은 과학을 지향한다는 점, 즉 개인의 주관적인 가치 판단을 최대한 배제한다는 점을 바탕으로 발전해 왔다. 경제학에서 '주관적 가치 판단'이란 합리적인 선택을 방해하는 것으로 여겨왔기 때문이다. 경제학이라는 도구가 다른 학문에 비해 강력한 힘을 보일 수 있었던 것도 이러한 점 때문이었다. 개인마다 다를 수 있는 주관적 가치 판단의 가능성을 최대한 제거하고, 대부분이 동의할 수 있는 객관적 요소만으로 가치를 측정하기에 그 결과에 대한 논박의 여지가 적었다는 이야기다.

하지만 문화상품은 필연적으로 가치 판단이 개입된다는 선천적인 한계를 가지고 있다. 문화적 가치로 보면 분명 좋은 문화상품과 나쁜 문화상품이 구분될 수도 있고, 그 가치도 같을 수 없다. 좋고 나쁨의 기준 또한 개인마다 다르다. 따라서 해당 문화상품의 경제적 가치 혹은 효과는 문화적 가치 판단에 따라 달라질 수 있음에도 불구하고, 너무나 주관적인 가치 판단이 개입된다는 것이 문제가 되었고, 이 부분은 배제돼야 했다. 싸이의 경제적 효과를 따지려 한다면 싸이의 문화적 가치가 어느 정도인가가 먼저 논의되어야 하고, 합의된 문화적 가치에 따라 경제적 효과도 달라져야 한다. 하지만 그런 과정은 '어쩔 수 없이' 건너뛰어야만 했다는 이야기다.

세계적 문화경제학자인 데이비드 스로스비David Throsby는 이런 상황에 대해 "문화상품의 문화적 가치와 경제적 가치는 반드시 별개의 개념이지만, 주체의 의사 결정 과정에서 이 두 가지가 상호 영향을 끼칠 수 있다"며 향후 문화경제학 연구의 방향성을 제시하기도 했다. 분명히 다른 두 별개의 가치를 각자 도출하고 서로 영향을 주는 관계에 대한 연구가 이뤄져야 한다는 이야기다.

# 한류 영향권을
# 어디까지 볼 것인가

경제적 가치만을 추정하는 방식에 있어서도 여전히 남아 있는 숙제들이 많다. '한류'의 경우 국내에 미치는 경제적 효과보다는 해외로부터 발생된 경제적 효과 추정이 중요하다는 문제의식 하에, 주로 한류 콘텐츠의 수출로 인한 타상품의 수출 파급효과를 추정하는 것이 보편적이었다. 물론 이 과정에서 '문화 근접성의 교역 증진효과'와 같은 교역이론들이 보완된 것이 중요했다. 한류를 많이 접하면 접할수록, 즉 비슷한 문화상품을 많이 공유할수록 해당 국가와 '문화적 근접성'이 높아져 다른 소비재를 선택할 때에도 영향을 받게 된다는 것이다. 이러한 접근들 덕에 한류 수출이 타 소비재 수출을 견인한다는 것이 논리적으로 연결될 수 있었고, 그 기반 하에 다양한 경제적 효과 추정도 가능해졌다.

하지만 이 과정에서 '한류에 영향을 받는 분야를 어디까지로 한정할 것인가' 등에 대한 가이드라인은 여전히 부재한 상태다. 때문에 연구자들의 선택에 따라 경제적 효과 추정치가 크게 달라진다는 문제가 제기됐다. 과거의 교역이론에 따른다면 한류로 영향을 받는 재화는 화장품, 식품, 의류 등 '선택할 때 취향이 중요하게 작용하는 소비재'들로만 한정되었다. 하지만 현실적으로 살펴보았을 때, 자동차 등과 같은 내구재들도 여기에 포함시켜야 하는지에 대해서도 연구자들마다 의견이 다르다. 또 매우 직접적인 효과로 떠올릴 수 있는 '광고 효과'의 경우, 측정이 쉽지 않다는 이유로 제외됐다. 하지만 이 효과를 얼마나 반영하느냐에 따라 경제적 효과의 폭과 넓이가 크게 달라진다는 것도 중요한 문제 중 하나다. 드라마 내 PPL과 같은 간접광고가 늘어남에 따라, 이 부분에 대한 추정도 중요해질 것으로 보인다.

기초 데이터의 문제도 있다. 다양한 효과에 대한 분석을 위해서는 원재료가 될 수 있는 데이터가 필수적이다. 그런데 문화콘텐츠 산업은 수출액 데이터조차 잘 제공되지 않는다. 이는 문화콘텐츠 산업의 특성 때문이다. 일반적인 재화의 수출액은 통관 기준, 즉 배에 선적해서 나가는 물량 단위로 수출액이 집계된다. 그런데 디지털화가 많이 이뤄진 문화콘텐츠 상품들은 이런 식으로 수출액을 집계하기가 어렵다. 라이선스 계약 형태로 수출하기도 하고, 수출 계약 뒤 디지털화된 파일만 해외로 보내기 때문이다. 때문에 문화관광체육부가 별도의 조사 작업을 통해 통계 수치를 발표하는데, 국가별·상품별로 집계되지 않는 탓에 연구자들이 데이터로 활용하는 데 어려움이 크다. 백서 수록을 위해 집계 단위당으로는 수출액이 발표되지만, 기초 마이크로 데이터MD, 통계 기초자료를 모두 공개하지 않아 확장된 연구를 하기 어렵다는 이야기다. 기본적인 통계 데이터 없이 경제학은 결코 발전할 수 없다.

# 한류에도
# '축적의 시간'이 필요하다

　가장 객관적이라고 여겨지는 경제적 효과 추정 방식도 이럴진대, 정치·사회적 효과 등에 대한 연구들 역시 나름의 문제들을 가지고 있을 수밖에 없다. 주관적 틀에서 벗어나 다수의 합의를 이끌 수 있는 틀로 나아가기 위해선 다양한 접근들이 필요하고, 그 과정에서 통합과 선별이 이뤄져야 한다. 여기에서 더 나아가, 더 이상 '한류의 효과'라는 문제를 표피적으로 접근하는 것은 의미가 없다. 과거에는 그런 현상이 '있다'라는 것만으로도 기록하고 기술하는 것이 나름 의미 있을 수 있었다. 역사 속에는 그런 정도의 작업도 의미를 갖는 때가 분명 존재하기 나름이다.

　하지만 이제는 그런 현상들에서 한발 더 나아가 이론적으로 토대를 밝히고, 그 현상이 계속 전개될 수 있을지, 그 현상 속에서 나타나는 다른 편향들은 없는지 보다 다각적으로 관찰하고 예측하는 것이 필요하다. 과거에는 '효과'의 존재 여부가 궁금했을 수 있지만, 이제는 '효과'의 양과 질을 체계적으로 논하는 것까지 나아가야 한다는 이야기다. 언제까지 "세계인이 〈강남스타일〉을 즐긴다"는 이야기에 박수를 치며 즐거워할 것인가? 왜 이렇게 어려워졌냐고 따져봐야 소용없다. 역사는 계속 변화하고 발전한다.

　또한 이런 과정 속에서 균형 감각을 갖추는 것은 매우 중요하다. 효과라는 문제에 집중하다 보면 효과가 높은 것은 무조건 좋은 것인가, 효과가 낮은 것은 가치가 없는가, 라는 문제에 부딪치게 된다. 특히나 그것이 '경제적 효과'일 경우 이런 판단은 더 심각한 폐해를 낳을 수 있다. 이에 대해 데이비드 스로스비는 다음과 같은 이야기로 일갈하기도 했다.

"문화 정책을 경제 정책의 한 부분으로 편입하고자 하는 것은
억지이며, 문화의 숭고한 목적을 시장의 탐욕스러운 요구에
종속시키려는 시각도 경계해야 한다.
정부가 경제적 측면을 넘어 문화를 다루고자 하는 것도
문화 정책의 분명한 특징이라는 것을 기억해야 한다."

    이전에는 없던 분야가 자신의 자리를 잡아가는 과정에서는 언제든 양쪽의 편향적인 시각을 오가는 시행착오를 거칠 수밖에 없다. 하지만 우리에게는 그런 '축적의 시간'이 필요하다. 발전된 무엇인가를 보고 따라만 가던 '추격의 시대'에는 그런 고민이 필요하지 않았다. 우리 경제는 이런 추격으로 많은 것을 이뤄낸 것도 사실이다. 하지만 '한류'는 '추격'으로 무언가를 이루기보다는 스스로의 길을 만들어야 하는 분야다. 충분히 실패하고, 충분히 부딪치면서 자신의 강점을 밝혀나가는 축적의 시간 없이는 단숨에 무언가를 이룰 수 없다.
    시계추는 왼쪽과 오른쪽을 끊임없이 오가면서 가운데를 지향한다. 추가 가운데로 오지 못하고 어느 한쪽으로만 기울어진 시계는 나쁜 시계임에 틀림없다. 하지만 더 나쁜 시계는 추가 왼쪽으로만, 오른쪽으로만 움직이는 것이 아니라 가만히 서 있는 시계일 터다. 한류 연구는 이제 부지런히 오른쪽으로 왼쪽으로 움직여야 한다.

한류노믹스

# 한류의 경제적 효과에 관한 연구

전종근(한국외대 국제금융학부 교수)
김승년(한국외대 경제학부 교수)
이한석(상명대 글로벌경영학과 교수)

한류의 경제적 파급효과

# '한류지수'에 대한 이해와 '한류의 경제적 파급효과' 산출과정

드라마 〈대장금〉이 전 세계적 인기를 얻고, 일본에서 욘사마 열풍이 불면서 한류라는 새로운 사회현상에 학자들의 관심이 집중됐다. 한류가 무엇인지에 대한 근원적 물음에서부터 한류의 사회적 의미를 해석하려는 시도까지 특정 사례의 분석을 기반으로 한 현상학적 담론들이 쏟아졌다.

그러나 한류의 산업적 파급력이 커지면서 점차 그 영향력에 계량적 지표로서의 의미를 부여하려는 수요가 생겨났다. 한류를 수익 창출의 기회로 인식한 기업들은 전략 수립을 위해, 정부는 한류 연관 산업들의 진흥을 위한 정책수립을 위해, 학술적으로는 계량적 연구의 부족을 메우기 위해 한류의 효과를 과학적으로 분석해 수치화하는 작업이 필요했다. 한류의 경제적 효과에 관한 연구는 이러한 사회적, 산업적, 그리고 학술적 요구에 부합하고자 시작되었다.

2005년 처음 시도된 '한류의 경제적 효과에 관한 연구'에서는 한류를 이끌고 있었던 방송, 음악, 영화, 게임 산업에 대해 경제적 파급효과를 측정했다. 당시에는 이 산업들이 한류와 직접적인 연관관계 하에 있다고 간주했다. 즉, 해당 산업의 해외 수출 하나 하나가 100% 한류로 인해 발생했다는 것이다. 그러나 한국의 문화콘텐츠 수출의 전부가 한류로 인해 이뤄졌다는 것은 비현실적 논리이며, 산업별로 그 편차가 컸다. 이 문제를 해결하기 위해 한국문화산업교류재단과 연구팀은 전문가와 소비자를 대상으로 한 조사를 추가적으로 실시했다.

먼저, 산업 분야별 전문가들의 의견을 모아 한류로 인한 해외 문화콘텐츠 소비의 수준을 비율로 산출해 낸 '문화콘텐츠 한류영향계수'를 산출했다. 그리고 실제 한류콘텐츠를 소비하는 외국인들에게 본인 및 본인이 속한 국가와 국민의 한류 인식수준을 직접 물어보고, 그 분석결과를 기반으로 '한류지수'와 '소비재 한류영향계수'를 개발했다. 이 영향계수를 적용함으로써 기존보다 현실성 있는 한류의 경제적 효과를 산출할 수 있었다. 이제부터 한류지수를 개발하는 것부터 한류의 경제적 파급효과를 산출하는 것까지 일련의 과정과 결과들을 상세하게 소개한다.

**한류지수 관련 개념 소개**

| 용어 | 정의 | 측정/추정 방법 | 해석 |
|---|---|---|---|
| 한류 현황지수 | 한류의 현재 인기와 대중화 정도를 나타내는 지수 | 한국드라마, 예능, 영화, 음악, 애니메이션/만화/캐릭터, 게임, 패션/뷰티, 음식, 도서에 대한 해외 인기 정도를 1~5점으로 평가 | 1) 0~2.5미만: 한류소수관심단계<br>2) 2.5~3.5미만: 한류확산단계<br>3) 3.5이상: 한류대중화단계 |
| 한류 심리지수 | 한류의 성장 또는 쇠퇴 정도를 나타내는 지수 | 한국 대중문화 상품에 대해 응답자 개인적, 사회적 관점에서 1년 전 대비, 1년 후 전망으로 구분하여 평가, 관련 지출액 추이 측정을 통해 지수로 환산 | 1) 0~99: 한류 쇠퇴그룹<br>2) 100~129: 한류 중간성장그룹<br>3) 130 이상: 한류 고성장그룹 |
| 문화콘텐츠 한류영향계수 | 문화콘텐츠 수출액 가운데 한류로 인한 비중 | 국내 문화콘텐츠 전문가 40인에게 주요 콘텐츠별로 100점 만점으로 평가요청 후 응답의 평균을 구함 | 예를 들어, 방송 계수가 93.3이라면, 방송 수출의 93.3%가 한류로 인한 것으로 해석 |
| 소비재 한류 영향계수 | 소비재 상품 수출액 가운데 한류로 인한 비중 | 주요 지역별로 한국 소비재 구매량을 종속변수로 한류현황지수가 회귀분석의 독립변수로 포함된 경우와 그렇지 않은 경우 결정계수의 차이 분석 | 예를 들어, 중국에서 한국화장품의 계수가 20.6이라면, 대중국 화장품 수출의 20.6%가 한류로 인한 것으로 해석 |

- 각 개념들에 대한 상세한 측정 및 추정방법은 한국문화산업교류재단, KOTRA 공동 발간 『2015 한류의 경제적 효과에 관한 연구』 보고서를 참고하길 바란다.

'한류지수'는 "한국 대중문화가 해외 현지 소비자에게 수용된 정도와 그것의 성장 또는 쇠퇴 경향을 반영하는 지표"로 정의된다. 위 지수는 한류의 현재 인기와 대중화 정도를 나타내는 '한류현황지수'와 한류의 성장 또는 쇠퇴 정도를 나타내는 '한류심리지수'로 구분돼 각각 측정된다.

먼저 '한류현황지수'는 현지 소비자들을 대상으로 한류 관련 9개 상품에 대한 인기 정도를 5점 척도로 측정한 결과치이다. '한류심리지수'는 한국은행에서 발표하는 '소비자 심리지수'의 개념과 산출방법을 적용하여 한류의 성장 정도를 측정한 것으로, 한류 소비자들에게 '자신의 관심도', '대중들의 관심도', '소비지출'의 세 가지 항목에 대해 '과거에서 현재까지', '현재에서 미래까지'의 두 시점별로 총 6문항의 설문조사 5점 척도 결과를 지수화 한 결과이다. 이처럼 두 지수는 해외 한류 소비자를 대상으로 한 설문응답 결과에 기반을 둔다.

문화콘텐츠 및 소비재 한류영향계수들을 활용해 한류의 경제적 파급효과를 산출하기 위해서는, 먼저 이들을 문화콘텐츠 수출액, 소비재 수출액, 외국인 관광으로 인한 소비유발추정액 합계에 곱해 '한류의 총수출효과'를 산출한다. 이어 관련 산업유발계수를 활용한 산업연관분석을 통해 생산유발효과, 부가가치유발효과, 취업유발효과 등 '한류의 국민경제적 파급효과'를 산출한다. 그 과정을 도식화하면 다음 그림과 같다.

---

• 「2016 한류의 경제적 효과」 집필에 기초가 된 '2016-2017 글로벌한류실태조사'는 아시아, 유럽, 아프리카, 오세아니아, 북미, 남미 등 대륙별로 주요 15개국을 대상으로 진행되었다. 해외 각국 소비자를 대상으로 온라인 설문을 통해 각국에서 뜨고 지는 한류콘텐츠와 미래 소비심리를 조사한 것이다. 설문 응답대상은 만 15세에서 59세까지 남녀로, 한국에 대해 들어본 적이 있거나 인지하고 있는 사람으로 한정하였다. 모든 국가에서 응답자의 성별은 남녀 각 50대 50이 되도록 할당하였으며 연령분포도 만15세~19세, 만20세~29세, 만30~39세, 만40세~59세가 각각 25%씩 되도록 동일하게 맞추었다. 국가별 응답표본은 적게는 400명에서 많게는 1,000명에 달하며 총 7,200명(중국 600, 일본, 600, 대만, 400, 말레이시아 400, 인도네시아 400, 인도 1,000, 호주 400, 미국 600, 브라질 400, 프랑스 400, 영국 400, 러시아 400, UAE 400, 남아공 400)의 응답이 수집되었다.

### 한류의 경제적 파급효과 산출과정

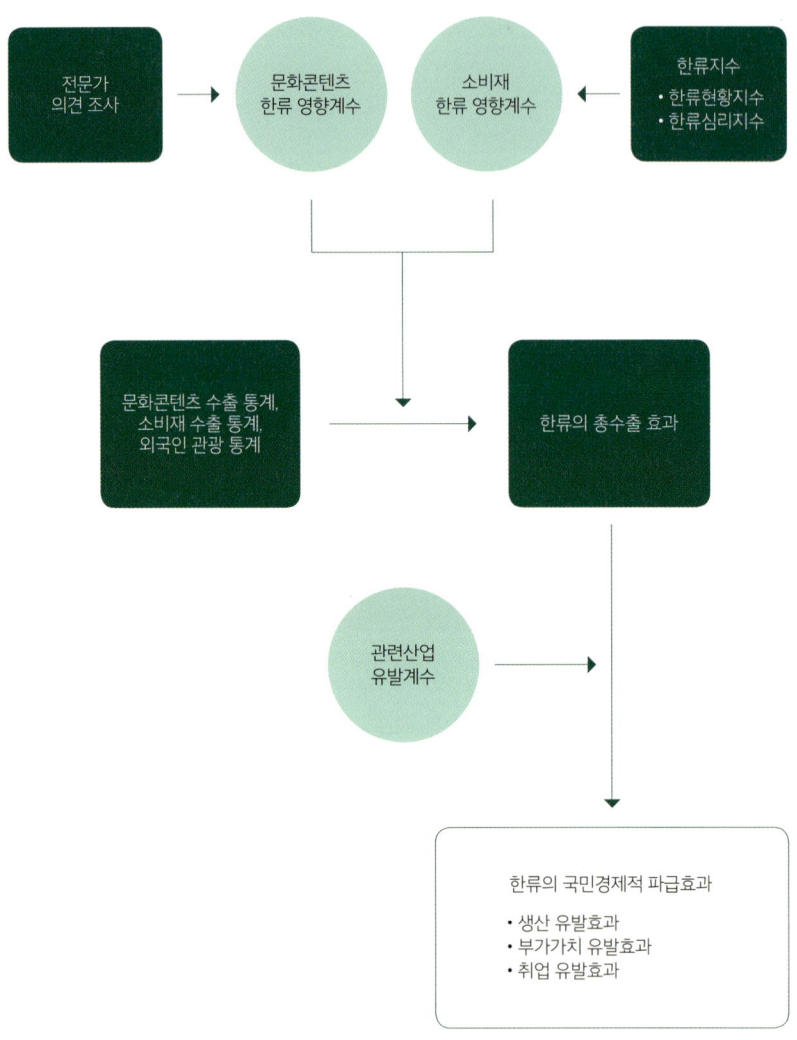

출처: 한국문화산업교류재단·KOTRA(2016.4), 『2015 한류의 경제적 효과에 관한 연구』

# 지수와 지표란 무엇인가

**지수의 조건**

| 구분 | 내용 |
|---|---|
| 대표성<br>(타당성) | • 지수는 나타내고자 하는 관심영역을 대표할 수 있어야 함<br>• 즉 지수의 대표성은 측정하고자 하는 대상범위를 모두 측정했느냐를 조건으로 가능한 한 한도 내에서 복수의 대표 항목을 총망라해 검토한 후 그중에서 가장 잘 집약된 항목을 평가 및 측정지표로 산정해야 함 |
| 자료 입수 가능성 | • 선정항목이 통계자료의 부족으로 획득이 용이하지 못할 시 비교는 물론 지표의 포괄성을 악화시킬 우려가 높음<br>• 이에 기술적으로 측정가능하면서도 현실여건상 통계의 입수가 가능한 항목을 지표로 선정해야 함 |
| 지표 간 충돌방지 | • 지표를 선정할 때 또는 지표에 의한 결과를 해석할 때 지표가 충돌하면 결과가 왜곡될 가능성이 있음<br>• 이에 동일한 차원을 측정하는 다수의 지표를 사용할 때 발생하는 지표 간의 충돌을 방지해야 함 |
| 측정의 객관성 | • 지수는 측정자 또는 측정대상 집단 등에 따라 그 값이 크게 달라지지 않아야 함<br>• 이에 설문대상 집단의 표본 추출에 있어 특정 집단에 편중되지 않도록 주의해야 함 |
| 비교 가능성 | • 지수는 종적·횡적으로 비교 가능해야 함<br>• 매년 지수를 산정하는 척도가 달라지거나 항목이 변경되어 연도별 지수 비교가 어렵다면 지수로서의 의미가 크게 반감될 수 있음 |

출처: 한국정보문화센터(2000), 「정보문화지수 개발 및 측정에 관한 연구」 한국직업능력개발원(2003), 「인적자원지수 및 지표개발」

지수index numbers, 指數란 일정한 방향이나 목표를 가지고 어떤 현상이나 사물을 측정할 수 있는 수단으로, 쉽게 말해 특정사상이나 현상을 설명하는 수치 또는 기호라고 할 수 있다. 일반적으로 지수는 변동을 알기 쉽게 나타내기 위하여 기준년도를 100으로 매년 100에 비교되는 숫자로 나타낸다. 지수는 생산물가지수, 수출입물가지수, 행복지수, 브랜드 파워지수 등 우리가 일상적으로 접하고 있는 모든 상황에 적용 가능하다. 하지만 지수를 만드는 것은 쉬운 일이 아니다. 일반적으로 지수는 평가를 위한 공식적인 도구로 활용된다는 점에서 엄밀한 조건이 요구된다. 그 조건으로는 대표성타당성, 자료 입수 가능성, 지표 간 충돌방지, 측정의 객관성, 비교 가능성 등이 있다.

**지표의 기능 및 요건**

| 구분 | 내용 |
|---|---|
| 측정·평가 기능 | • 정책의 대상이 되는 모든 부문의 보편적 특성을 측정할 수 있어야 하며, 관련부문의 지속적 특성 또한 측정 가능해야 함<br>• 관련지표는 직접적인 관계자(중앙정부 및 지자체 등)뿐만 아니라 전체 국민들이 이해하고 수용할 수 있는 수준의 내용으로 구성되어야 함<br>• 지표는 타당하고, 신뢰성이 높은 통계에 근거해야 하며, 지표측정을 위한 자료수집에 있어서 시간과 비용, 그리고 전문성의 제약이 거의 없어야 함 |
| 설명·정보 제공기능 | • 지표는 관련 부문의 작동상태 및 변화과정에 대한 정보를 제공해야 함<br>• 정책이 도달하고자 하는 바람직한 결과와 관련된 보편적·지속적 특성에 대한 정보를 제공해야 함<br>• 정책과 관련된 정보를 제공해야 하므로, 지표는 정부의 정책결정에 의해서 변화할 수 있는 제반 조건에 대해서도 설명할 수 있어야 함 |
| 혁신 기능 | • 관련부문의 새로운 정책 방향과 과제를 체계적으로 제시해 줄 수 있는 기능 |

출처: 산업연구원(2006), 「국가균형발전 지표 개발연구-지역발전종합지표를 중심으로」

지수와 유사한 개념으로 지표index indicator, 指標는 일정한 기준을 가지고 어떤 현상이나 사물을 측정하여 이에 대한 판단 근거로 사용될 수 있도록 계량화된 통계라 할 수 있다. 좁게는 가공하지 않은 단순 통계·데이터 수치이며, 넓게는 어떤 상황이나 상태에 대해서 정보를 제공하는 단순 통계 수치를 포함한 특정 항목과 관련되는 지수를 포함하기도 한다한국지식재산연구원, 2013. 지표는 측정·평가기능, 설명·정보제공 기능, 혁신기능 등 같은 기능들이 타당하게 작동되어야 하며, 위 표와 같은 요건을 갖추어야 한다산업연구원, 2006.

출처: 한국문화산업교류재단(2009), 「한류, 아시아를 넘어 세계로」 수정·보완

# 권역·국가별 한류지수와 한류콘텐츠 소비 추이

조사 대상인 15개 국가들을 아시아·대양주, 미주, 유럽, 중동·아프리카 등 4개 지역으로 구분하여, 권역별 한류지수 동향과 한류콘텐츠 소비 현황을 분석하였다.

## 권역별 한류지수

4대 권역별 한류지수를 살펴본 결과, 한류의 인기도를 나타내는 한류현황지수는 아시아·대양주가 가장 높았고, 이어서 중동·아프리카, 미주, 유럽의 순이었다. 한류의 성장도를 나타내는 한류심리지수도 아시아·대양주가 가장 높았고, 다음으로 미주, 유럽, 중동·아프리카의 순이었다.

**권역별 한류지수**

| 구분 | 아시아·대양주 | 미주 | 유럽 | 중동·아프리카 |
|---|---|---|---|---|
| 국가 | 중국, 일본, 대만, 태국, 말레이시아, 인도네시아, 인도, 호주 | 미국, 브라질 | 프랑스, 영국, 러시아 | UAE, 남아공 |
| 한류현황지수 | 3.23 | 2.55 | 2.50 | 2.70 |
| 한류심리지수 | 108.15 | 100.69 | 96.43 | 96.27 |

## 권역별 한류콘텐츠 소비

　권역별 한류콘텐츠 소비량은 한국드라마, 예능, 음악의 경우 아시아·대양주 지역이 압도적이었다. 그리고 한국영화, 애니메이션, 게임, 도서의 경우 아시아·대양주와 중동·아프리카가 비슷하게 가장 많이 소비하였다. 이 중 미주는 한국음식 월평균 지출액이 상대적으로 높고 나머지는 소비량이 낮았다. 한국음식에 대한 지출은 유럽 또한 높았는데, 상대적으로 아시아·대양주는 낮은 수치를 보였다. 이는 권역에 따른 소득과 물가수준의 차이가 반영된 결과라 볼 수 있다. 그리고 유럽은 한류콘텐츠 소비량이 가장 낮은 지역이나, 월평균 지출액으로 측정된 한국패션/뷰티의 소비량은 타 권역과 거의 유사했다.

**권역별 한류콘텐츠 소비량**

| 구분 | 아시아·대양주 | 미주 | 유럽 | 중동·아프리카 |
|---|---|---|---|---|
| 한국드라마 월평균 소비시간 | 13.6 | 6.3 | 5.1 | 8.4 |
| 한국예능 월평균 소비시간 | 10.9 | 5.2 | 4.5 | 7.8 |
| 한국영화 월평균 소비시간 | 8.9 | 5.4 | 4.0 | 8.7 |
| 한국음악 월평균 소비시간 | 10.1 | 5.1 | 5.1 | 7.9 |
| 한국애니 월평균 소비시간 | 9.0 | 5.5 | 5.3 | 9.3 |
| 한국게임 월평균 소비시간 | 11.1 | 7.7 | 6.4 | 13.6 |
| 한국도서 월평균 소비시간 | 12.5 | 10.5 | 5.3 | 12.5 |
| 한국패션/뷰티 월평균 지출액(USD) | 41.0 | 47.2 | 45.9 | 48.7 |
| 한국음식 월평균 지출액(USD) | 115.4 | 163.2 | 150.3 | 119.9 |

### 권역별 한류콘텐츠 소비량 변화

위 결과들을 기반으로 권역별 한류콘텐츠 소비량의 변화 정도<sup>•</sup>를 분석하였다. 그 결과, 위 그림에 보듯 한국패션/뷰티, 음식, 게임의 경우 모든 지역에서 증가하였는데 특히, 패션/뷰티의 증가세가 두드러진다. 반면 한국도서는 아시아 · 대양주, 미주에서는 증가세를 유럽, 중동 · 아프리카에

● 앞서 본 월평균 소비량과 달리 소비량변화는 증가를 (+), 감소를 (-)로 코딩했기 때문에 절대적인 수치가 아니라 증가 또는 감소의 추세를 보여준다.

서는 감소세를 보였다. 그 외 한국예능, 영화, 음악, 애니메이션은 아시아·대양주에서만 증가세이고 그 외 지역에서는 모두 감소세이다. 주목할 점은 한류의 원조라 할 수 있는 한국드라마가 모든 지역에서 감소세를 보인다는 점이다.

## 국가별 한류지수 현황

'2016 국가별 한류지수 현황'을 한마디로 요약하면, 한류의 성장세 약화가 두드러진 한 해였다고 정리할 수 있을 것이다. 대표 포스트 한류 지역으로 꼽히는 동남아시아에서조차 한류는 고성장에서 중간성장으로 후퇴하는 현상을 보였고 유럽, 미국, 호주 등 서구 지역과 중국에서의 한류 퇴조는 더욱 두드러졌다. 무엇보다 높은 성장률이 기대되는 '한류 고성장' 그룹에 속하는 국가의 부재는 '한류 적신호'를 실감케 했다.

이를 정리하면 다음 그림과 같다. 더불어 2015년도 결과와 비교해 각 국가의 한류심리지수와 한류현황지수의 위치가 어떻게 변동되었는지 보다 쉽게 파악하고자 위치이동을 화살표로 표시하였다. 여기서 파란색 화살표는 한류 인기의 감소 혹은 성장·후퇴를 나타내며, 빨간색은 인기상승을 나타낸다. 인기가 상승한 브라질과 대만을 제외한 무려 9개 국가남아공, 영국, 프랑스, 호주, 미국, 태국, 인도네시아, 말레이시아, 중국에서 한류 인기와 성장성은 단계 하락이 가시화되었다. 그 외 인도, UAE, 러시아, 일본은 2015년과 동일하면서 위치 변동이 없었다.

한류지수 수준에 따라 자세히 살펴보면 먼저 태국, 인도네시아, 말레이시아, 대만 등 동남아시아 4개국은 '한류대중화'단계이자, 추후 성장률이

국가별 한류지수 현황(2016년)

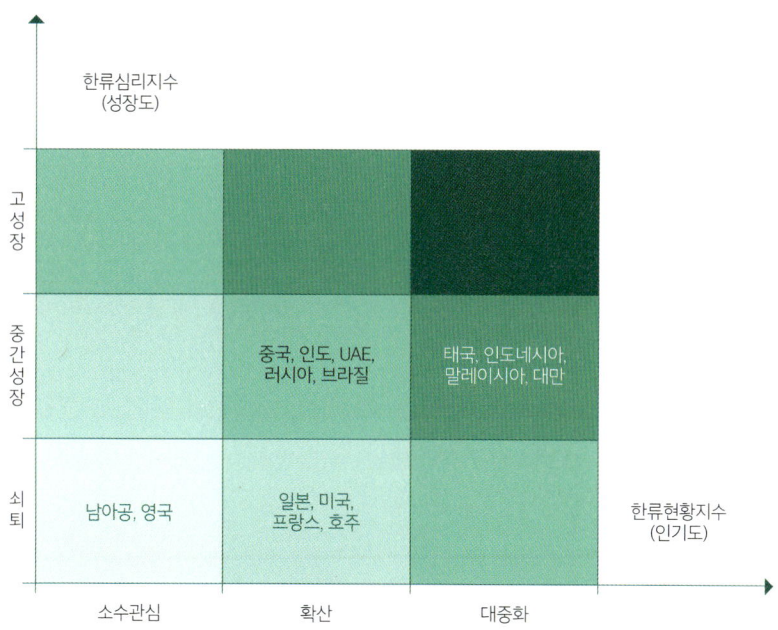

아주 높지는 않지만 향후에도 성장이 지속될 것으로 전망되는 '중간성장그룹'으로 분류되었다. 특히, 말레이시아, 대만의 경우 한류대중화가 전년도에 비해 눈에 띄게 진전된 것으로 나타났다.

중국, 인도, UAE, 러시아, 브라질 등 5개국은 한류확산단계의 중간성장그룹으로 분류되는데, 중국의 경우 2015년 대중화단계에서 확산단계로 한류의 인기가 한 단계 후퇴하였다. 반면 브라질은 소수관심단계에서 확산단계로 한류 인기가 상승하였다.

일본, 미국, 프랑스, 호주 등 4개국은 한류확산단계이면서 쇠퇴그룹에 포함되었다. 일본을 제외한 미국, 프랑스, 호주는 일 년 만에 모두 성장그룹

국가별 한류지수 위치변화(2015년 VS 2016년)

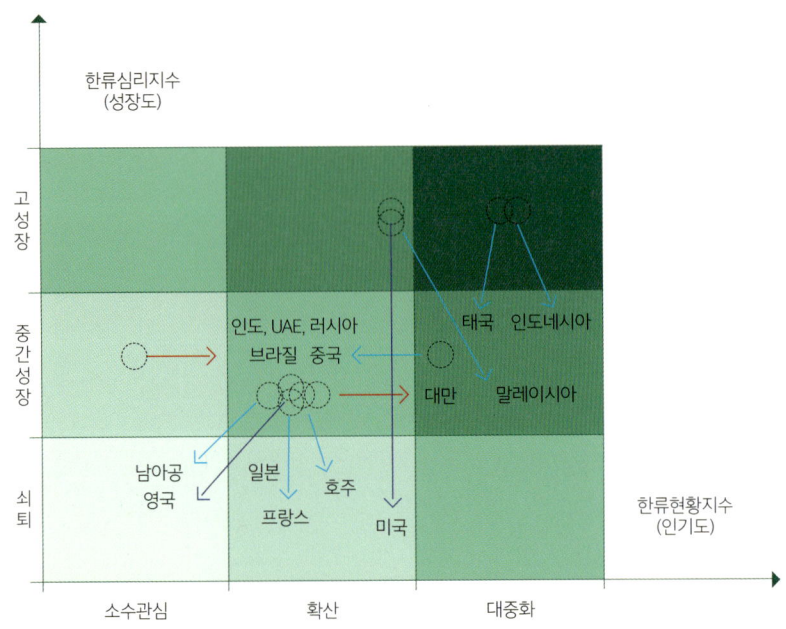

에서 쇠퇴그룹으로 추락하였다. 이외 남아공과 영국은 2015년 한류확산단계 및 중간성장그룹에서 나란히 한류소수관심단계 및 쇠퇴그룹으로 떨어졌다. 위 결과를 기반으로 조사 대상 국가들 사이에 유사성이 높은 대상들끼리 집단으로 분류 및 서로 간의 상이성을 살펴보고자 '계층적 군집분석'을 실시하였다. 그 결과 다음 그림과 같이 크게 3개 그룹으로 분류되었는데, 한류의 현재 인기와 대중화 정도를 나타내는 한류현황지수와, 한류의 성장 또는 쇠퇴 정도를 나타내는 한류심리지수는 대체로 비례관계를 띠었다.

　앞서 설명한 것과 같이, 한류지수는 각국에서 현재 한류의 대중화 정도를 나타내는 '한류현황지수'와 한류 인기의 변화정도를 나타내는 '한류

한류지수 군집분석 결과

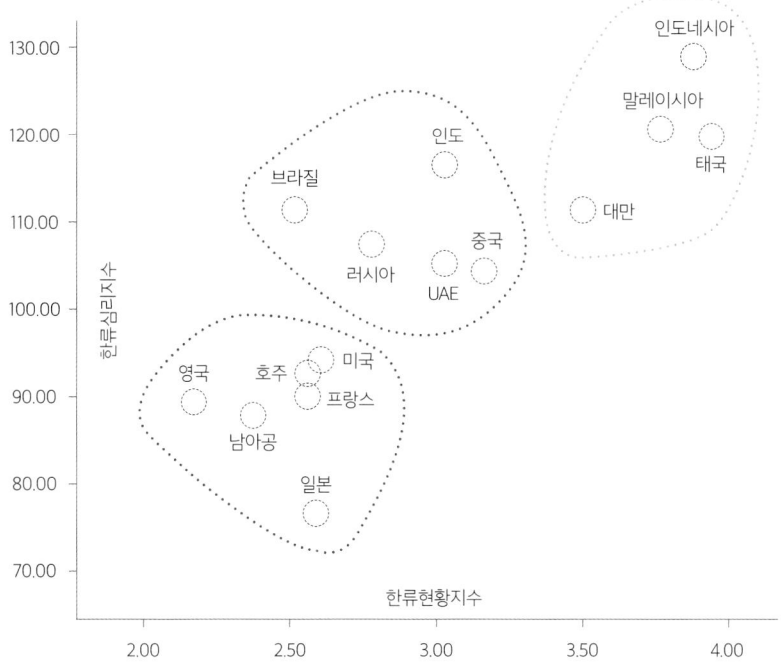

심리지수'로 구분된다. 5점 만점으로 측정된 한류현황지수가 3.5점 이상인 경우 '한류대중화'단계로 본다. 이에 따라 태국, 인도네시아, 말레이시아, 대만 등 4개 동남아시아 국가들이 한류대중화단계로 나타났다. '한류확산' 단계는 중국, 인도, UAE, 러시아, 일본, 미국, 프랑스, 호주, 브라질 등 9개국이다. 인도, 러시아에서 한류의 대중화가 빠르게 진행된 반면 중국, 미국에서는 한류의 인기가 큰 폭으로 하락한 점이 특징이다. 특히 중국의 경우, 한류대중화단계에서 한류확산단계로 추락해 한류 인기가 상당히 식은 것으로 보인다. '한류소수관심'단계 국가는 남아공과 영국으로, 양국 모두 한류 인기가 일 년 만에 급격히 하락한 것으로 나타났다.

### 국가별 한류현황지수 추이

| 구분 | | 한류현황지수 (2014) | 한류현황지수 (2015) | 한류현황지수 (2016) | 한류현황지수 변화율 (2015-2016) | 비고 |
|---|---|---|---|---|---|---|
| 한류 대중화 단계 | 태국 | 3.52 | 3.58 | 3.94 | 10.1% | |
| | 인도네시아 | 3.47 | 3.50 | 3.89 | 11.3% | |
| | 말레이시아 | 3.51 | 3.47 | 3.77 | 8.7% | 1단계 상승 |
| | 대만 | 3.50 | 3.36 | 3.50 | 4.4% | 1단계 상승 |
| 한류 확산 단계 | 중국 | 3.58 | 3.64 | 3.16 | -13.1% | 1단계 하락 |
| | 인도 | 1.86 | 2.55 | 3.03 | 18.7% | |
| | UAE | 2.87 | 3.22 | 3.02 | -6.0% | |
| | 러시아 | 2.41 | 2.50 | 2.78 | 11.2% | |
| | 일본 | 2.62 | 2.61 | 2.60 | -0.5% | |
| | 미국 | 3.09 | 2.95 | 2.57 | -12.7% | |
| | 프랑스 | 2.64 | 2.57 | 2.56 | -0.6% | |
| | 호주 | 2.82 | 2.69 | 2.56 | -5.1% | |
| | 브라질 | 2.45 | 2.48 | 2.51 | 1.5% | 1단계 상승 |
| 한류 소수관심 단계 | 남아공 | 2.84 | 2.86 | 2.37 | -17.3% | 1단계 하락 |
| | 영국 | 2.78 | 2.55 | 2.16 | -15.4% | 1단계 하락 |

　　한류의 성장도를 나타내는 한류심리지수는 2015년 조사 결과와 비교하면 전반적으로 크게 하락하였다. 한류 고성장그룹에 속하는 국가도 하나도 없었다. 특히, 프랑스, 영국, 미국, 호주 등 서구 국가들에서 한류심리지수가 100 미만으로 떨어져 한류의 급격한 쇠퇴 징후가 목격되었다. 인도네시아, 말레이시아, 태국 등 전통적인 한류 고성장 국가들에서도 성장세가 감소해 고성장그룹이 아닌 중간성장그룹으로 하락하였다. 최근 사드 배

치라는 정치·외교적 이슈로 우리나라와 갈등을 빚고 있는 중국의 경우 그 하락세가 두드러지는데, 한류심리지수가 전년 대비 17.9%가량 급감해 한류 성장세가 상당히 위축된 것으로 나타났다.

**국가별 한류심리지수 추이**

| 구분 | | 한류심리지수 (2014) | 한류심리지수 (2015) | 한류심리지수 (2016) | 한류심리지수변화율 (2015-2016) | 비고 |
|---|---|---|---|---|---|---|
| 중간성장 그룹 | 인도네시아 | 136.40 | 139.08 | 128.63 | -7.5% | 1단계 하락 |
| | 말레이시아 | 140.90 | 136.00 | 120.13 | -11.7% | 1단계 하락 |
| | 태국 | 124.33 | 131.46 | 118.56 | -9.8% | 1단계 하락 |
| | 인도 | 92.89 | 122.51 | 116.40 | -5.0% | |
| | 브라질 | 111.17 | 111.81 | 112.25 | 0.4% | |
| | 대만 | 104.75 | 103.00 | 111.46 | 8.2% | |
| | 러시아 | 113.79 | 115.67 | 106.92 | -7.6% | |
| | 중국 | 126.48 | 127.68 | 104.78 | -17.9% | |
| | UAE | 102.04 | 126.88 | 104.44 | -17.7% | |
| 쇠퇴그룹 | 미국 | 130.77 | 130.80 | 92.99 | -28.9% | 2단계 하락 |
| | 프랑스 | 112.33 | 114.06 | 92.48 | -18.9% | 1단계 하락 |
| | 호주 | 121.56 | 112.92 | 91.69 | -18.8% | 1단계 하락 |
| | 영국 | 121.25 | 117.63 | 89.90 | -23.6% | 1단계 하락 |
| | 남아공 | 125.25 | 108.65 | 88.10 | -18.9% | 1단계 하락 |
| | 일본 | 71.54 | 77.60 | 77.97 | 0.5% | |

2015년 조사와 비교하여 한류현황지수와 한류심리지수의 변화율을 국가별로 비교 분석한 결과는 다음 그림과 같다. 한류현황지수의 경우 전

### 한류지수의 국가별 변화율

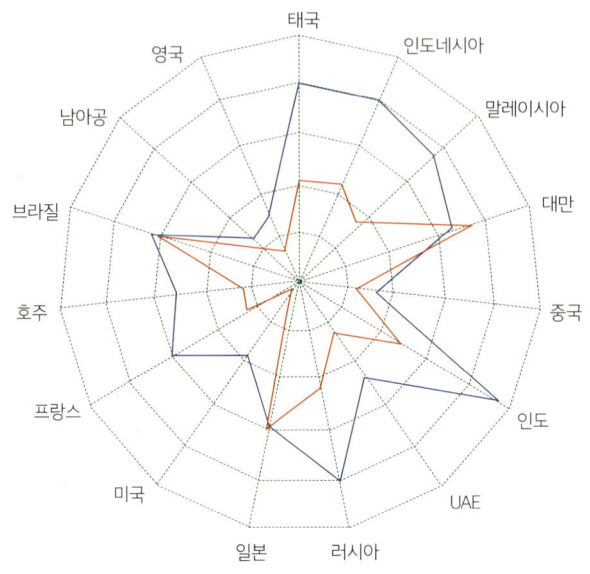

년 대비 상승한 국가도 있으나, 한류심리지수는 대부분 하락하였고 전반적인 하락 폭도 한류현황지수에 비해 컸다. 한류현황지수가 한류의 현재를 나타내고, 한류심리지수가 한류의 미래를 설명해 준다는 점에서, 이 결과는 곧 한류의 인기가 향후 더 하락할 것을 예견하는 것으로 보인다. 무엇보다 정치·외교적 이슈가 많이 부각되었던 중국에서의 하락률 보다 미국, 영국, 프랑스, 호주, 남아공 서구 국가들에서의 하락률이 더 크다는 점에서 한류 쇠퇴에 대한 근본적 원인 파악과 개선을 위한 노력의 필요성을 시사했다.

### 한류현황지수의 국가별 변화율 추이

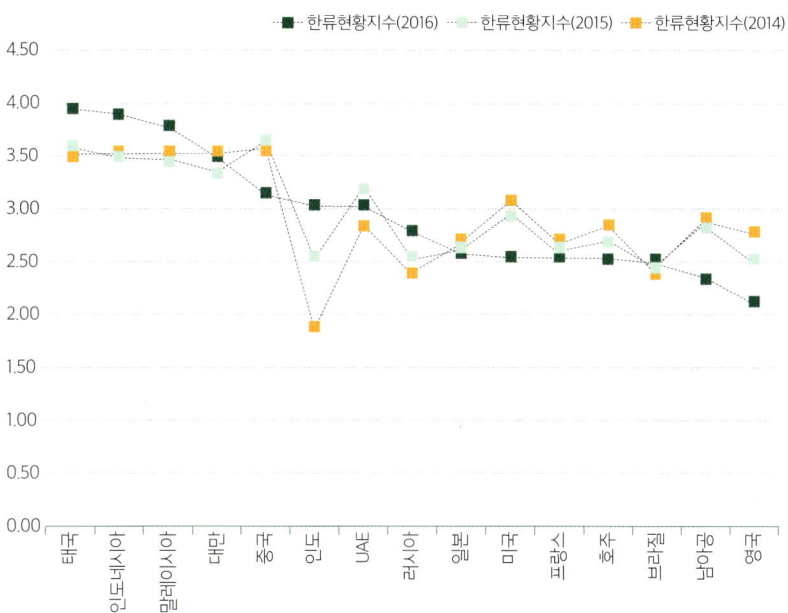

### 한류심리지수의 국가별 변화율 추이

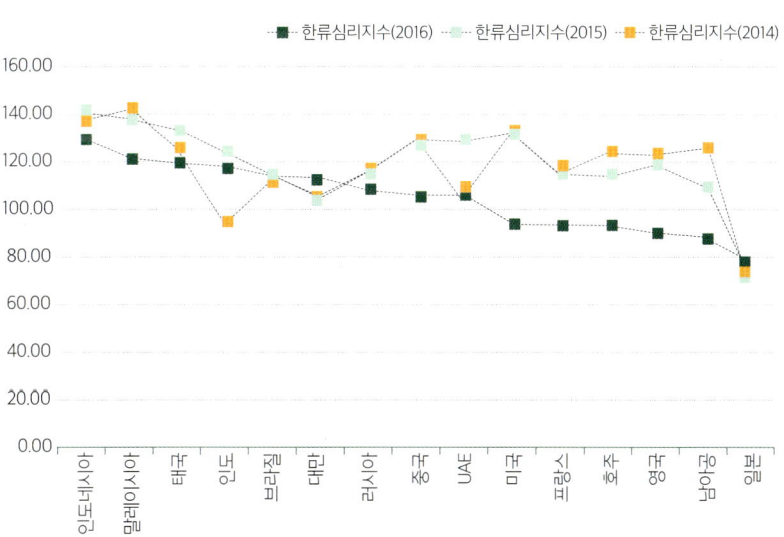

한류현황지수인기도의 3개년 추이를 살펴보면 태국, 인도네시아, 말레이시아 등 한류대중화 국가들에서의 한류 인기는 더 상승한 반면, 미국, 남아공, 영국 등 상대적으로 대중화 정도가 낮은 국가들에서는 오히려 인기가 하락하는 양상을 띠었다. 즉 한류의 인기도 일종의 '양극화' 현상을 띤다고 볼 수 있다. 또한 2014~2015년의 변화에 비해 2015~2016년의 변화가 더 큰 것도 특징적이다.

반면, 한류심리지수성장도는 그림에서 보듯, 대부분의 국가들에서 감소했다. 다수의 국가에서 성장도가 같은 방향으로 움직이는 '동조화 현상'을 보인 것이다. 변화폭 또한 2014~2015년에 비해 2015~2016년의 변화가 더 두드러졌다. 한류심리지수는 한류현황지수보다 어느 정도 선행하기 때문에 한류심리지수의 하락세는 2017년의 한류현황지수에도 부정적인 영향을 줄 것으로 예측된다.

## 국가별 한류콘텐츠 경험률, 최근호감도, 소비량변화 추이

보다 심층적인 분석을 위하여, 한류콘텐츠에 대한 '경험률', '최근호감도', '소비량변화'라는 세 가지 측면에서 국가별 분석을 진행하였다. 먼저 '경험률'은 각 국가별로 응답자의 몇 % 정도가 한류콘텐츠를 경험한 적이 있는지를 나타낸 것으로 0~100의 값으로 표시하였다. 둘째, '최근호감도'는 한류콘텐츠에 대한 최근 호감 정도이며, '소비량변화'는 1년 전 대비 현

한류콘텐츠 경험률, 최근호감도, 소비량변화 평균값 (전체)

| 구분 | 경험률 (%) | 최근호감도 (점) | 소비량변화 (월평균 소비시간 / 월평균 지출금액 USD) |
|---|---|---|---|
| 한국드라마 | 76.4 | 0.42 | 9.9 |
| 한국예능 | 69.7 | 0.40 | 7.7 |
| 한국영화 | 76.6 | 0.41 | 6.7 |
| 한국음악 | 74.2 | 0.35 | 7.9 |
| 한국애니 | 49.2 | 0.38 | 7.0 |
| 한국게임 | 52.4 | 0.48 | 9.4 |
| 한국도서 | 44.7 | 0.33 | 9.8 |
| 한국패션/뷰티 | 61.1 | 0.62 | 46.5 |
| 한국음식 | 79.4 | 0.64 | 126.5 |

재 한류콘텐츠 소비량이다*. 이들 전체 및 국가별 평균값은 아래 표와 같다. 결과적으로 한류콘텐츠 중 경험률이 가장 높은 분야는 대중문화영역이 아닌 '한국음식'이었다. 국가별로는 대만 응답자들의 한국음식에 대한 경험률이 94.8%로 가장 압도적이었고, 브라질이 56.8%로 가장 낮았다. 한국음식과 달리 한국게임, 한국애니, 한국도서에 대한 경험률은 대부분의 국가에서 40~50% 대에 머물렀다. 한국음식의 최근호감도도 0.64점으로 가장 높고, 월평균 지출금액 또한 126.5달러로 패션/뷰티에 비해 약 2.7배가량 크면서 한식산업의 성장 가능성을 확인했다.

---

● 최근호감도와 소비량변화 측정은 5점 척도로 구성, 최근호감도는 '전혀 호감이 가지 않는다(-2점) ~ 매우 호감이 간다(2점)'이며, 소비량변화는 '크게 감소하였다(-2점) ~ 크게 증가하였다(2점)'로 각각 코딩하였다. 한편 소비량변화의 경우 한국패션/뷰티와 음식만 월평균 지출금액(USD)으로 측정하였고, 나머지 콘텐츠(한국드라마, 예능, 영화, 영화, 음악, 애니, 게임, 도서)는 월평균 소비시간으로 측정하였다.

## 한류콘텐츠 경험률, 최근호감도, 소비량변화 평균값

| 구분 | | 한류대중화 | | | |
|---|---|---|---|---|---|
| | | 태국 | 인도네시아 | 말레이시아 | 대만 |
| 경험률 (%) | 한국드라마 | 96.5 | 97.3 | 98.8 | 93.8 |
| | 한국예능 | 89.0 | 92.8 | 76.8 | 81.8 |
| | 한국영화 | 92.5 | 95.0 | 80.8 | 89.3 |
| | 한국음악 | 87.3 | 95.0 | 96.8 | 84.3 |
| | 한국애니 | 55.0 | 61.8 | 50.5 | 38.0 |
| | 한국게임 | 60.5 | 65.0 | 54.5 | 57.3 |
| | 한국패션/뷰티 | 79.3 | 77.8 | 85.0 | 63.3 |
| | 한국음식 | 88.3 | 84.8 | 87.5 | 94.8 |
| | 한국도서 | 46.8 | 80.0 | 41.0 | 45.5 |
| 최근 호감도 (점) | 한국드라마 | .95 | .94 | .95 | .43 |
| | 한국예능 | .73 | .87 | .92 | .33 |
| | 한국영화 | .75 | .89 | .91 | .38 |
| | 한국음악 | .71 | .85 | .86 | .43 |
| | 한국애니 | .67 | .92 | .86 | .30 |
| | 한국게임 | .76 | .87 | .77 | .31 |
| | 한국패션/뷰티 | .91 | 1.01 | .94 | .48 |
| | 한국음식 | .81 | .92 | .95 | .49 |
| | 한국도서 | .61 | .67 | .68 | .15 |
| 소비량변화 (월평균 시간 / 월평균 지출금액 USD) | 한국드라마 | 14.9 | 21.8 | 19.8 | 14.1 |
| | 한국예능 | 11.1 | 14.2 | 14.3 | 7.8 |
| | 한국영화 | 8.6 | 13.8 | 7.7 | 4.5 |
| | 한국음악 | 12.2 | 15.8 | 13.5 | 10.1 |
| | 한국애니 | 9.1 | 13.1 | 10.1 | 4.5 |
| | 한국게임 | 16.1 | 14.2 | 10.1 | 10.5 |
| | 한국도서 | 15.3 | 17.4 | 12.0 | 5.2 |
| | 한국패션/뷰티 | 45.1 | 39.2 | 37.5 | 54.0 |
| | 한국음식 | 73.4 | 51.9 | 56.1 | 137.5 |

(국가별)

| 한류확산 | | | | | | | | | 한류소수관심 | |
|---|---|---|---|---|---|---|---|---|---|---|
| 중국 | 인도 | UAE | 러시아 | 일본 | 미국 | 프랑스 | 호주 | 브라질 | 영국 | 남아공 |
| 96.0 | 80.0 | 84.8 | 45.5 | 66.7 | 65.3 | 76.0 | 61.0 | 67.5 | 50.8 | 66.3 |
| 85.3 | 84.4 | 85.3 | 37.5 | 26.7 | 64.8 | 78.8 | 62.8 | 57.5 | 49.8 | 72.3 |
| 92.2 | 88.3 | 90.0 | 57.0 | 41.5 | 68.3 | 80.8 | 64.8 | 76.5 | 54.8 | 77.8 |
| 85.2 | 73.5 | 68.5 | 45.3 | 73.7 | 72.8 | 69.5 | 76.3 | 79.3 | 58.8 | 47.8 |
| 42.5 | 68.1 | 54.8 | 40.0 | 17.2 | 59.2 | 53.0 | 50.0 | 52.5 | 38.3 | 57.8 |
| 56.3 | 74.0 | 62.5 | 39.0 | 25.0 | 53.2 | 56.5 | 51.5 | 51.8 | 33.0 | 45.8 |
| 76.0 | 74.8 | 75.0 | 59.3 | 29.2 | 52.8 | 48.0 | 49.8 | 55.3 | 38.0 | 52.8 |
| 85.2 | 74.2 | 71.8 | 83.8 | 86.0 | 88.7 | 62.7 | 82.5 | 56.8 | 75.0 | 68.8 |
| 52.7 | 53.4 | 41.8 | 40.5 | 25.3 | 32.2 | 48.8 | 52.0 | 38.0 | 35.0 | 37.5 |
| .32 | .77 | .44 | .38 | -.28 | .37 | .18 | .20 | .74 | .03 | -.06 |
| .28 | .75 | .42 | .45 | -.18 | .33 | .00 | .30 | .63 | .10 | .01 |
| .32 | .78 | .53 | .57 | -.25 | .18 | .16 | .08 | .70 | .06 | .09 |
| .37 | .68 | .30 | .61 | -.20 | .04 | .21 | .08 | .47 | -.06 | -.02 |
| .21 | .70 | .38 | .53 | -.38 | .23 | .11 | .08 | .82 | .06 | .21 |
| .34 | .78 | .54 | .58 | -.20 | .24 | .37 | .37 | .93 | .21 | .39 |
| .58 | .83 | .61 | .94 | .25 | .42 | .23 | .58 | .81 | .32 | .42 |
| .51 | .87 | .55 | 1.02 | .28 | .60 | .32 | .63 | .94 | .27 | .47 |
| .28 | .73 | .35 | .23 | -.26 | .32 | .07 | .35 | .77 | .24 | -.25 |
| 14.5 | 13.4 | 10.8 | 7.7 | 2.4 | 6.1 | 5.3 | 4.0 | 6.5 | 2.6 | 5.2 |
| 11.4 | 12.7 | 10.2 | 5.1 | 1.9 | 5.2 | 5.8 | 4.0 | 5.2 | 2.1 | 5.0 |
| 8.9 | 12.9 | 10.6 | 4.8 | 1.0 | 4.7 | 4.4 | 4.1 | 6.4 | 2.5 | 6.4 |
| 9.7 | 12.6 | 9.9 | 4.3 | 1.1 | 5.1 | 7.6 | 3.9 | 5.2 | 2.6 | 5.0 |
| 6.8 | 12.3 | 12.4 | 7.3 | 1.9 | 5.7 | 5.8 | 2.3 | 5.3 | 2.5 | 5.9 |
| 8.7 | 13.6 | 15.4 | 5.9 | 2.0 | 7.1 | 8.4 | 5.1 | 8.7 | 3.8 | 11.2 |
| 11.3 | 18.3 | 15.3 | 4.9 | 1.7 | 9.7 | 7.6 | 4.6 | 11.5 | 2.8 | 9.5 |
| 47.3 | 22.8 | 59.2 | 37.4 | 70.1 | 48.3 | 59.1 | 55.7 | 45.5 | 42.5 | 33.7 |
| 118.3 | 43.8 | 126.7 | 165.0 | 244.6 | 203.5 | 109.7 | 217.1 | 68.8 | 167.9 | 112.7 |

소비량의 경우, 대표 한류콘텐츠인 한국드라마에 대한 소비량이 월 평균 9.9시간으로 가장 높았고, 한국도서 9.8시간와 한국게임 9.4시간이 뒤를 이었다. 특히 한국드라마의 소비량은 최대 인도네시아, 21.8시간와 최저 일본 2.4시간 소비 국가 간의 간극이 약 19.4시간으로 매우 컸다. 한편 한국패션/뷰티 월평균 지출금액은 46.5달러로, 인도가 22.8달러로 가장 적고 일본이 70.1달러로 가장 많았다. 한식에 이어 한국 패션/뷰티에 대한 최근호감도와 경험률이 상당 수준이라는 점에서 미래 한류산업의 주요 역군으로 활약할 것으로 예상한다.

국가별 한류콘텐츠 경험률, 최근호감도, 소비량변화 추이를 종합하자면 태국, 인도네시아, 말레이시아 등 한류대중화단계의 3개국과 인도, 브라질 등 한류확산단계의 일부국가를 제외하면 한류에 대한 관심이 심각하게 하락하고 있는 상태, 즉 '한류가 식고 있는 상태'라 판단된다. 특히 미국, 영국 등 서구 국가들과 주요 한류 대상국인 중국, 일본 등에서 한류지수의 하락률이 높다는 점에서 한국드라마, 한국영화, 한국음악 등 대표 한류콘텐츠의 부진 또는 인기하락과 상당 수준 관련된 것으로 판단된다.

## 한류대중화단계

### 태국

태국의 한류콘텐츠 경험률, 최근호감도, 소비량변화

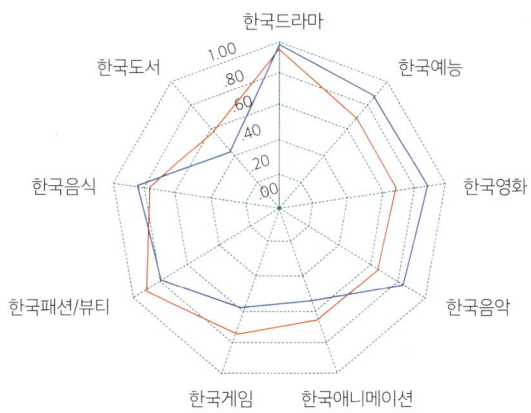

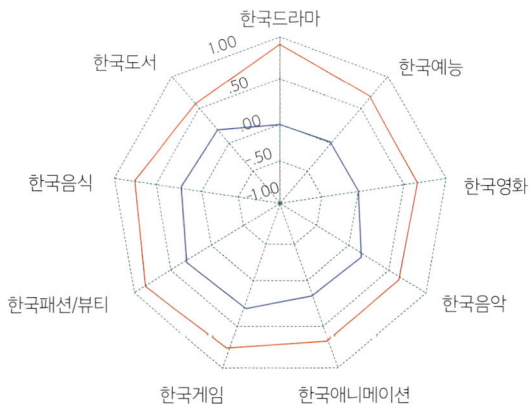

태국은 한류콘텐츠에 대한 경험률과 최근호감도가 전반적으로 높았다. 특히 한국드라마에 대한 경험률과 최근호감도가 다른 국가와 비교해 가장 두드러졌다. 다만, 한국드라마, 예능, 영화 등에 대한 소비량이 정체 상태로 보이면서 태국인의 월평균 한국드라마 시청시간4.9시간은 전체평균9.9시간보다는 높았지만, 동일 권역인 인도네시아21.8시간나 말레이시아19.8시간에는 못 미쳤다. 한편, 한국패션/뷰티와 게임에 대한 경험률은 상대적으로 낮았지만 호감도는 높은 것이 특징적이다. 패션/뷰티, 게임, 음식의 소비량 또한 증가세를 보이면서, 태국인이 한국게임에 지불하는 시간은 월평균 16.1시간, 한국음식과 한국패션/뷰티에 지불하는 비용은 월평균 각각 73.4달러, 45.1달러로 나타났다. 한국도서의 경우 경험률과 최근호감도는 상대적으로 가장 낮았지만 소비량은 증가하면서, 월평균 한국도서 소비시간이 15.3시간으로 인도18.3시간, 인도네시아17.4시간 다음으로 높았다.

위 결과를 좀 더 다양한 관점에서 살펴보기 위해 한국에 대한 인지수준에 따른 태국인 간의 응답 차이, 즉 한국에 대해 얼마나 잘 아는지에 따라 응답 결과가 어떻게 달라지는지를 분석해 보았다. 다음 표에서 새롭게 나온 개념인 '한국이미지'는 한국의 국가이미지를 측정● 한 것이다. 그리고 '한류콘텐츠 경험률', '한류콘텐츠 최근호감도', '한류콘텐츠 소비량변화'는 9개 한류콘텐츠에 대한 평균값이다.

---

● '한국이미지'는 "한국은 경제적으로 선진국이다", "한국은 국제적 차원의 사회공헌 활동에 참여하고 있다", "한국은 우리에게 우호적인 국가이다", "한국은 경쟁국이기보다는 협력국이다", "한국은 호감이 가는 국가이다", "한국은 문화 강국이다" 등 6개 질문 항목에 대해 동의하는 정도를 '1=전혀 그렇지 않다', '2=그렇지 않다', '3=보통이다', '4=그렇다', '5=매우 그렇다'로 측정한 것을 평균한 수치이다. 그외 앞서 언급한 것처럼 '한류현황지수'는 한류의 현재 인기와 대중화 정도를 나타내는 지수로 0~2.5미만은 한류소수관심단계, 2.5~3.5미만 한류확산단계, 3.5이상은 한류대중화단계로 구분된다. '한류심리지수'는 한류의 성장 또는 쇠퇴 정도를 나타내는 지수로 0~99는 한류 쇠퇴그룹, 100~129는 한류 중간성장그룹, 130 이상은 한류 고성장그룹에 속한다.

그 결과, 태국에서는 한국에 대한 인지수준이 높을수록 한류에 대한 관심이 높게 나타났다. 그리고 한국에 대해 대충 알고 있는 사람이라도 한류콘텐츠에 대한 최근호감도가 높게 나타난다는 점에서 태국에서 한류에 대한 관심이 상당히 폭넓게 퍼져 있음을 파악할 수 있었다. 한류콘텐츠에 대한 경험률과 최근호감도는 응답자 집단별로 큰 차이가 없으나, 한국에 대해 정확하게 안다고 대답한 사람들의 한류콘텐츠 소비량변화는 한국이라는 이름만 아는 사람들에 비해 월등히 높았다. 그리고 한국에 대해 잘 알수록 한국이미지가 크게 호의적으로 개선돼, 한류의 인기 정도인 현황지수가 높게 나타나는 일관성을 보였다.

**태국인의 한국 인지수준별 한류지수와 한류콘텐츠 소비**

| 한국에 대한 인지수준 | 한국에 대해서 이름만 들어보았다 | 한국에 대해서 대충 알고 있다 | 한국에 대해서 정확히 알고 있다 | 평균 |
|---|---|---|---|---|
| 응답자 분포 | 13.3% | 60.3% | 26.5% | |
| 한류현황지수 | 3.37 | 3.94 | 4.24 | 3.94 |
| 한류심리지수 | 100.63 | 113.73 | 138.52 | 118.56 |
| 한국이미지 | 3.51 | 3.67 | 4.02 | 3.74 |
| 한류콘텐츠 경험률 | .72 | .74 | .87 | .77 |
| 한류콘텐츠 최근호감도 | .51 | .71 | .98 | .77 |
| 한류콘텐츠 소비량변화 | .00 | .04 | .45 | .16 |

## 태국 수상도 시청 독려, <태양의 후예> 신드롬

태국에서 열린 송중기 팬미팅 홍보 포스터

　드라마 <태양의 후예> 열풍이 태국에서도 거세다. 공식적으로는 KBS WORLD를 통해 2회분가량 늦게 방영되고는 있으나, 불법 경로인 인터넷을 통해 실시간으로 드라마 시청이 가능한 상황이다. 더욱이 태국 수상이 정부행사 연설 중에 드라마 <태양의 후예>를 언급해 더욱 화제다. 태국의 제29대 총리인 쁘라윳 짠오차 총리는 군인 출신으로 총리가 되기 전까지 육군 참모 총장 직을 수행해 왔다. 그는 연설 중 "충성심, 희생, 명령에 대한 복종 그리고 국민이라면 나라를 사랑해야 하는 애국심을 고취하는 드라마"라고 말하며 국민에게 시청을 독려함은 물론이고, "누구든지 이러한 드라마를 제작하여 태국 정부와 군인을 좋아하게 만들 수 있다면 물심양면으로 돕겠다"라며 제작 지원을 자청하기도 했다.

본 통신원은 <태양의 후예> 본 방송이 방영되는 시간에 방콕에 위치한 한 식당에서 스마트폰으로 이 드라마를 시청하고 있는 한 태국인 여성과 이야기를 나눠보았다. 24세 직장인이라고 밝힌 쏨오 양은 전부터 김은숙 작가의 전작인 <시크릿 가든>, <신사의 품격>, <상속자들>도 좋아했으며, 이번 작품 <태양의 후예>에도 푹 빠졌다고 한다.

왜 <태양의 후예>를 좋아하는지 이유를 묻는 질문에 그녀는 "재난 속 인명구제를 하는 군인과 의사의 모습이 그려진 인간애에 대한 이야기 사이에서, 극 중 유시진 대위와 강모연 의사의 로맨스가 펼쳐져서 흥미진진하다"고 말했다. 또한 제복을 입은 송중기의 매력적인 모습에 반해 "만약 송중기의 아시아 투어 팬미팅을 방콕에서 하게 된다면 입장권이 얼마이든지 상관하지 않고 구매하겠다"라고도 말했다. 실제 2016년 5월, 태국 방콕에서 열린 송중기 팬미팅 티켓이 채 1분이 되지 않아 판매가 종료되기도 했다.

다만 아쉬웠던 점은, 인터넷으로 검색하니 약 50여 개의 불법 웹사이트를 통해 별도의 회원가입 없이 클릭만으로도 쉽게 <태양의 후예> 동영상을 시청할 수 있다는 점이다. 태국어가 동사 및 명사의 곡용이 이루어지지 않는 고립어이고, 수식어가 피수식어의 뒤에 위치하는 특이성 때문에 자막 제작 자체가 어렵기도 하고, 자막 제작자 또한 한국어를 잘 이해하지 못했는지 불법 동영상에 지원되는 태국어 자막의 상당수가 원래 대사와는 많이 다르게 표현되었다.

향후 좀 더 양질의 태국어 자막이 정식 콘텐츠 판매와 함께 지원되길 바라며, 불법 동영상 유포 사이트 단속에 관한 문제도 한류 지속가능성을 위해 계속적으로 고민해야 할 중요 과제일 것이다.

출처: 한국문화산업교류재단, 태국 통신원

# 인도네시아

인도네시아의 한류콘텐츠 경험률, 최근호감도, 소비량변화

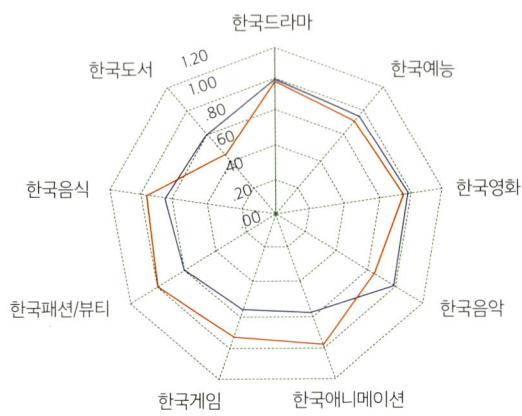

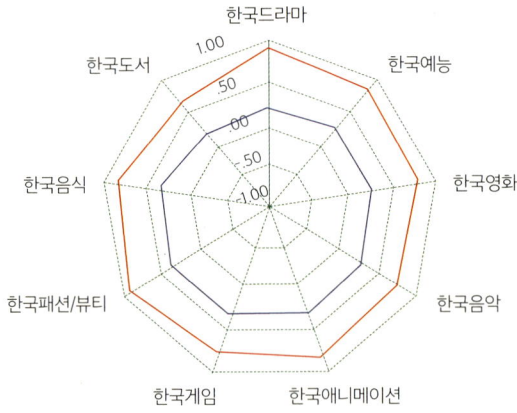

인도네시아의 한류콘텐츠에 대한 경험률은 다른 동남아시아 국가들에 비해 높지 않음에도 불구하고 최근호감도는 높다. 특히, 한국음식, 패션/뷰티, 게임, 애니메이션 등의 경험률이 60~80% 수준인데도, 최근호감도가 높아 이들 분야의 성장이 예상된다. 한류 소비량변화도 9개 한류콘텐츠 모두 증가 추세이다. 월평균 소비시간도 한국드라마 21.8시간, 음악 15.8시간, 영화 13.8시간 등 조사 대상 15개국 중 가장 높은 것으로 나타났다. 다만 한국패션/뷰티와 음식에 대한 월평균 소비지출이 각각 39.2달러, 51.9달러로 같은 한류대중화 단계 국가 중에서 가장 적었다.

**인도네시아인의 한국 인지수준별 한류지수와 한류콘텐츠 소비**

| 한국에 대한 인지수준 | 한국에 대해서 이름만 들어보았다 | 한국에 대해서 대충 알고 있다 | 한국에 대해서 정확히 알고 있다 | 평균 |
|---|---|---|---|---|
| 응답자 분포 | 5.5% | 51.3% | 43.3% | |
| 한류현황지수 | 2.93 | 3.75 | 4.19 | 3.89 |
| 한류심리지수 | 102.65 | 118.46 | 143.98 | 128.63 |
| 한국이미지 | 3.50 | 3.84 | 4.20 | 3.98 |
| 한류콘텐츠 경험률 | .55 | .79 | .92 | .83 |
| 한류콘텐츠 최근호감도 | .43 | .70 | 1.11 | .88 |
| 한류콘텐츠 소비량변화 | .09 | .08 | .61 | .33 |

인도네시아 응답자들 중 한국에 대해 정확히 알고 있는 사람의 비중은 43.3%로, 다른 국가에 비해 상당 수준 높은 편이어서 수치가 실제 한류 인기보다 다소 부풀려졌을 가능성이 있다. 그러나 한국에 대해 대충이라도 알고 있는 사람이 한류콘텐츠에 대한 최근호감도가 높게 나타난다는 점에서 인도네시아에서 한류는 대중화된 상태라고 짐작 가능하다. 한편 인도네시아 역시 태국과 유사하게 한국에 대해 잘 알수록 한국이미지가 크게 호의적으로 개선되면서 한류의 인기 또한 높아지는 일관성을 보였다.

## 인도네시아

## 한국 자본으로 만든 인도네시아 영화 <차도 차도>

영화 <차도 차도> 포스터

　인도네시아 영화산업에서 국내 대표 영화사업자인 CJ의 활약이 두드러진다. CJ CGV가 2014년에 처음으로 인도네시아에 진출한 이후, 2년도 채 지나지 않아 현재 전국적으로 21개 극장에 150개의 스크린을 올리면서 그 확장 속도가 더욱 빨라지고 있는 상황이다. 멀티플렉스 영화관 사업을 진행하고 있는 와중에도 <토토의 작업실> 등을 통해 현지 청소년들에게 영화제작 교육을 진행하기도 했다. 이러한 사회공헌 프로그램이 인도네시아의 영화 관련 회사들이 아직까지 시도하지 않는 일들인지라, 영화 저변 확대에 지대한 공헌을 하고 있다는 긍정적인 평가를 받기도 했다.

원래 인도네시아에서 영화제작 관련 산업은 외국인의 투자가 금지된 업종이었다. 하지만 2016년에 규제가 풀리면서 해외 자본으로서는 최초로 CJ가 인도네시아 영화제작에 뛰어들게 되었다. 그 성과물이 바로 <차도 차도Cado Cado>이다. 페르디리바 함자Ferdiriva Hamzah 작가의 동명 베스트셀러 작품을 영화화한 인도네시아 최초 메디컬 로맨스 코미디로, 주인공 페르디리바가 인턴 과정을 거쳐 의사가 되기 위한 과정을 그리고 있다. 위 영화에 CJ E&M이 현지 영화 제작 및 배급사들과 기획, 제작, 마케팅, 배급까지 전체 과정을 아우르는 방식으로 참여한 것으로 알려졌다.

지난 몇 년 동안 CJ는 영화 상영관 사업을 통해 인도네시아 관객들의 성향을 파악할 수 있는 데이터와 노하우를 축적하기 위해 노력하였다. 그리고 그 결과를 기반으로 인도네시아 영화제작 시장으로까지 직접 뛰어든 것으로 보인다. 기존에 베트남, 중국 등 다른 나라에서도 비슷한 사업을 했었기에 유사한 성공 공식을 가지고 인도네시아에 바로 뛰어들 수도 있었지만, 인도네시아만의 시장 니즈 파악을 위해 좀 더 차분히 준비해 왔던 것으로 보인다. 인도네시아에서 한국 자본으로 만들어졌지만 이를 바탕으로 한국을 비롯한 다른 나라에까지 판권이 수출되는 등 앞으로 한-인니 합작영화 1호 사업이 성공적으로 결실을 맺길 기원한다.

출처: 한국문화산업교류재단, 인도네시아 통신원

## 말레이시아

말레이시아의 한류콘텐츠 경험률, 최근호감도, 소비량변화

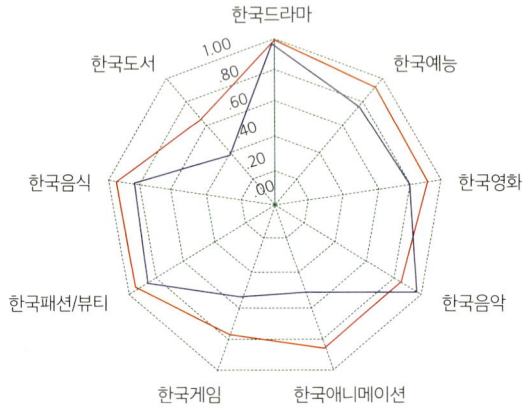

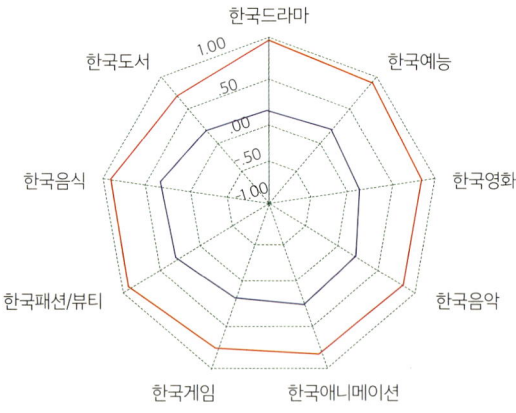

말레이시아는 한국드라마, 음악, 음식, 패션/뷰티 등에 대한 경험률이 85~99%로 매우 높고, 최근호감도도 인도네시아와 더불어 가장 높은 국가이다. 한국도서와 애니메이션 등 경험률이 낮은 콘텐츠에 대해서도 최근호감도가 매우 높고, 인도네시아와 유사하게 소비량변화도 모든 콘텐츠가 증가 추세이다. 월평균 소비시간은 한국드라마 19.8시간, 한국음악 13.5시간으로 인도네시아 다음으로 높다. 반면 한국영화 소비시간은 월 7.7시간으로 인도네시아 13.8시간, 인도 12.9시간, UAE 10.6시간 등에 비해 다소 낮았다. 한국패션/뷰티와 음식에 대한 월평균 소비지출은 각각 37.5달러, 56.1달러로 인도, 인도네시아 다음으로 가장 적었다. 이는 최근호감도는 높지만 말레이시아 현지의 소비수준이 비교적 낮기 때문에 나온 결과로 판단된다.

**말레이시아인의 한국 인지수준별 한류지수와 한류콘텐츠 소비**

| 한국에 대한 인지수준 | 한국에 대해서 이름만 들어보았다 | 한국에 대해서 대충 알고 있다 | 한국에 대해서 정확히 알고 있다 | 평균 |
|---|---|---|---|---|
| 응답자 분포 | 14.3% | 52.5% | 33.3% | |
| 한류현황지수 | 3.35 | 3.69 | 4.09 | 3.77 |
| 한류심리지수 | 103.22 | 112.38 | 139.60 | 120.13 |
| 한국이미지 | 3.76 | 3.88 | 4.25 | 3.98 |
| 한류콘텐츠 경험률 | .65 | .71 | .84 | .75 |
| 한류콘텐츠 최근호감도 | .72 | .75 | 1.09 | .87 |
| 한류콘텐츠 소비량변화 | .13 | .05 | .48 | .21 |

말레이시아 응답자들 또한 인도네시아와 유사하게 한국에 대해 정확히 알고 있는 사람들의 비중33.3%, 한류콘텐츠에 대한 경험률 및 최근호감도 등의 수치가 높아 한류의 대중화를 확인할 수 있었다. 특히, 한국에 대해 정확하게 안다고 대답하는 사람들의 한류콘텐츠 최근호감도와 소비량이 타 집단에 비해 월등히 높았다. 또 한국에 대해 잘 알수록 한국에 대한 이미지가 호의적으로 개선돼 한류를 좋아하게 되는 등의 긍정적 변화로의 일관성을 확인하였다.

## 🇲🇾 말레이시아

## 아이플릭스iflix, 한국드라마 <도깨비>로 도약을 꿈꾸다

아이플릭스 주최 드라마 <도깨비> 스크리닝 행사

동남아시아의 넷플릭스Netflix라고 불리는 아이플릭스iflix는 말레이시아에서 개발돼 현재 4백만 명이 넘는 동남아시아인들이 사용하는 동영상 플랫폼 사이트이다. 2016년 2월, 아이플릭스는 말레이시아를 비롯한 다수의 동남아시아 국가에서 엄청난 인기를 구가하고 있는 드라마 <도깨비>의 명장면들을 함께 볼 수 있는 행사를 개최하면서 자사 홍보와 함께 드라마 팬들의 참여를 독려했다.

위 행사에 참여한 팬들은 스크린에 주인공인 공유와 이동욱이 등장하자 "도깨비와 저승사자가 이렇게 멋있을 수는 없다"며 열광하는 모습을 보였다. 또한 드라마의 장면들이 나올 때마다 "이 장면, 기억이 나"라며 열혈 시청자임을 몸소 증명하는 팬들도 다수였다. 이어 드라마 촬영 비하인드 스토리와 NG 장면이 나오자 참가자 모두가 즐거워하며 <도깨비>에 대한 추억을 되새기는 시간을 가지기도 했다.

<도깨비>가 종영한 지 한 달이 지났음에도 불구하고 말레이시아에서는 현지 카페 또는 라디오를 통해 드라마 OST였던 찬열과 펀치의 <Stay With Me>, Crush의 <Beautiful>, 소유의 <I Miss You>, 어반자카파의 <소원>, 에일리의 <첫눈처럼 너에게 가겠다> 등이 연일 흘러나온다. 그리고 현지 서점에서는 『도깨비 포토에세이』가 순위권을 차지하는 등 드라마의 인기를 곳곳에서 쉬이 확인할 수 있었다. 말레이시아의 대표 OTT서비스인 아이플릭스가 자신들의 플랫폼 마케팅에 한국드라마를 이용할 만큼 현지에서 한국드라마의 파급력은 상당하며 이러한 인기는 당분간 지속될 것으로 보인다.

출처: 한국문화산업교류재단, 말레이시아 통신원

# 대만

## 대만의 한류콘텐츠 경험률, 최근호감도, 소비량변화

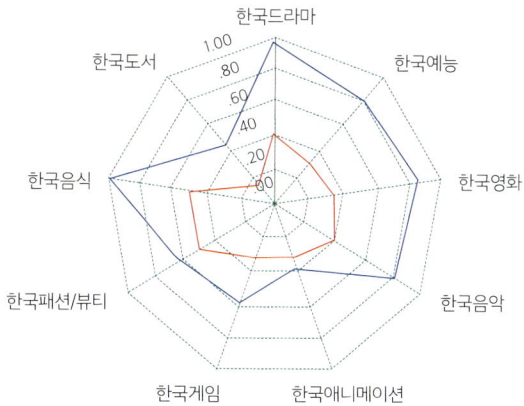

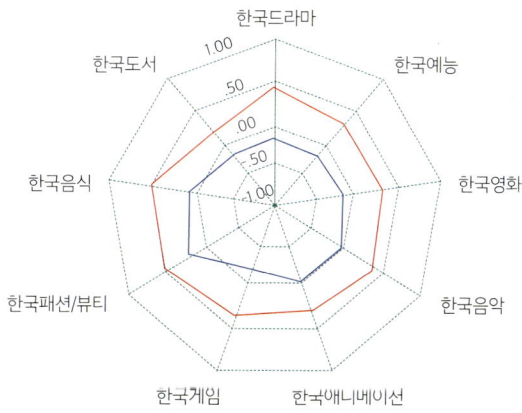

대만이 한류대중화단계로 분류되기는 했으나 앞선 국가들과는 조금 다른 양상을 보인다. 한류콘텐츠에 대한 경험률의 경우 한국드라마, 예능, 영화, 음악, 음식 등은 높은 편이나 최근호감도는 약간 있는 정도에 그쳤다. 소비량 또한 대부분 감소했다는 점에서 한류의 인기가 꺾이고 있음을 단적으로 보여줬다. 월평균 소비시간의 경우 한국드라마 14.1시간, 한국음악 10.1시간으로 평균보다 높았다. 하지만 한국영화의 경우 4.5시간으로 평균 6.7시간을 밑도는 등 한국드라마, 음악, 게임을 제외한 나머지 콘텐츠 소비량은 평균 이하에 머물면서 콘텐츠 간 편중이 심했다. 한국패션/뷰티와 음식에 대한 월평균 소비지출은 각각 54달러, 137.5달러로 평균보다는 조금 높은 것으로 나타났다. 이처럼 일부 콘텐츠에 편중된 소비와 소비량의 감소를 고려할 때 대만에서의 한류 전망은 그리 밝지 않은 상황이다.

**대만인의 한국 인지수준별 한류지수와 한류콘텐츠 소비**

| 한국에 대한 인지수준 | 한국에 대해서 이름만 들어보았다 | 한국에 대해서 대충 알고 있다 | 한국에 대해서 정확히 알고 있다 | 평균 |
|---|---|---|---|---|
| 응답자 분포 | 8.5% | 74.0% | 17.5% | |
| 한류현황지수 | 3.04 | 3.48 | 3.84 | 3.50 |
| 한류심리지수 | 96.08 | 110.02 | 125.00 | 111.46 |
| 한국이미지 | 3.17 | 3.14 | 3.35 | 3.18 |
| 한류콘텐츠 경험률 | .57 | .71 | .85 | .72 |
| 한류콘텐츠 최근호감도 | .24 | .30 | .62 | .37 |
| 한류콘텐츠 소비량변화 | -.21 | -.16 | .20 | -.09 |

대만 응답자들에게 한국의 이미지는 한국에 대한 인지수준에 따라 크게 개선되지 않고 낮은 수준에 머물렀다. 즉 한국을 잘 알아도 한국을 크게 좋아하지 않은 것으로 나타났다. 그리고 한국에 대해 잘 아는 사람들은 한류콘텐츠 소비를 늘리고 있으나, 잘 모르는 집단에서는 오히려 소비

량이 감소하면서, 전반적으로 한류 인기에 적신호가 켜졌음을 확인할 수 있었다.

### 대만

## 한류스타 팬미팅 이대로 괜찮은가?

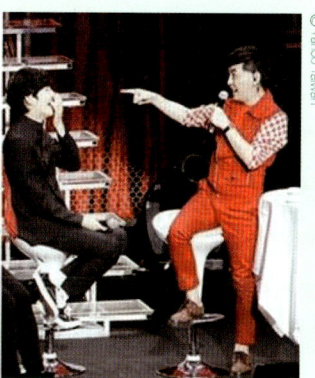

배우 이종석의 대만 팬미팅 현장 모습

'만찢남'의 대명사 배우 이종석이 2016년 12월 대만대 체육관에서 세 번째 팬미팅을 진행했다. 적지 않은 입장료를 지불했음에도 불구하고 팬미팅 진행자의 엉뚱한 진행으로 인해 현지 팬들 사이에서 구설수에 올랐다. 이날 배우 이종석은 자이언티의 <꺼내먹어요>, 로이 킴의 <피노키오> 등 4곡을 열창하며 팬들에게 색다른 모습을 보여주려고 노력했다. 하지만 진행자의 미흡한 준비와 엉성한 인터뷰 진행으로 4,000여 명이 운집한 현장을 오히려 썰렁하게 만들어 아쉬움을 남겼다.

하지만 이번 행사에서의 문제 책임을 진행자에게만 돌리기에는 무리가 있다. 한류스타 팬미팅 진행 순서나 내용이 기존의 똑같은 패턴으로 반복되면서, 현지 팬들 사이에서 그들이 지불하는 입장료만큼 팬미팅이 가치가 있는지에 대한 의구심이 날로 높아지고 있다. 처음 대만에 방문한 한류스타에게 현지 먹거리를 시식토록 해 소감을 묻는다거나, 드라마 속 한 장면을 팬들 앞에서 재연해 본다거나, 노래를 부르는 등 스타만 바뀔 뿐 천편일률적으로 진행되었던 한류스타 팬미팅의 한계가 서서히 드러나고 있는 셈이다.

한류 초기에는 팬미팅 행사 개최 소식이 전해지면 한류스타들이 현지 팬들과 어떻게 소통하고 활동할지에 대한 기대와 관심이 매우 컸던 것이 사실이다. 그러나 한류스타의 방문이 잦아지고, 팬미팅 개최, 쇼케이스 등의 행사가 나날이 늘어나면서 질적인 부분에서의 검토보다도 양적인 확장에만 집중하는 모습을 보이고 있다. 이에 따라 현지 팬들과 더욱 친밀하게 소통하고자 하는 노력 없이는 언제 팬들의 마음이 떠날지 알 수 없는 상황이다. 형식적으로 진행되는 한류스타 팬미팅 행사에 대해 다시 한 번 되짚어 보아야 할 것이다.

출처: 한국문화산업교류재단, 대만 통신원

## 한류확산단계

### 중국

**중국의 한류콘텐츠 경험률, 최근호감도, 소비량변화**

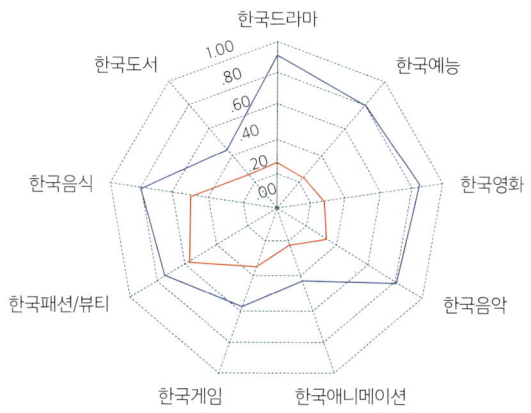

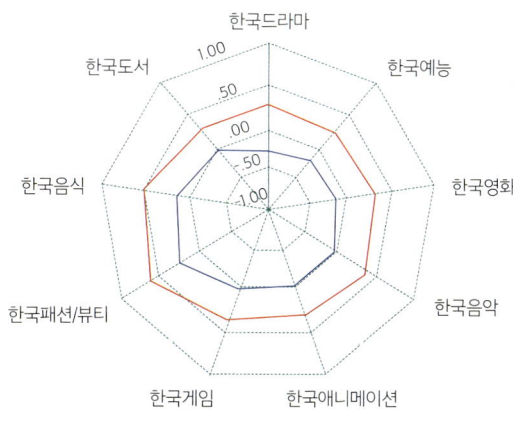

중국은 2015년 한류대중화단계에서 2016년에 확산단계로 하락한 국가이다. 한국드라마, 예능, 영화, 음악, 음식 등에 대한 경험률은 여전히 높으나 최근호감도는 상당히 낮아져 전반적으로 인기가 예전만 못하다. 무엇보다 계속되는 정치·외교적 문제로 반한류에 대한 공감도가 상승곡선을 그리고 있다. 하지만 아직까지 실제 한류콘텐츠 소비량까지는 영향을 미치지 못하는 듯하다. 한국드라마 월평균 소비시간은 14.5시간으로 한류확산단계 국가 중 가장 높고, 예능 11.4시간, 음악 9.7시간 등으로 평균보다 2~4시간가량 더 많았다. 그리고 한국음식과 패션/뷰티에 대한 호감도도 상대적으로 높고 소비도 약간이나마 증가하고 있다는 점은 주목할 만하다. 한국패션/뷰티와 음식에 대한 월평균 소비지출은 각각 47.3달러, 118.3달러로 전체 평균과 유사한 수준이었다.

중국인의 한국 인지수준별 한류지수와 한류콘텐츠 소비

| 한국에 대한 인지수준 | 한국에 대해서 이름만 들어보았다 | 한국에 대해서 대충 알고 있다 | 한국에 대해서 정확히 알고 있다 | 평균 |
|---|---|---|---|---|
| 응답자 분포 | 18.8% | 61.5% | 19.7% | |
| 한류현황지수 | 2.53 | 3.18 | 3.70 | 3.16 |
| 한류심리지수 | 77.51 | 103.00 | 136.44 | 104.78 |
| 한국이미지 | 2.98 | 3.24 | 3.78 | 3.30 |
| 한류콘텐츠 경험률 | .59 | .75 | .88 | .75 |
| 한류콘텐츠 최근호감도 | .04 | .28 | .76 | .36 |
| 한류콘텐츠 소비량변화 | -.32 | -.17 | .33 | -.07 |

- 중국의 반한율 공감비율은 2016년 기준 27.8%로 전년 대비 13.8%가량 증가. 한국에 대한 호감도 또한 '한국은 호감이 가는 국가이다'라는 질문에 전년 대비 25.7% 감소한 38.3% 응답자만이 긍정적으로 응답한 것으로 나타났다.

중국 응답자들의 한국에 대한 인지수준에 따른 응답차이를 분석해 보았다. 한국이미지는 한국에 대한 인지수준에 따라 개선되며, 한국을 잘 알수록 한류콘텐츠에 대해서 호감도가 높았다. 한국에 대해 잘 아는 사람들은 한류콘텐츠 소비를 늘리고 있으나, 잘 모르는 집단에서는 오히려 소비량이 감소하여 전체적으로는 한류의 인기가 식고 있음을 확인하였다. 한국에 대한 인지수준에 따라 한류현황지수, 한류심리지수의 편차가 매우 큰 점도 특징적이다. 결국, 한국을 잘 모른다는 집단은 한류 성장이 멈추었거나 쇠퇴한다고 보지만, 한국을 잘 안다는 집단은 한류가 대중화되었고 여전히 고성장단계라고 인지하는 것으로 나타났다.

### 중국

### 도우반으로 본 2016년 한류

중국의 대표적인 문화 커뮤니티인 도우반豆瓣网은 음악, 영화, 책에 관한 평점을 매기거나 관련 정보 공유가 활발한 온라인 사이트다. 웨이보나 웨이신이 폭넓은 연령층과 각계각층의 사람들을 포함하는 것과 달리, 도우반의 주요 회원은 2, 30대의 젊은층 유저가 대다수이다.

도우반의 '2016년도 영화 차트豆瓣2016年度电影榜单'는 최고 평점을 받은 중국영화, 외국영화, 개봉영화, 비개봉영화, 배우, 주요 국가별 예능, 드라마 등 다양한 세부 차트를 제공한다. 이 차트에서 가장 눈에 띄는 것은 단연 <부산행>이다. <부산행>은 비개봉영화 분야, 한국영화 분야, 판타지 및 액션 분야에서 1위에 올랐다. 놀라운 사실은 가장 주목받은 남자 배우 1위에 공유가 에디 레드메인2위, 레오나르도 디카프리오3위, 베네딕트 컴버배치5위를 제치고 1위에 올랐다는 사실이다. 공유가 출연 중인 드라마 <도깨비>는 한국드라마 분야평점 기준 5위에 올랐다.

도우반 선정 2016년 가장 주목받은 배우 1위, 공유

 예능프로그램의 경우 중국 예능프로그램만을 대상으로 가장 주목받은 TV 예능과 인터넷에서만 볼 수 있는 인터넷 예능으로 나누어 제공하고 있다. TV 예능에서 한국 예능 포맷을 수입해 제작된 작품으로는 3위 <我是歌手>시즌4 나는 가수다, 6위 <真正男子汉>시즌2진짜 사나이, 7위<奔跑吧兄弟>시즌4런닝맨, <我们相爱吧>시즌2우리 결혼했어요, 10위 <我去上学啦>시즌2학교 다녀오겠습니다 가, 인터넷 예능으로는 4위 <爸爸去哪儿>시즌4아빠! 어디가?, 7위 <拜托了冰箱> 시즌2냉장고를 부탁해가 올랐다. 여전히 많은 한국 예능 포맷 프로그램이 차트에 이름을 올리면서 한국 예능의 인기가 여전한 것처럼 보이지만, 사실 하반기부터 인기가 주춤하고 있다. 단적인 예를 들자면 순위에 오른 작품 중에 새롭게 시작한 작품은 한 편도 없었다.

 한편 올해 한강의 『채식주의자』가 중국에서도 꽤 많은 관심을 받았지만, '도우반 2016년도 책 차트'에 오른 한국 책은 단 한 권도 없었다. '도우반 2016년도 음악 차트'에서도 한국 가수의 성적은 저조하다. 가장 주목받은 남자가수 4위에 빅뱅이 오른 것이 전부다. 앨범이나 가수 분야에서 한국 가수의 모습을 찾아보기 힘들며, 순위에 오른 부문은 O.S.T 앨범 분야와 OST 싱글뿐이다. OST 앨범 차트 부분에선 3위에 <응답하라 1988>, 8위에 <시그널>, 10위에 <태양의 후예>가, OST 싱글 부문에서는 7위에 윤미래의 <Always태양의 후예 O.S.T>가 이름을 올렸다. 중국에서 많은 한류가수가 인기를 얻고 있지만, 도우반의 연간 음악 차트에서 매우 저조한 모습을 보였다는 것은 중국 내 한국음악의 위상이 흔들리고 있다는 것을 반영하고 있는 것이 아닐까.

물론 도우반 연간 순위가 절대적인 지표가 될 순 없다. 하지만, 2016년 순위를 볼 때 예능, 음악 분야에서의 한류가 하락세로 들어서고 있는 것이 아닌가 하는 느낌을 지울 수 없다. 게다가 현재 한국이 중국과의 정치·외교적 이슈로 위기에 봉착해 있다는 점에서 2017년 또한 어려운 한 해가 될 것으로 예상된다. 다만 중국에서 개봉하지 않은 <부산행>이 큰 관심을 끈 것, 공유가 큰 주목을 받은 것을 보면 양질의 콘텐츠만이 살길이라는 생각이 든다.

출처: 한국문화산업교류재단, 중국 통신원

# 인도

인도의 한류콘텐츠 경험률, 최근호감도, 소비량변화

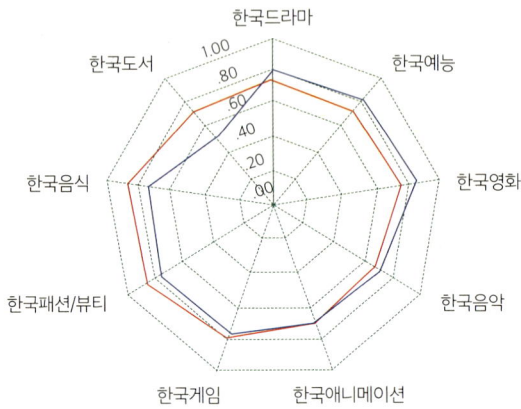

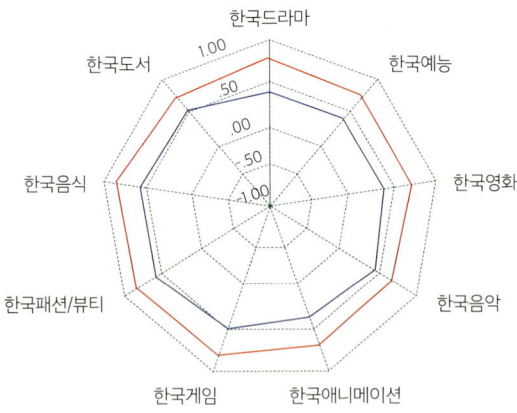

인도의 한류콘텐츠 경험률은 중국과 비슷할 정도로 높다. 한류콘텐츠 유형에 따른 편차가 적고 경험률, 호감도, 소비량 증가 모두 골고루 높다는 점이 특징이다. 물론 콘텐츠 소비는 응답자 자신에 대한 것이고, 한류지수는 국가 전체에 대해 질문하면서 괴리가 발생한 것으로 보인다. 이와 같은 한계를 고려하더라도 대중문화의 전파력을 고려할 때 이러한 응답결과는 고무적이다. 이 추세라면 인도에서의 한류는 향후 지속적으로 성장하여 대중화단계로 발전할 것으로 보인다. 한류콘텐츠 월평균 소비량은 드라마 13.4시간, 예능 12.7시간, 영화 12.9시간, 음악 12.6시간, 게임 13.6시간 등으로 비슷하게 높았는데, 특히 한국도서에 대한 소비량(월평균 18.3시간)이 조사대상 15개국 중 가장 높았다. 반면 한국패션/뷰티와 음식에 대한 월평균 소비지출은 각각 22.8달러, 43.8달러로 조사 대상국 중 가장 낮았는데, 이는 인도 현지의 낮은 소비수준을 반영한 결과로 보인다.

**인도인의 한국 인지수준별 한류지수와 한류콘텐츠 소비**

| 한국에 대한 인지수준 | 한국에 대해서 이름만 들어보았다 | 한국에 대해서 대충 알고 있다 | 한국에 대해서 정확히 알고 있다 | 평균 |
|---|---|---|---|---|
| 응답자 분포 | 22.9% | 35.3% | 41.8% | |
| 한류현황지수 | 2.56 | 2.83 | 3.46 | 3.03 |
| 한류심리지수 | 98.51 | 114.80 | 127.55 | 116.40 |
| 한국이미지 | 3.72 | 3.94 | 4.39 | 4.08 |
| 한류콘텐츠 경험률 | .63 | .70 | .85 | .75 |
| 한류콘텐츠 최근호감도 | .34 | .56 | 1.08 | .76 |
| 한류콘텐츠 소비량변화 | .00 | .24 | .80 | .46 |

인도 응답자들의 경우 한국에 대한 인지수준이 높을수록 한류콘텐츠에 대한 최근호감도와 소비량이 급증하는 모습을 보였다. 또한 한국을 잘 모르는 사람조차도 한류콘텐츠에 대한 호감도가 긍정적이어서 한류 인기가 향후 더 확산될 가능성이 농후하다.

## 인도

# 2016 한국 문화 페스티벌
# in 인도

한류를 직접 체험해 봐요, K-컬처 존

    2016년 11월 18~19일, 인도 뉴델리의 무역 박람회장인 프라가티 마이단에서 '2016 한국 문화 페스티벌'이 열렸다. 해외문화홍보원과 주인도한국문화원이 주최하고, 한국문화산업교류재단이 주관한 이번 행사는 크게 'K-컬처 존 CULTURE ZONE'과 'K-스테이지 존STAGE ZONE'으로 나누어져 진행되었다. K-컬처 존에는 시간대별로 여러 한국음식을 맛볼 수 있는 K-푸드 존과 한국의 아름다움을 체험할 수 있는 K-뷰티 존, 한국영화와 드라마에 대한 설명을 들을 수 있는 K-콘텐츠 존과 한국의 전통문화 놀이를 체험하는 K-플레이 존이 곳곳에 배치됐다. 관광공사의 후원으로 진행된 K-트래블 존에서는 한국의 궁중의상을 직접 입어보고, 그 모습을 사진으로 인화해 선물로 증정했다. K-비즈니스 존에서는 인도에 진출한 대표 한국기업들이 자사 제품을 설명하고 체험하는 공간을 마련했다.

한편 본 행사의 하이라이트 격인 K-스테이지 존에서는 분야별 실력파 아티스트들의 공연이 진행되어 관객들에게 긴장감을 안겨줬다. 공중 3단계 격파와 절도 있는 발차기로 정통 태권도의 위용을 뽐낸 '국기원'의 공연을 시작으로 비트박스·저글링·마술 등을 한데 버무린 '옹알스'의 무대가 시종일관 좌중을 웃음바다로 만들었다. 이어 사물놀이팀 '타투'와 세계 비보이 대회를 석권한 '무대위사람들'의 환상적인 콜라보레이션은 곳곳에서 환호와 탄성을 자아냈다. 이들은 공연 도중 관객을 불러내는 등 대중과 직접 교감하며 하나 되는 모습을 보여줬다. 양국의 우정을 빛과 모래로 아름답게 수놓은 '마틸다'의 샌드아트 역시 관객들의 몰입도를 극대화했다. 무엇보다 양일간 공연의 클라이맥스를 장식한 에이션A.cian과 비아이지B.I.G는 인도 내 K-POP의 무한한 힘과 가능성을 보여줬다. 총 3천 석의 공연장과 출입 통로까지 꽉 메운 관객석에서는 이른바 '떼창'은 기본, 자신들이 좋아하는 가수 이름으로 채워진 플래카드들이 빛났으며, 공연장에 들어오지 못한 1천여 명의 관객들은 공연이 끝난 후에도 한동안 자리를 떠날 줄 몰랐다.

2016 인도 한국문화페스티벌 'Feel Korea in India'는 2015년 인도 내 최초 종합 한류 콘서트인 'Feel Korea in New Delhi'에서 확인된 폭발적인 한류 수요에 부응하고, 같은 해 인도 모디 총리 방한 기간 중 체결한 한-인도 공동성명2015. 5. 18 하에 마련된 양국 간 쌍방향 문화교류 축제다. 향후 인도 내 한류 팬들을 위한 한국 문화 체험 기회를 더욱 확장해 인도와 한국의 진정한 가교 역할을 해내길 바란다.

출처: 한국문화산업교류재단, 인도 통신원

# UAE

## UAE의 한류콘텐츠 경험률, 최근호감도, 소비량변화

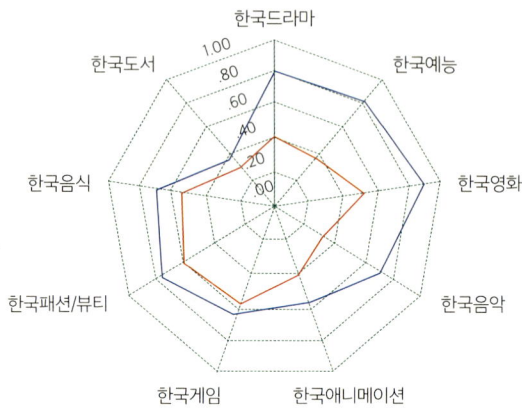

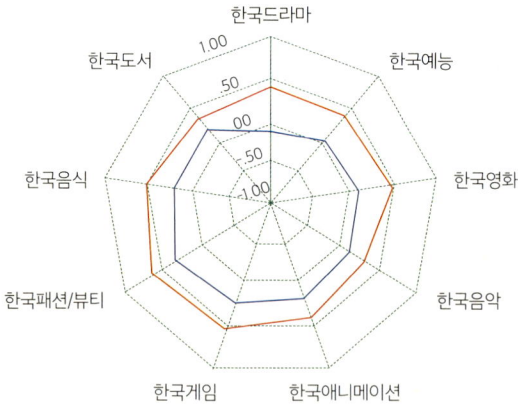

UAE는 한국드라마, 예능, 영화 등에 대한 경험률은 높았으나 기타 한류콘텐츠의 경험률은 낮아, 특정 콘텐츠에 관심이 편중되는 현상이 두드러졌다. 대다수 한류콘텐츠에 대한 최근호감도는 약간 있는 상태이나, 경험률이 낮은 한국음식, 패션/뷰티, 게임에 대한 최근호감도가 타 콘텐츠에 비해 상대적으로 더 높았다. 특히 한국패션/뷰티에 대한 월평균 소비지출이 59.2달러로 조사 대상 15개국 중 가장 높아, 뷰티한류의 성장 잠재력을 확인할 수 있었다. 한편 한국드라마, 예능, 영화, 음악에 대한 소비변화는 거의 정체상태이나, 월평균 소비량은 각각 10.8시간, 10.2시간, 10.6시간, 9.9시간으로 평균보다 1~3시간가량 높은 수준이다.

### UAE인의 한국 인지수준별 한류지수와 한류콘텐츠 소비

| 한국에 대한 인지수준 | 한국에 대해서 이름만 들어보았다 | 한국에 대해서 대충 알고 있다 | 한국에 대해서 정확히 알고 있다 | 평균 |
|---|---|---|---|---|
| 응답자 분포 | 29.5% | 42.8% | 27.8% | |
| 한류현황지수 | 2.78 | 2.93 | 3.43 | 3.02 |
| 한류심리지수 | 95.90 | 100.88 | 118.99 | 104.44 |
| 한국이미지 | 3.83 | 3.97 | 4.23 | 4.00 |
| 한류콘텐츠 경험률 | .65 | .66 | .84 | .70 |
| 한류콘텐츠 최근호감도 | .21 | .44 | .68 | .46 |
| 한류콘텐츠 소비량변화 | -.19 | .08 | .43 | .13 |

UAE 응답자들이 인지하는 한국의 이미지는 전반적으로 좋았는데, 한국에 대해 이름만 들어보거나 어느 정도 알고 있는 사람이라도 한류콘텐츠에 대한 최근호감도가 긍정적이었다. 그리고 한국에 대해 정확하게 안다고 대답하는 사람들의 한류콘텐츠 소비량 증가는 타 집단에 비해 월등히 높았다. 또한 한국에 대한 인지수준에 따라 한류 인식에 큰 편차를 보이지 않는 점도 UAE의 특징이라 할 수 있다.

UAE

## 두바이 박람회에서 목격한 한국 스킨케어 열풍

두바이 박람회 내 한국전시관

　최근 두바이를 비롯한 중동 지역에는 한국화장품을 포함한 뷰티 붐이 일어나고 있다. 특히 한류 열풍으로 TV 드라마 화면을 통해 접한 한국 여성 연예인들의 희고 깨끗한 피부톤이 중동 여성들 사이에서 부러움의 대상이 되고 있다. 실제 두바이 지역에 본격적으로 진출한 한국화장품 업체들은 매우 제한적이나, 개개인이 운영하는 한국화장품 편집숍이나 온라인숍은 점점 더 확대되고 있는 추세다. 또한 한국 스킨케어 열풍을 증명이라도 하듯, 2016년에 두바이 TV의 유명 여성 리포터가 직접 한국을 방문해 스킨케어를 받는 장면이 방송을 타기도 했다.

중동 지역 내 한국뷰티에 대한 높은 관심은 두바이 박람회 'The Dubai World Dermatology & Laser Conference & Exhibition Dubai Derma'에서도 확인할 수 있었다. 2017년 3월 27일부터 29일까지 3일에 걸쳐 월드 트레이드 센터에서 열린 이 국제 박람회는 'Skin Health is our Concern'이라는 모토 아래 걸프 지역을 포함한 중동 지역의 스킨케어에 관한 최신 기술과 트렌드 등 모든 것을 보여주었다. 위 행사에 700개 뷰티 관련 브랜드, 12,500명에 달하는 참가자 및 방문객들이 찾았다는 점에서 그 규모를 실감케 했다. 이 중 한국 업체들만을 따로 모아놓은 '한국전시관' 섹션의 인기는 압도적이었다. 특히 한국의 마스크팩이나 슬림라인 등의 제품을 홍보·판매하는 부스가 가장 많은 현지 관람객들로 붐볐다.

이 박람회에 참여한 대부분의 국내 중소기업체들은 중동시장 진출을 타진하고 있었는데, 보다 원활한 진출을 위해서는 우선적으로 안전한 파트너 및 유통망이 확보되어야 할 것이다. 두바이의 가장 큰 한국마켓인 '1004마켓의 한국화장품 편집숍'의 예처럼, 한국제품을 전문적으로 취급하는 조직화된 큰 마켓 및 유통망이 준비된다면 질 좋은 한국 중소기업의 제품들이 더 많이 소개될 수 있을 것이다. 또한, 현지에 있는 한국인뿐만 아니라 한국화장품에 열광하는 현지인은 물론, 이곳에 방문하는 많은 외국인들까지 조금 더 다양하고 광범위한 계층들에게 소구될 수 있는 마케팅이 진행되어야 할 것이다.

출처: 한국문화산업교류재단, UAE 통신원

# 러시아

### 러시아의 한류콘텐츠 경험률, 최근호감도, 소비량변화

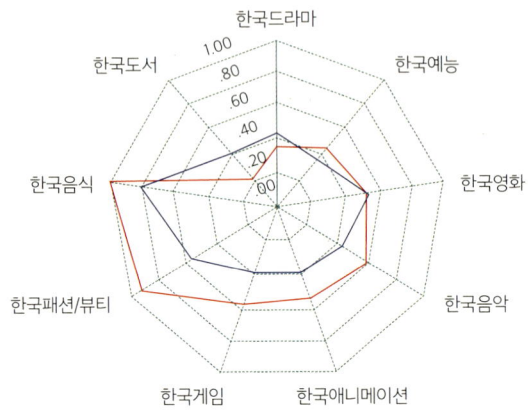

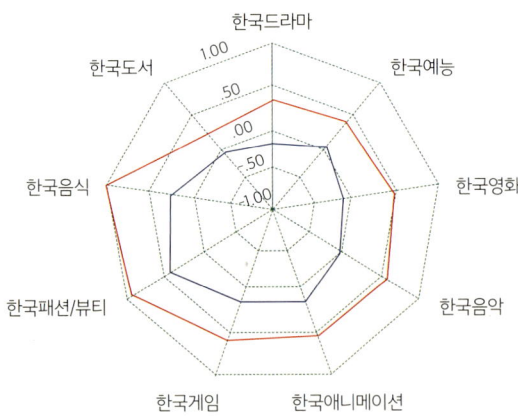

러시아의 한류콘텐츠 경험률은 매우 낮은 상태로, 아직까지 한류 전파가 충분히 이뤄지지 못했음을 보여준다. 한국드라마, 예능, 음악 등 관련 경험자는 40% 내외이며, 최근호감도도 약간 있는 정도에 그쳤다. 무엇보다 이들 콘텐츠의 소비도 약간 감소하거나 정체상태에 있어 향후 발전 가능성이 크지 않다. 하지만 한국음식에 대한 경험률 84%과 최근호감도가 매우 높았고, 소비량 또한 함께 증가하고 있었다. 한국패션/뷰티도 경험률 59%, 최근호감도, 소비량변화가 두드러지게 나타나면서, 향후 위 분야에 대한 인기가 기대되고 있다. 월평균 소비지출 또한 한국패션/뷰티가 37.4달러, 음식이 165달러로 전자는 평균 이하이나 후자는 평균보다 높아 한국음식에 대한 높은 경험 및 호감도가 실제 지출로까지 이뤄지고 있음을 파악할 수 있었다. 반면 한류콘텐츠 월평균 소비량은 드라마 7.7시간, 영화 4.8시간, 음악 4.3시간으로 평균보다 2~3시간가량 낮았다.

러시아인의 한국 인지수준별 한류지수와 한류콘텐츠 소비

| 한국에 대한 인지수준 | 한국에 대해서 이름만 들어보았다 | 한국에 대해서 대충 알고 있다 | 한국에 대해서 정확히 알고 있다 | 평균 |
|---|---|---|---|---|
| 응답자 분포 | 8.5% | 81.8% | 9.8% | |
| 한류현황지수 | 2.49 | 2.77 | 3.13 | 2.78 |
| 한류심리지수 | 89.46 | 106.45 | 126.07 | 106.92 |
| 한국이미지 | 3.40 | 3.73 | 4.06 | 3.74 |
| 한류콘텐츠 경험률 | .34 | .48 | .75 | .50 |
| 한류콘텐츠 최근호감도 | .19 | .56 | .90 | .59 |
| 한류콘텐츠 소비량변화 | -.30 | .05 | .25 | .06 |

러시아 응답자들 중 한국에 대해서 정확히 알고 있는 사람의 비중은 9.8%로, 다른 국가에 비해 매우 낮은 수준을 보였다. 한국에 대해 이름만 들어보거나 대충 알고 있는 사람의 한류콘텐츠 경험률 또한 유난히 낮았

다. 하지만 한국에 대해 잘 모르는 사람일수록 한류콘텐츠 소비량이 정체 또는 감소하고, 한국에 대해 잘 알수록 소비량과 한국 이미지가 크게 호의적으로 개선되는 일관성을 보이기도 했다.

### 러시아

## 러시아인의 입맛을 사로잡은 한국 소주

모스크바 시내 클럽에서 소주 칵테일을 마시는 현지 여성들

1990년대 초반 모스크바에 한식 레스토랑이 처음 문을 연 이후 현재까지 15개 내외의 한식 레스토랑이 운영 중이다. 이들 레스토랑은 대부분 한국인이 운영하고 고객도 주로 한국인이었다. 하지만 이곳에서도 한식의 인기가 살아날 조짐이 보인다. 최근 한국의 스타 셰프인 에드워드 권이 고급 한식 레스토랑을 열었고, 유명 고려인 셰프 알렉산드르 강이 한식 전문 레스토랑을 오픈할 예정이어서 더 많은 관심을 모을 것으로 기대된다. 하지만 여러 한식 중 러시아에서 인기를 얻고 있는 품목은 단연 한국의 술 '소주'일 것이다.

젊은층에게 칵테일용으로 인기가 높은 한국의 소주는 모스크바 시내의 일반 음식점에서도 쉽게 접할 수 있다. 일반적으로 러시아는 1인당 주류 소비가 높고 독한 술을 좋아하는 것으로 인식되고 있지만, 시대가 바뀌고 젊은층의 주류 소비가 늘어나면서 고도주에서 저도주로 옮겨가는 추세이다. 이에 따라 저도수의 칵테일 소주 등이 인기를 얻을 것이라는 현지 한국 주류업체의 진출 전략은 정확히 맞아떨어졌다.

한국의 '칵테일 소주'에 대한 현지 소비자의 의견을 들어보고자, 본 통신원은 모스크바 중심에 소재한 한 클럽을 찾았다. 그리고 칵테일 소주를 마시고 있는 러시아 두 여성(왼쪽 안나 매체니코바, 오른쪽 다샤 세르게예브나)에게 즉석 인터뷰를 요청했다.

**Q. 이 주류가 어느 나라의 술인지 알고 있나?**

물론 잘 안다. 한국의 소주다.

**Q. 어떻게 이 술을 알게 됐나?**

1년 전쯤 한 레스토랑에서 진행된 시식 행사에 참여한 적이 있다. 그때 처음 맛본 소주의 맛은 상당히 부드럽고 맛도 괜찮았다. 친구랑 가끔 이곳에 오면 음악을 들으면서 한국의 칵테일 소주를 즐긴다. 무엇보다 가격이 저렴해 마시는 데 부담이 없다는 게 장점이다. 난 맥주나 보드카는 못 마신다. 친구들과 클럽에 가면 보통 칵테일을 시키는데 종류에 따라 가격은 다르지만 대다수 비싼 편이다. 칵테일 한잔에 500루블이면 800루블에 칵테일 소주를 마시는 게 경제적이다. 보드카처럼 강하지 않고 맥주처럼 약하지 않아, 몸에도 나쁘지 않을 거 같고 딱 적당하다.

**Q. 보통 러시아하면 보드카를 떠올리는데, 소주가 한국의 보드카라는 것을 알고 있나?**

소주가 한국의 대표적인 술이라고 들었다. 하지만 우리는 소주를 마셔본 적은 없고 이 칵테일 소주만 마셔봤다. 음식 없이도 먹을 수 있고, 특히 우리가 술을 많이 마시지는 않기 때문에 여자 친구들과 이야기하며 마시기에 딱 적당한 술인 것 같다.

출처: 한국문화산업교류재단, 러시아 통신원

# 일본

### 일본의 한류콘텐츠 경험률, 최근호감도, 소비량변화

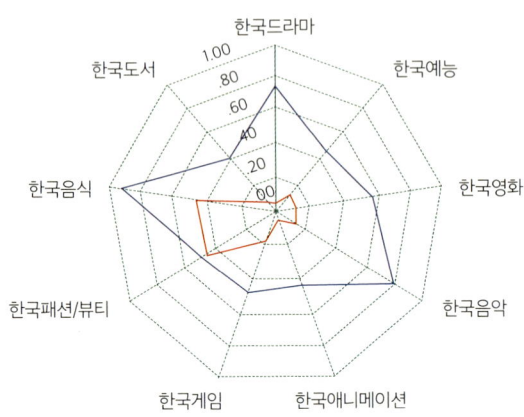

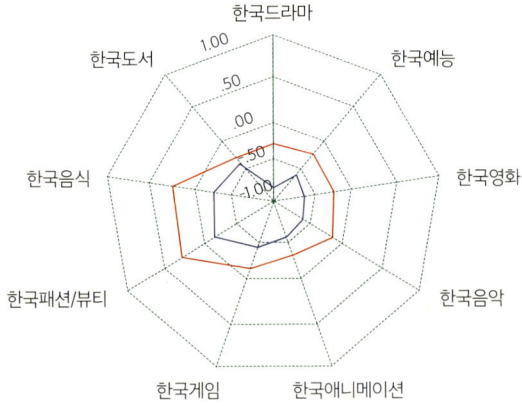

일본은 한국음식, 음악, 드라마 등에 대한 경험률이 상대적으로 높은 편이나 그 외 영역의 경험률은 낮게 나타나 콘텐츠에 따른 편차가 두드러 졌다. 더욱이 한국음식과 패션/뷰티를 제외한 7개 한류콘텐츠에 대해 최근 호감도가 모두 마이너스(-)로 나타나 전체적으로 매우 낮은 호감도를 보였 다. 중국과 유사하게 반복되는 역사 문제로 한국에 대한 부정적인 이미지 가 쌓인 결과라 볼 수 있다. 무엇보다 한류콘텐츠 월평균 소비시간이 드라 마 2.4시간, 영화 1.0시간, 음악 1.1시간, 게임 2.0시간, 도서 1.7시간 등 조 사대상국 중 최저를 기록하면서 그야말로 일본 내 한류 인기가 사그라들고 있음을 증명했다. 반면 한국패션/뷰티와 음식에 대한 월평균 소비지출은 각각 70.1달러, 244.6달러로 조사 대상국 중 가장 높고 둘 다 최근호감도도 상대적으로 높아 일말의 희망을 엿보기도 했다.

일본인의 한국 인지수준별 한류지수와 한류콘텐츠 소비

| 한국에 대한 인지수준 | 한국에 대해서 이름만 들어보았다 | 한국에 대해서 대충 알고 있다 | 한국에 대해서 정확히 알고 있다 | 평균 |
|---|---|---|---|---|
| 응답자 분포 | 18.5% | 74.5% | 7.0% | |
| 한류현황지수 | 2.22 | 2.66 | 2.96 | 2.60 |
| 한류심리지수 | 81.46 | 76.03 | 89.48 | 77.97 |
| 한국이미지 | 2.73 | 2.56 | 2.77 | 2.60 |
| 한류콘텐츠 경험률 | .33 | .44 | .68 | .43 |
| 한류콘텐츠 최근호감도 | -.25 | -.16 | .13 | -.13 |
| 한류콘텐츠 소비량변화 | -.52 | -.48 | -.37 | -.48 |

일본 응답자들 중 한국에 대해서 정확히 알고 있는 사람의 비중은 7.0%로 다른 국가에 비해 유난히 낮다. 문제는 한국에 대해 잘 알더라도 한류콘텐츠에 대한 최근호감도가 약하고 소비량도 감소하고 있다는 점이 다. 한류심리지수도 모든 집단에서 낮게 나타나면서, 한국을 잘 안다는 일

본인들도 한류는 쇠퇴하고 있다고 인지하는 것으로 나타났다. 이처럼 한국에 대한 부정적 인식이 상당해, 일본 내 한류콘텐츠의 인기가 다시 높아질 가능성은 상당히 적다고 볼 수 있다.

🇯🇵 일본

## 일본 한류의 현재와 미래

일본의 대표 코리안타운 '신오쿠보'

2004년 드라마 <겨울연가>의 대히트를 계기로 일본에서 한류 붐이 일어난 지 십여 년이 지났다. 지금도 한류가 일본에서 꾸준히 사랑받고 있는 것은 확실하지만, 동시에 여러 가지 문제점도 속속 드러나고 있다.

일본 사람들이 한류에 깊은 관심을 두고 있는 것은 사실이지만, 이는 주로 일부 드라마와 한류스타들로 한정되어 있다. 「한류의 안정적 기반 구축과 방송 연예 매니지먼트 산업의 개선을 위한 해외 사례연구」한국콘텐츠진흥원, 2010에 따르면 '스타파워에 의존하는 제작 시스템을 바꾸는 것이 한류의 위기를 해결하는 방법'이라고 지적한다. 그밖에 한류의 미래에 관해 희망이 없다고 주장하는 사람들은 이구동성으로 '스타 중심의 마케팅'에 한계가 있다고 주장한다.

일본 뿐만 아니라 아시아 시장을 타깃으로 한 한류 드라마의 대부분이 작품의 완성도 측면에서 비판을 받는 것은 위의 지적이 어느 정도 사실임을 증명하고 있다. 많은 한류 드라마가 일본 시장을 내다보고 만들어졌지만, 일본에서 별다른 성과를 거두지 못하였다. 이러한 작품들의 공통점은 바로 엉성한 스토리와 낮은 완성도를 한류스타로 커버하려고 한다는 것이었다. 이 같은 현상이 반복될 경우 한류 드라마의 경쟁력 저하는 피할 수 없는 현실이 될 것이다.

일본에서 한류 열풍이 소멸돼 가고 있는 또 다른 원인 중 하나는 일본에서 열리는 한류스타의 행사 가격이 다른 일본스타들의 행사 가격과 비교해 너무 높게 책정돼 있다는 것이다. 실제로 일본의 대표적인 티켓 대행 사이트 티켓피아http://t.pia.jp를 확인해 보면, J-POP 공연이 평균 6,000~7,000엔인 반면 K-POP 공연은 8,000~10,000엔에 판매되고 있다. 게다가 이렇게 부풀려진 가격 책정에 의문을 가지는 팬들도 늘어나는 추세이다.

물론 한류 열풍이 지금까지 한일 양국의 관계에 새로운 창을 열었다는 점에서 그 성과까지 무시할 수는 없다. 일본은 세계 문화대국 중 한 곳이며, 이러한 일본에서 한국의 대중문화가 하나의 장르를 확보한 것 또한 의미가 적지 않다. 하지만 현 시점에서 중요한 것은 지금까지의 한류의 인기를 지속해 가는 것이다. 일본에서 한류를 굳건히 정착시키기 위해서는 한류콘텐츠 제작자들이 스타에 의존하기보다는 완성도 높은 작품을 제작하고, 유통사들이 적절한 가격 측정을 통해 한류의 이미지를 다시 한 번 굳건히 다지는 것이 우선되어야 할 것이다.

출처: 한국문화산업교류재단, 일본 통신원

# 미국

### 미국의 한류콘텐츠 경험률, 최근호감도, 소비량변화

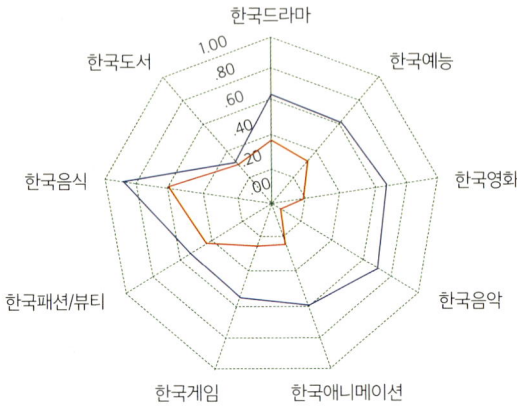

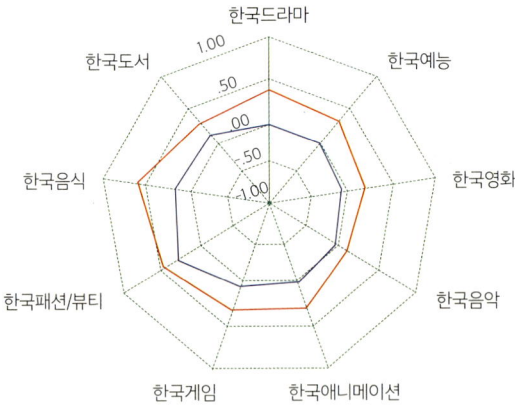

미국은 영국과 함께 한류심리지수의 하락률이 가장 큰 국가이다. 한류콘텐츠에 대한 경험률은 한국드라마, 예능, 영화, 음악, 음식 등에서 65~89%로 높은 편이나, 상대적으로 최근호감도는 약했다. 특히 한국음악 K-POP에 대한 호감도가 거의 사라진 점이 눈에 띈다. 음악의 월 소비량5.1시간 또한 평균보다 2~3시간가량 적다. 이외 한국드라마, 영화, 음악 등에서 소비감소 현상이 현저하면서 문화콘텐츠 분야의 한류 인기 감소세가 두드러졌다. 더구나 도널드 트럼프 대통령 당선으로 자국 보호주의 기조가 한류콘텐츠에도 적용될 가능성이 적지 않아 그리 낙관적인 전망을 그릴 수 없는 상황이다. 그나마 다행스런 점은 한국음식, 패션/뷰티 등의 최근호감도가 높고 소비량도 증가 추세라는 것이다. 한국패션/뷰티와 음식에 대한 월평균 소비지출은 각각 48.3달러, 203.5달러로 평균보다 높으며 특히 음식의 경우 일본244.6달러, 호주217.1달러에 이어 세 번째로 높았다.

미국인의 한국 인지수준별 한류지수와 한류콘텐츠 소비

| 한국에 대한 인지수준 | 한국에 대해서 이름만 들어보았다 | 한국에 대해서 대충 알고 있다 | 한국에 대해서 정확히 알고 있다 | 평균 |
|---|---|---|---|---|
| 응답자 분포 | 11.7% | 51.8% | 36.5% | |
| 한류현황지수 | 2.37 | 2.49 | 2.76 | 2.57 |
| 한류심리지수 | 75.00 | 87.94 | 105.90 | 92.99 |
| 한국이미지 | 3.19 | 3.57 | 4.10 | 3.72 |
| 한류콘텐츠 경험률 | .54 | .55 | .75 | .62 |
| 한류콘텐츠 최근호감도 | .01 | .04 | .64 | .30 |
| 한류콘텐츠 소비량변화 | -.39 | -.20 | .31 | .01 |

미국 응답자들 중 한국에 대해서 정확히 알고 있는 사람의 비중은 36.5%로 다른 국가에 비해 상대적으로 높았고, 한국에 대해 잘 아는 사람과 그렇지 않은 사람들 간에 한류콘텐츠 최근호감도와 소비량변화가 큰 격

차를 보였다. 결국, 미국 내에서 한류콘텐츠는 한국에 대해 잘 아는 집단에서만 인기 있는 상황으로, 그렇지 못한 대다수의 미국인들에게는 관심을 끌지 못하고 있는 상황이라 볼 수 있다.

🇺🇸 **미국**

### 한식의 현지화, 뉴욕 스타일로 즐기는 '여보 소주'

여보 소주

한식재단이 발표한 「2016 글로벌 한식·외식 산업 조사」에 따르면, 미국 뉴욕 내 한식당은 2014년 619개에서 2015년 582개로 약간 줄어들었으나, LA의 경우 같은 기간 838개에서 890개로 소폭 증가하였다. 한식당에 대한 만족도는 LA와 뉴욕 모두 8점 이상의 높은 수치를 보였고, 순추천고객지수인 NPS 지수● 또한 높은 점수LA 41.3, 뉴욕 36.9를 받으면서 미국 내 한식당의 양적·질적

● 순추천고객지수NPS, Net Promoter Score 는 타인에게 추천하고자 하는 고객의 충성도를 지수로 표현한 방법으로, 추천고객(9~10점) 비율에서 비추천고객(0~6점) 비율을 뺀 결과 값이다.

성장을 가늠할 수 있었다.

이러한 미국 내 한식의 대중화는 한식전문점이 아닌 여타 일반 식당에서도 '불고기맛~', '김치맛~'과 같은 한식 코드를 차용하거나 현지인들이 한국식 소주를 개발하는 등 주로 현지화 형태로 나타나고 있다. 즉, 미국인들은 자신만의 방식으로 레시피를 자유자재로 바꾸며 한식을 즐기고 있는 것이다. 또한 최근 미국 내에서 일반 식당에 비해 늦게까지 영업하는 것으로 유명한 한인타운을 찾아 밤새 파티를 즐기는 20~30대 젊은이들이 늘어나면서, 자연스레 한국식 주류도 동반 인기를 얻고 있다. 막걸리와 같은 전통주뿐 아니라 토끼TOKKI 소주, 여보YOBO 소주 등 한국 소주를 변형한 칵테일 소주가 전국적으로 판매되는 상황이다.

대표적인 예로, 한국계 미국인 캐롤라인 킴Caroyln Kim이 론칭한 '여보 소주'를 들 수 있다. 그녀는 여보 소주 론칭 이유에 대해 "고급스러운 한식과 어울리는 소주를 마시고 싶었고, 서민적인 소주를 뛰어넘는 맛을 위해 만들게 되었다"고 밝혔다. 대학 시절 한국에서 수입되는 초록색 병의 소주를 마신 뒤 아침에 느꼈던 엄청난 숙취를 기억하며, 소주가 가지는 추억과 맛을 보존하기 위해 높은 알코올 도수를 유지하면서도 '여보'라는 한국어가 지닌 귀여운 울림처럼 포도를 주원료로 해 첫 맛이 상쾌하다.

남편과 함께 밤낮, 주말 없이 제품 개발에 힘을 쏟은 결과, 현재 여보 소주는 뉴욕 업스테이트에서 조주造酒되고 있으며, 뉴욕의 고급 레스토랑과 부티크에서 판매되고 있다. 뉴욕의 인기 모던 한식 레스토랑인 오이지oiji의 경우, 원래 판매하던 초록색 병의 소주가 고급스러운 음식 맛에 비해 너무 강한 맛과 향으로 음식과 어울리지 않다는 점을 고민하고 있던 찰나, 현재 여보 소주로 전면 교체 판매 중이다. 여보 소주의 가격은 750ml에 34달러로 한국의 '저렴한 술'이라는 이미지를 깨고 와인이나 위스키처럼 고급스러운 맛과 멋을 추구하고 있다.

미국 현지에서 조주되고 유통되는 한국 술, 그중에서도 소주의 다양화는 앞으로 한국 전통주가 나아갈 수 있는 가능성을 여는 것은 물론 국내 제품의 경쟁력을 높이는 데도 도움이 될 것이다. 미국인들과 한국인 2세들이 중심이 되어 '미국인' 입맛에 맞게 개발된 이러한 제품들은 국내 조주 업체들의 해외 진출 가이드라인이 될 수도 있을 것이다. 2017년 뉴욕을 넘어 미국 전역에 판매할 경로를 구축하고 있다는 '여보 소주'의 더 큰 도약이 기대된다.

출처: 한국문화산업교류재단, 미국(뉴욕) 통신원

# 프랑스

## 프랑스의 한류콘텐츠 경험률, 최근호감도, 소비량변화

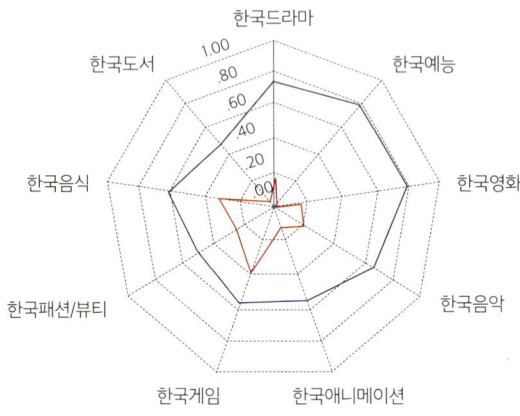

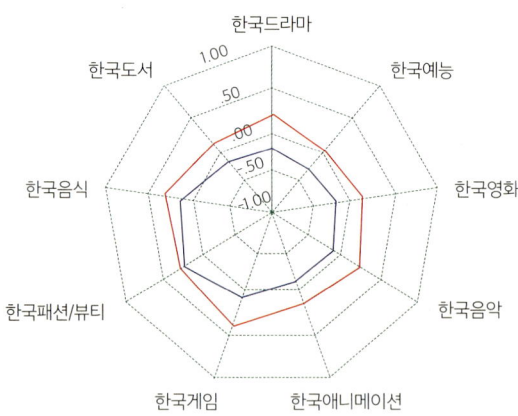

프랑스는 한국드라마, 예능, 영화 등을 중심으로 경험률이 70~80% 정도로 높은 편이나 그 외의 콘텐츠의 경우 경험률이 낮아 편중이 심한 편이다. 문제점은 모든 한류콘텐츠에 대한 최근호감도가 거의 미미하다는 것이다. 소비량도 대체로 감소하는 추세로 드라마 5.3시간, 영화 4.4시간, 음악 7.6시간 등으로 평균보다 낮다. 한국패션/뷰티의 월평균 소비지출은 59.1달러로 평균보다 높으나, 음식은 109.7달러로 더 낮았다. 프랑스의 높은 소득수준에도 불구하고 소비지출액이 적은 것으로 보아 한식에 대한 관심은 아직까지 크지 않다고 볼 수 있다.

프랑스인의 한국 인지수준별 한류지수와 한류콘텐츠 소비

| 한국에 대한 인지수준 | 한국에 대해서 이름만 들어보았다 | 한국에 대해서 대충 알고 있다 | 한국에 대해서 정확히 알고 있다 | 평균 |
|---|---|---|---|---|
| 응답자 분포 | 24.8% | 54.0% | 21.3% | |
| 한류현황지수 | 2.45 | 2.40 | 3.09 | 2.56 |
| 한류심리지수 | 83.59 | 86.23 | 118.73 | 92.48 |
| 한국이미지 | 3.45 | 3.65 | 4.03 | 3.68 |
| 한류콘텐츠 경험률 | .61 | .62 | .72 | .64 |
| 한류콘텐츠 최근호감도 | .12 | -.01 | .64 | .18 |
| 한류콘텐츠 소비량변화 | -.38 | -.23 | .46 | -.10 |

프랑스 응답자들의 경우, 한국에 대해서 정확히 알고 있는 사람을 제외하고는 한류현황지수, 한류심리지수 모두 매우 낮았다. 마찬가지로 한국에 대해 정확하게 안다고 대답한 사람들에 한해서만 한류콘텐츠 최근호감도와 소비량변화가 긍정적이었다. 또한 미국과 유사하게 한류콘텐츠는 한국에 대해 잘 아는 집단 사이에서만 인기 있는 상황으로, 그렇지 못한 대다수의 프랑스인들에게는 거의 관심을 끌지 못하고 있었다. 한편 한국이미지는 대체로 좋은 편이나 한류콘텐츠에 대한 호감도와 관련성은 낮았다.

## 프랑스

## 패션 성지로 한걸음을 내딛는 K-패션

한국, 지역 패션을 꿈꾸다

2000년대 초반부터 파리 패션위크를 비롯하여 유럽 패션 무대에서 한국 디자이너의 이름이 종종 보이기 시작했다. 대표적인 예로 2002년부터 파리에 진출한 우영미 디자이너는 파리 패션위크에 빠지지 않고 초청되는 디자이너 중 한 명이다. 우영미 디자이너의 남성복은 글로벌 남성 전문 온라인 스토어인 '미스터 포터'로부터 인정을 받아 입점하기도 했다. 그 외에도 '지오 송지오', 'D.GNAK'와 같은 한국 디자이너 브랜드가 유럽에 진출해 활발히 활동하고 있다. 그렇다면 이러한 현상을 두고, K-패션이 미래 세계 패션시장을 이끌 수 있다는 신호탄으로 볼 수 있을까? 과연 한국 디자이너들은 전 세계 남성 패셔니스타들을 사로잡을 수 있을 것인가?

이에 프랑스 유력 언론 《피가로Le Figaro》는 '한국, 지역 패션을 꿈꾸다2016. 4. 5'라는 제목 하에 유럽 남성복 시장에 진출한 한국 디자이너들과 한국 정부로부터 지원을 받는 '서울 패션위크'를 주목했다. 기사에 따르면 "정부 지원을 받는 서울 패션위크가 K-패션을 알리기 위해 엄청난 노력을 하고 있으며 여성 패션보다 남성패션으로 더 잘 알려졌다"고 보도했다. '서울 패션위크'는 2016년 3월 21일부터 26일까지 세계적인 건축가 지하 하디드와 삼우건축사무소가 공동으로 설계한 동대문디자인플라자에서 열렸다. 기사는 "버버리, 샤넬, 디오르, 에르메스, 보스, 루이비통, 프라다와 같은 세계적인 명품들이 유명 건축가가 지은 건물에 입점하며 한국에 상륙하였다. 한국 정부는 두 해 연속 패션쇼를 지원하는 등 자국 패션산업의 성장을 위한 지원에 매우 적극적이라는 것을 느끼게 되었다"고 보도하였다.

반면 "서울 패션위크 동안 세계 곳곳에서 수많은 바이어들이 서울을 찾은 것은 새로운 한국 디자이너들을 찾기 위한 것이 아닌, 세계 시장에서 점점 큰 몫을 차지하고 있는 한국 고객들의 성향을 분석하기 위한 것이다"라고 분석하기도 했다. 하지만 한국 디자이너들이 유럽시장에 진출하여 이름을 알리고, 세계적으로 한국의 패션문화가 점점 큰 몫을 차지하고 있는 만큼, K-패션이 세계 패션시장을 선도할 가능성이 아직까지 희망적이라 볼 수 있다.

출처: 한국문화산업교류재단, 프랑스 통신원

# 호주

## 호주의 한류콘텐츠 경험률, 최근호감도, 소비량변화

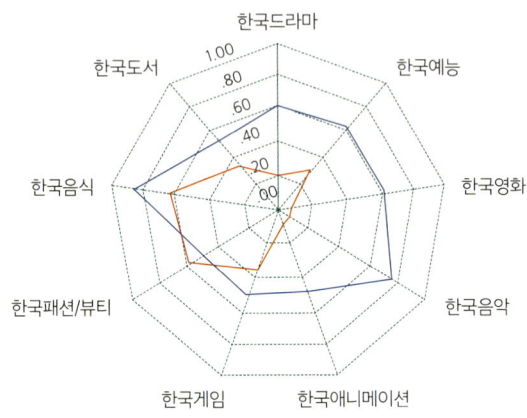

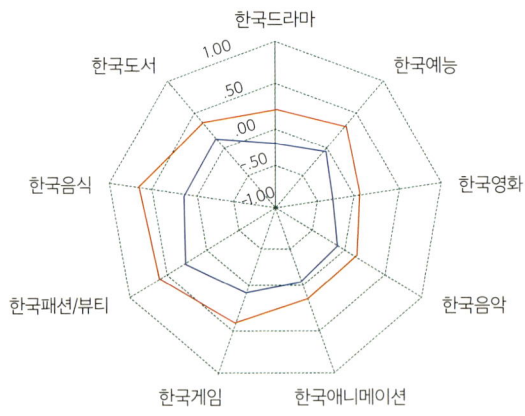

호주는 한국음악과 음식에 대한 경험률이 76%, 82%로 타 한류콘텐츠에 비해 상대적으로 높은 편이다. 한국음식의 경우 패션/뷰티와 유사하게 최근호감도와 소비량변화가 두드러지면서, 월평균 소비지출 또한 각각 55.7달러, 217.1달러로 일본에 이어 두 번째로 높다. 반면 한국음악은 최근 호감도가 거의 사라지고 소비도 감소추세여서 인기가 식어가고 있음을 여실히 보여줬다. 이외 한국드라마, 예능, 영화 등도 최근호감도가 약하고 소비도 감소추세라는 점에서 전반적으로 문화콘텐츠 분야의 한류 전망은 어둡다.

호주인의 한국 인지수준별 한류지수와 한류콘텐츠 소비

| 한국에 대한 인지수준 | 한국에 대해서 이름만 들어보았다 | 한국에 대해서 대충 알고 있다 | 한국에 대해서 정확히 알고 있다 | 평균 |
|---|---|---|---|---|
| 응답자 분포 | 12.8% | 57.3% | 30.0% | |
| 한류현황지수 | 2.31 | 2.46 | 2.84 | 2.56 |
| 한류심리지수 | 88.73 | 84.75 | 106.18 | 91.69 |
| 한국이미지 | 3.63 | 3.59 | 4.14 | 3.76 |
| 한류콘텐츠 경험률 | .42 | .57 | .78 | .61 |
| 한류콘텐츠 최근호감도 | .14 | .04 | .70 | .30 |
| 한류콘텐츠 소비량변화 | -.11 | -.25 | .26 | -.05 |

호주 응답자들 중 한국에 대해서 정확히 알고 있는 사람의 비중은 30.0%로, 한국에 대한 인지수준에 따라 약간의 차이는 있으나 한류현황지수, 한류심리지수가 전반적으로 매우 낮았다. 미국, 프랑스와 유사하게 한국에 대해 정확하게 안다고 대답한 사람들만이 한류콘텐츠에 대한 최근호감도가 높고 소비량변화 또한 긍정적이었다. 한국이미지도 대체로 좋은 편이나 한류콘텐츠에 대한 호감도와는 관련성이 적었다.

## 호주 유명 일간지, 한국음식 호평

한국의 서울음식이 어떻게 다른 나라의 요리를 무색하게 하는가

2016년 4월 21일, 호주의 유명 일간지 《호주 파이낸셜 리뷰Australian Financial Review: AFR》가 한국음식에 대해 대대적인 호평 기사를 게재하였다. <한국의 서울음식이 어떻게 다른 나라의 요리를 무색하게 하는가How Korea's Seoul food puts other cuisines in the shade>라는 제목의 장문의 기사를 통해 기고자인 루크 슬래터리Luke Slattery 씨는 한국방문 시에 경험한 한국음식 고유의 맛과 문화에 대해 상세하게 소개하였다. 주요 내용은 다음과 같다.

첫째, 그는 콩국수를 한 젓가락 맛보면서 완전히 그 맛에 반했다고 한다. 소면을 한 덩어리 넣고 그 위에 채 썬 오이와 갖은 계절 채소의 고명을 얹은 콩국수는 무엇보다 부드러운 맛이 인상적이라는 평이었다. 스페인의 음식 가운데 하나인 가스파초gazpacho와 비교하며 "풍미가 강한 가스파초에 비해 콩국수는 영양분이 풍부하고 부드럽다"고 감상평을 남기기도 했다.

둘째, 인사동의 '뮤지엄 김치간Museum Kimchikan'을 방문하여 김치 만들기를 직접 체험해 보았는데, 지방마다 다양한 김치가 있다는 점이 매우 흥미로웠다고 한다. 주재료로 배추뿐만이 아니라 순무, 부추, 당근, 마늘, 양파 등 다양한 채소가 이용되고 있으며, 굴이나 날생선 등이 함께 버무려지고 있다는 점 역시 주목했다. 그는 "모든 음식에 함께 곁들여지는 조미품인 김치는 활생균이 풍부한 음식이다"라며 김치의 장점을 부각하였다.

셋째, 점심으로 즐긴 한정식은 그에게 있어서 한식의 절정을 맛본 듯한 느낌이었다고 한다. 유기농 쌀로 지어진 흰 쌀밥과 된장국, 시금치, 해초를 고명으로 얹은 오믈렛 등 매우 다양한 소찬으로 이어지는 한정식 코스 요리에 대해 그는 "그야말로 다채로운 색깔의 다양하고도 아름다운 음식이었다"고 극찬했다. 그는 한정식 스타일의 식사에 대해, "뛰거나 조깅하거나 또는 걷는 등 자신만의 페이스로 즐길 수 있는 장점이 있다"고 높이 평가했다.

그의 한국음식 순례는 비빔밥, 바비큐, 떡볶이, 종로포차 등으로 이어졌다. 그는 한국음식을 체험한 후 "다른 스타일의 음식은 절대 먹지 않겠다"고 결심할 정도로 한식에 크게 매료되었다고 한다. 무엇보다 그의 글을 통해 우리 음식의 독자성을 살리는 방향으로 한식의 세계화가 진행되어야 함을 짐작할 수 있었다.

출처: 한국문화산업교류재단, 호주 통신원

## 브라질

브라질의 한류콘텐츠 경험률, 최근호감도, 소비량변화

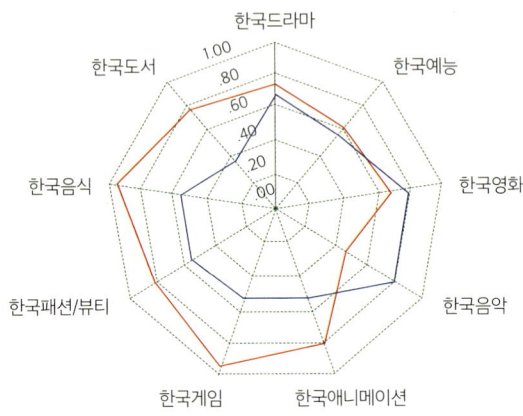

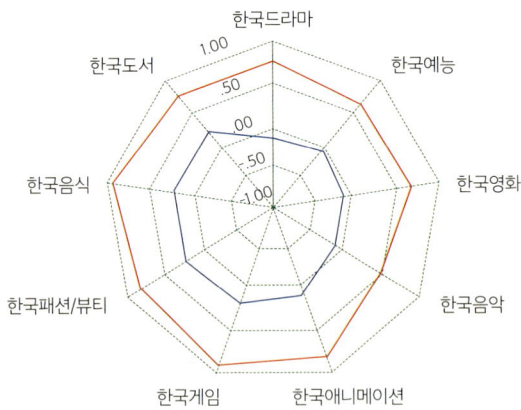

브라질은 한국영화, 음악에 대한 경험률이 각각 77%, 79%로 상대적으로 높은 편이나 이외 한국도서, 음식, 게임, 패션/뷰티, 애니메이션 등은 매우 낮다. 특이한 점은 경험률이 낮은 한국음식, 패션/뷰티, 게임에 대한 최근호감도가 매우 높고, 소비량도 증가 추세여서 향후 인기 상승이 예상된다는 것이다. 반면 높은 호감도에도 불구하고 한국음식에 대한 월평균 소비지출이 평균값 126.5달러를 훨씬 밑도는 68.8달러에 그쳐, 한국음식에 대한 현지 유통이 아직까지 원활하지 않은 것으로 예상된다. 또한 한국드라마, 예능, 영화, 음악 등이 타 콘텐츠에 비해 최근호감도가 높지 않고 소비량도 감소추세여서 어려움이 예상된다. 월평균 소비시간 또한 5.2~6.5시간으로 평균보다 2~3시간가량 적었다.

브라질인의 한국 인지수준별 한류지수와 한류콘텐츠 소비

| 한국에 대한 인지수준 | 한국에 대해서 이름만 들어보았다 | 한국에 대해서 대충 알고 있다 | 한국에 대해서 정확히 알고 있다 | 평균 |
|---|---|---|---|---|
| 응답자 분포 | 9.5% | 69.0% | 21.5% | |
| 한류현황지수 | 2.37 | 2.35 | 3.11 | 2.51 |
| 한류심리지수 | 106.80 | 105.89 | 135.08 | 112.25 |
| 한국이미지 | 3.61 | 3.76 | 4.04 | 3.81 |
| 한류콘텐츠 경험률 | .47 | .55 | .80 | .59 |
| 한류콘텐츠 최근호감도 | .70 | .63 | 1.06 | .76 |
| 한류콘텐츠 소비량변화 | .01 | -.16 | .45 | .03 |

브라질 응답자들이 인지하는 한국이미지는 전반적으로 호의적이고, 한국에 대해 잘 모르는 데도 한류심리지수와 최근호감도가 전반적으로 높아 한류가 성장세를 보이고 있음을 알 수 있다. 그러나 소비량변화는 한국에 대해 정확히 알고 있는 집단에서만 증가하고, 한국을 잘 모르는 집단에

선 한류콘텐츠 경험률과 소비량이 낮다는 점에서 한류에 대한 대대적인 홍보가 필요할 것으로 판단된다.

## 브라질

### 브라질 K-POP 인기의 주역, 한류 커뮤니티

2016년 7월, 브라질 최대 도시인 상파울루에서 리우 올림픽을 기념해 K-POP 경연대회가 진행됐다. 이날 행사에는 한류 팬들뿐만 아니라 브라질 한국문화원 수강생, 일반 시민 등 700여 명이 참여하여 공연장을 가득 메웠다. 이번 행사는 올림픽 성공개최를 위한 이벤트와 함께 매년 개최되고 있는 'K-POP 월드 페스티벌 예선전'이 함께 치러졌다. 브라질에서는 상파울루, 리우데자네이루, 그리고 꾸리찌바에서 1차 예선을 통과한 17팀이 한국행 티켓을 놓고 경쟁하게 되었다. 상위권에 입상한 팀들은 1천 헤알약 35만 원에서 5천 헤알약 170만 원 상당의 상금을 받았고, 우승팀은 한국에서 열리는 본선 참가권을 얻었다.

예선전은 현지의 여러 한류 커뮤니티K-POP Station, BrazilKorea, K-POP Samba Style, Sarangingayo를 중심으로, 이들 커뮤니티와 한류 팬들에 의하여 자발적으로 진행되었다. 현지 한류 팬들의 모임인 비바코레이아VivaCoreia 회원들은 K-POP 경연대회 출연진 등과 함께 브라질 올림픽 성공을 기원하는 응원댄스를 선보이기도 했다. 이 밖에도 방탄소년단의 커버댄스 그룹으로 잘 알려진 브라질 아이돌 그룹 Trio Yeah의 축하공연이 진행됐다. 공연을 찾은 한 현지인은 "K-POP은 아주 역동적이고 신나는 음악인 것 같다. 노래의 경우 가사를 못 알아들어 아쉽지만 재미있게 공연을 즐길 수 있어서 좋았다"라고 밝혔다.

브라질 상파울루 K-POP 경연대회 수상자들

이처럼 30만여 명에 이르는 것으로 알려진 브라질 한류 커뮤니티들의 적극적인 활동들이 현지 사회와 한국 문화 간의 연결고리 역할을 하면서 브라질 한류 활성화에 근간이 되고 있다.

출처: 한국문화산업교류재단, 브라질 통신원

## 한류소수관심단계

### 영국

**영국의 한류콘텐츠 경험률, 최근호감도, 소비량변화**

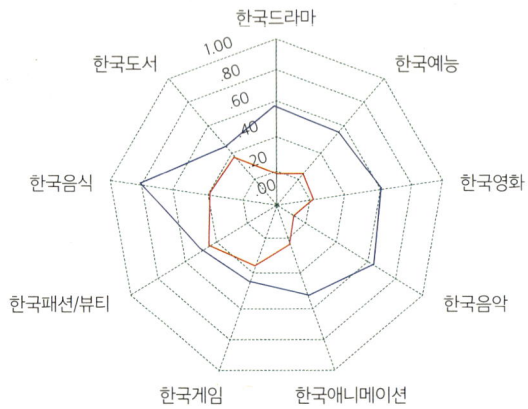

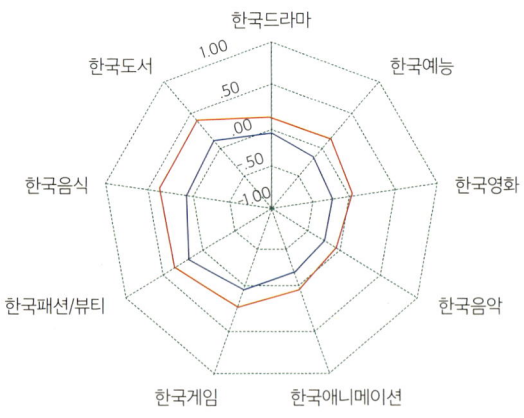

영국은 한류콘텐츠에 대한 경험률이 전반적으로 낮았다. 대부분의 한류콘텐츠에 대해 최근호감도가 미미했고, 특히 한국음악이 극히 낮았다. 월평균 소비시간도 한국드라마 2.6시간, 영화 2.5시간, 음악 2.6시간, 게임 3.8시간, 도서 2.8시간 등으로 일본에 이어 가장 짧고, 소비량도 대부분 감소추세라는 점이 심각하다. 한국패션/뷰티에 대한 월평균 소비지출도 42.5달러로 평균 이하였고, 한국음식만이 167.9달러로 평균을 웃돌았다.

영국인의 한국 인지수준별 한류지수와 한류콘텐츠 소비

| 한국에 대한 인지수준 | 한국에 대해서 이름만 들어보았다 | 한국에 대해서 대충 알고 있다 | 한국에 대해서 정확히 알고 있다 | 평균 |
|---|---|---|---|---|
| 응답자 분포 | 13.8% | 65.0% | 21.3% | |
| 한류현황지수 | 2.19 | 2.03 | 2.53 | 2.16 |
| 한류심리지수 | 79.55 | 87.82 | 102.94 | 89.90 |
| 한국이미지 | 3.31 | 3.65 | 3.97 | 3.67 |
| 한류콘텐츠 경험률 | .44 | .43 | .67 | .48 |
| 한류콘텐츠 최근호감도 | -.07 | -.01 | .52 | .14 |
| 한류콘텐츠 소비량변화 | -.26 | -.26 | .32 | -.09 |

영국 응답자들의 한류현황지수와 한류심리지수 또한 전반적으로 매우 낮았다. 한국에 대해 정확하게 안다고 대답한 사람들만이 한류콘텐츠 최근호감도와 소비량변화가 긍정적이었다. 반면 한국을 잘 모르는 대부분의 사람들에게 한류콘텐츠는 호감을 주지 못했다. 무엇보다 한류콘텐츠 경험률이 낮다는 점에서 한류가 처음부터 이들의 관심을 끌지 못하고 있음을 알 수 있다. 한편 한국이미지는 대체로 긍정적이나 한류콘텐츠에 대한 호감도와는 관련성이 적었다.

🇬🇧 영국

## 비위생적인 운영으로 문 닫은 런던 한국 식당

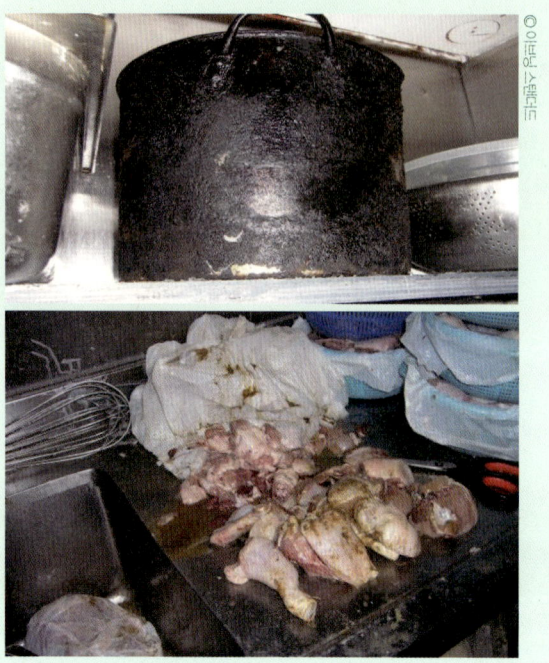

불결한 위생 상태의 런던 내 한국 식당

　최근 한식의 인기 상승으로 숫자를 늘려가던 런던 한국 식당가에 빨간 불이 켜졌다. 런던의 중심가에 가까운 서더크에 있는 한 한국 식당의 음식 양념 속에서 이물질이 발견된 것이다. A식당은 트립 어드바이저Trip Advisor에 실린 25개의 평가 중 절대 다수가 탁월하다Excellent 또는 아주 좋다Very Good는 점수를 받았다는 점에서 이 소식을 접한 이들을 더욱 의아하게 만들었다. 이 사건을 전한 일간지 《이브닝 스탠더드》는 "A식당은 그동안 평판이 아주 좋았고 심지어는 이곳의 닭튀김을 먹어본 레스토랑 비평가 제이 레이너Jay Rayner가 '내가 먹어본 여러 음식 중에 최고'였다고 극찬한 적이 있어서 더욱 눈길을 끈다"고 전했다.

관할 구청Southwark Council이 정기적으로 실시하는 검열을 받은 이후 A식당은 건강과 안전 규칙 기준에서 '형편없다'는 평가를 받아 이내 영업정지가 되었다. 공동체와 안전 담당 부서 멤버이기도 한 구청장 배리 하그루브Barrie Hargrove 씨는 "식당의 문을 닫은 이번 결정은 아주 드문 일인데, 이 식당의 경우 계속 영업할 경우 공중 보건의 위해가 너무 커서 어쩔 수 없었다"고 밝혔다. 이어서 "해당 문제들을 개선할 만한 필수적인 단계들을 거쳐 우리가 만족할 수 있는 상태가 됐을 때 다시 영업을 하게 될 것"이라고 말했다.

위 사건은 한식의 세계화에 경종을 울릴 만한 사건이라고 할 수 있다. 본 통신원은 런던에 살면서 그동안 수많은 한국 음식점들을 방문하였고, 실제 위생 문제와 관련하여 불쾌한 경험을 여러 번 경험한 적이 있다. 잘 알려지진 않았지만 소규모 식당에서 식사를 하던 중 음식에서 이물질이 발견되기도 하였다. 한식 세계화를 위해서 양적 확대도 중요하지만, 사람이 먹는 음식이라는 점에서 세세한 곳까지 더욱 신경을 써야할 것이다.

출처: 한국문화산업교류재단, 영국 통신원

# 남아공

## 남아공의 한류콘텐츠 경험률, 최근호감도, 소비량변화

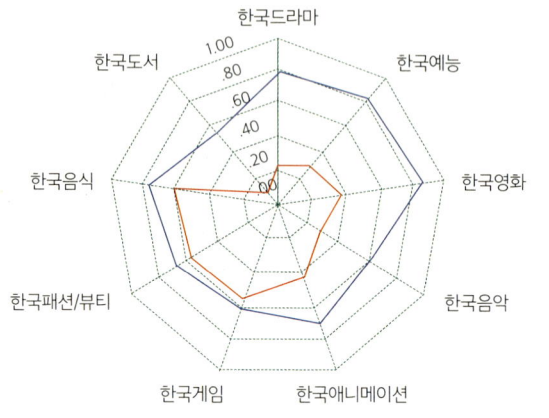

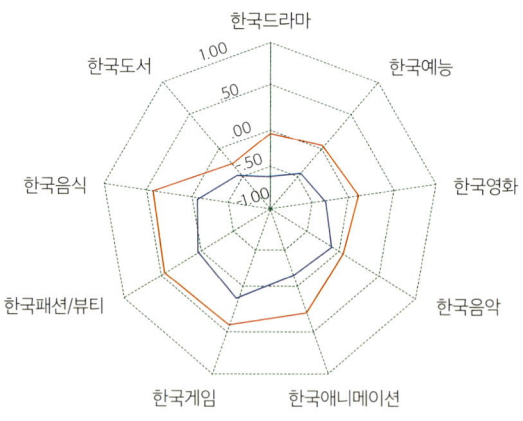

남아공은 한국영화와 예능의 경험률은 78%, 72%로 타 콘텐츠들에 비해 상대적으로 두드러진다. 월평균 소비시간도 한국드라마 5.2시간, 예능 5.0시간, 음악 5.0시간 등으로 평균보다 2~4시간가량 짧았다. 그중 유일하게 한국게임이 11.2시간으로 평균 9.4시간보다 길었다. 한국패션/뷰티와 음식에 대한 월평균 소비지출 또한 각각 33.7달러, 112.7달러로 평균보다 적었다. 대부분의 한류콘텐츠 소비량이 감소하고 있고, 비교적 많은 사람들이 한국드라마, 예능, 영화, 음악 등을 경험하고도 호감도가 미미하다는 점에서 향후 한류확산이 부진할 것으로 예상된다.

**남아공인의 한국 인지수준별 한류지수와 한류콘텐츠 소비**

| 한국에 대한 인지수준 | 한국에 대해서 이름만 들어보았다 | 한국에 대해서 대충 알고 있다 | 한국에 대해서 정확히 알고 있다 | 평균 |
|---|---|---|---|---|
| 응답자 분포 | 31.0% | 54.8% | 14.3% | |
| 한류현황지수 | 2.38 | 2.30 | 2.62 | 2.37 |
| 한류심리지수 | 83.67 | 88.51 | 96.20 | 88.10 |
| 한국이미지 | 3.72 | 3.81 | 3.98 | 3.81 |
| 한류콘텐츠 경험률 | .52 | .58 | .73 | 0.59 |
| 한류콘텐츠 최근호감도 | .06 | .10 | .38 | 0.14 |
| 한류콘텐츠 소비량변화 | -.30 | -.28 | -.04 | -0.24 |

남아공 응답자들의 한국에 대한 인지수준에 따른 응답차이를 분석해 보았다. 그 결과, 한국에 대한 인지수준에 따라 약간의 차이는 있으나 한류현황지수, 한류심리지수가 전반적으로 매우 낮았고, 한국에 대해 정확하게 안다고 대답한 사람들만이 한류콘텐츠 최근호감도가 약간 높았다. 한류콘텐츠 소비량변화는 한국에 대한 인지수준에 관계없이 모두 감소추세로, 한류콘텐츠 경험률이 그다지 낮지 않은 상태임을 고려하면 한류콘텐츠가 남아공 소비자들에게 제대로 어필하지 못하고 있음을 알 수 있다. 한국이미지는 대체로 좋은 편이나 한류콘텐츠에 대한 호감도와는 관련성이 적었다.

## 'Korean Film Night 한국영화의 밤' 남아공에 뿌리내리는 중

항공권 형태의 초청장과 행사에 참석한 현지인들

    2016년 4월 20일, 주남아공 대사관 주관으로 '2016년 한국영화의 밤 Korean Film Night' 행사가 신축 대사관 다목적홀에서 열렸다. 주남아공 대사관은 2013년 10월부터 매달 1회씩 '한국영화의 밤' 행사를 개최했었다. 처음 시작할 당시만 해도 관람객이 10여 명에 불과했으나, 입소문을 통해 점점 알려지면서 이날 행사에는 100여 명이 참여하는 등 현지인들에게 친숙한 문화 행사로 자리 잡아가고 있음을 증명하였다. 관객들도 뉴질랜드, 이집트, 불가리아 대사를 비롯한 20여 명의 외교단과 경찰 가족, K-POP 팬, 한국드라마를 접하고 한글 교육을 문의해 오던 학생, 태권도 교실 수련생 등 다양하게 구성된 것도 고무적이다. 이날 행사는 한국영화 <끝까지 간다 영문명: A Hard Day> 상영과 함께 불고기, 잡채, 김치, 막걸리, 떡 등 한식과 한복 체험 등이 부대행사로 진행되었다.

2015년 10월에 열렸던 '한국영화·음식축제Korean Film and Food Festival>에서 처음 한국영화와 음식을 접했다는 레일라Layla 학생은 행사장인 한국대사관에서 1시간여 떨어진 곳에 살고 있으면서도 가족들과 함께 참석하는 열의를 보였다. 이제는 한국의 교육 및 K-POP에도 관심이 생겼다며, 이날 행사 도우미로 나선 한국인 유학생과 연락처를 교환하기도 했다. K-POP에 대한 관심에서 시작해 남아공대사관 페이스북 친구가 되었다는 놈피Nompi는 한국영화의 줄거리는 견고하고, 코미디와 드라마 그리고 액션이 결합된 부분이 좋았다고 평했다. 한국에서 영어교사를 하고 있는 친구의 초청으로 이날 행사에 참가한 제시카Jessica도 할리우드 액션물과는 전혀 다른 한국영화만의 매력을 알게 되었고, 오늘 행사를 통해 한국음식을 처음 접했는데 다른 남아공 친구들에게도 적극 추천하고 싶다고 말했다.

본 통신원은 2013년부터 한국영화의 밤을 한 차례도 빠지지 않고 참석해 왔다. 불과 작년만 하더라도 관객 중 절반이 한국 교민이었으나 지금은 남아공 현지인의 비율이 훨씬 높다. 매우 성공적이었던 2016년의 첫 '한국영화의 밤'을 토대로 남아공 현지인에게 한국영화 및 한국문화가 더욱 확산되길 기대한다.

출처: 한국문화산업교류재단, 남아공 통신원

## 한류지수와 소비재 수출과의 관련성

앞서 한류지수를 한국 대중문화가 현지 소비자에게 수용된 정도와 그것의 성장 또는 쇠퇴 경향을 반영하는 지표로 정의하였다. 이러한 한류지수에 대한 심층 분석 차원에서 조사 대상국 중 한류가 강세인 그룹과 약세인 그룹에 속하는 국가를 각각 선정한 후, 이들 그룹 간에 소비재 수출 및 관광객 수 증가율 간에 차이가 존재하는지 살펴보았다.

한류지수가 높은 그룹과 낮은 그룹의 소비재 수출 및 관광객 수 증가율의 평균값과 그 차이, 그리고 그룹 간 유의미한 차이가 있는지에 대한 t-검정* 분석 결과는 다음 표와 같다. 여기서 소비재 수출 증가율은 2012년부터 2016년까지 약 4년간의 달러화 표시 수출액의 연평균 증가율이며, 관광은 같은 기간 동안 관광객 수가 증가한 비율이다.

8개의 소비재 수출 및 관광 가운데 6개(식음료, 화장품, 의류, 액세서리, 자동차, 관광)는 한류지수가 높은 국가의 수출 증가율이 한류지수가 낮은 국가의 수출 증가율보다 높았다. 반면 가전제품과 휴대전화는 한류지수가 높은 국가의 수출 증가율이 오히려 낮았다. 그러나 두 그룹 간 수치에 차이가 없다는 귀무가설**을 검정한 결과 통계적으로 유의한 경우는 관광뿐이었다. 한류지수가 높은 그룹의 경우 연평균 관광객 수 증가율이 15.89%인데 반해, 한류지

---

* 검정은 모집단의 분산이나 표준편차를 알지 못할 때 모집단을 대표하는 표본으로부터 추정된 분산이나 표준편차를 가지고 검정하는 방법으로, "두 모집단의 평균 간에 차이는 없다"라는 귀무가설과 "두 모집단의 평균 간에 차이가 있다"라는 대립가설 중에 하나를 선택할 수 있도록 하는 통계적 검정방법이다.

** 귀무가설(null hypothesis)은 일반적으로 기각될 것이 예상되어 세워진 가설이고, 검증하려는 가설은 귀무가설에 대해서 대립가설(anti hypothesis)로 불린다.

수가 낮은 그룹은 2.61% 증가하는데 그쳤다. 한류지수가 높은 국가와 낮은 국가 간 소비재 수출 증가율 차이에 있어 통계적 유의성이 낮은 이유는 표본의 숫자가 작고 소비재 수출에서 한류의 영향이 차지하는 부분이 크지 않기 때문인 것으로 보인다.

한류지수 그룹별 소비재 수출 및 관광객 수 증가율의 차이 t-검정 결과 (단위: %, %포인트)

| 구분 | 한류지수 높은 국가 (A) | 한류지수 낮은 국가 (B) | 차이 (A)-(B) | p-값 (t-검정) |
|---|---|---|---|---|
| 식음료 | 12.92 | 5.92 | 6.99 | 0.3471 |
| 화장품 | 22.70 | 12.07 | 10.63 | 0.5306 |
| 의류 | 1.08 | -7.70 | 8.79 | 0.1205 |
| 액세서리 | -3.30 | -7.50 | 4.20 | 0.6264 |
| 자동차 | -1.75 | -12.78 | 11.03 | 0.7380 |
| 관광 | 15.89 | 2.61 | 13.28 | 0.0205 |
| 가전제품 | -11.59 | -9.15 | -2.44 | 0.6297 |
| 휴대전화 | -45.16 | -36.05 | -9.10 | 0.5999 |

주 1) 소비재 수출 및 관광객 수 증가율(%)은 2012~2016년까지 4년간 연평균 증가율임.
　2) t-검정 귀무가설: 두 그룹 간 소비재 수출 또는 관광객 수 증가율이 같음. 즉, (A)-(B)=0.

- 15개국 전체에 대한 소비재 수출 및 관광객 수 증가율과 한류지수와의 상관계수 분석에서도 통계적으로 유의한 경우는 관광에 국한되었다. 관광과 한류심리지수와의 상관계수는 0.6499로 1% 수준에서 통계적으로 유의하였고, 관광과 한류현황지수와의 상관계수는 0.4872로 10% 수준에서 유의하였다.

# 국가별 한류콘텐츠
# 선호집단 분석

흔히 한류콘텐츠는 20~30대 젊은층들이 주로 즐긴다고 여긴다. 실제로도 그러한지, 아니면 성별, 소득, 학력 등 다양한 기준에 의해서도 선호도 차이가 나타나는지 확인이 필요하다. 그리고 이러한 기준들이 국가별로 차이가 있는지, 아니면 대동소이한지도 궁금해진다. 한류콘텐츠별로 뚜렷한 선호집단이 존재한다는 것을 확인할 수 있다면 각각의 집단의 기호에 맞게 차별화된 한류 마케팅을 적용할 수 있을 것이다. 무엇보다 한류 관련 국내 기업들의 해외 진출 시 주요 타깃을 정하는 데 중요 정보로 활용될 수 있을 것이다.

앞서 내용에서 한국에 대한 인지수준이 높을수록, 즉 한국을 잘 아는 사람일수록 한류콘텐츠 최근호감도가 대체로 높다는 경향성을 발견했다. 이에 본 절에서는 한류콘텐츠를 선호하는 특정 인구의 통계적 집단이 있는지 국가별로 분석•하였다.

특이한 점은 국가마다 한류콘텐츠 호감도를 설명하는 요인이 각각 다르다는 것과 일본, 호주, 브라질, 영국, 프랑스, 러시아, UAE 등 7개국은 선호집단을 설명하는 특정 변수가 발견되지 않았다는 것이다.

---

• 결과변수인 한류콘텐츠 최근호감도는 9개 한류콘텐츠에 대한 최근호감도의 평균을 구한 값이다. 주요 설명 변수로 성별, 나이, 학력, 가구소득을 사용하였고, 국가별로 회귀분석 방법을 적용하였다. 각 기준의 설명력이 유의수준 $p<0.05$에서 유의한 것만 뽑아, 그 작용방향에 따라 + 혹은 -로 표시하였다.

### 국가별 한류콘텐츠 선호집단

| 구분 | 한류콘텐츠 최근호감도 | | | | 해설 |
|---|---|---|---|---|---|
| | 성별 (여성=1) | 나이 | 학력 | 가구 소득 | |
| 태국 | | − | | | 젊은층이 선호함 |
| 말레이시아 | | − | | | |
| 중국 | | | | + | 고소득자가 선호함 |
| 인도네시아 | | | | + | |
| 인도 | | | + | + | 고학력자와 고소득자가 선호함 |
| 미국 | | | − | | 저학력자가 선호함 |
| 대만 | + | | | | 여성이 선호함 |
| 남아공 | − | | | | 남성이 선호함 |
| 브라질 | | | | | 특정 선호집단 없음 |
| 프랑스 | | | | | |
| 영국 | | | | | |
| 러시아 | | | | | |
| UAE | | | | | |
| 일본 | | | | | |
| 호주 | | | | | |

일반적인 견해에 따라 젊은층일수록 한류콘텐츠를 선호하는 국가는 태국과 말레이시아였다. 그 외 기타 국가들에서 연령은 설명력을 가지지 않았다. 경제력 측면에서는 중국, 인도네시아, 인도에서 고소득층일수록 한류콘텐츠에 대한 선호도가 높았다. 한편 성별과 학력의 영향력은 국가마다 엇갈렸다. 대만에서는 여성이, 남아공에서는 남성이 한류콘텐츠 선호도가 더 높았다. 인도에서는 고학력자일수록 한류콘텐츠 선호도가 높았으나 미국에서는 저학력자들의 선호도가 더 높았다. 물론 이러한 결과는 9개 한류콘텐츠를 구분하지 않고 단순 평균한 것으로, 콘텐츠별 선호집단의 차이를 파악하는 데는 한계가 있다.

위 문제점을 보완하기 위해 한류콘텐츠에 대한 평균 선호도와 별개로 개별 콘텐츠별로 선호하는 집단을 파악해 보았다. 분석을 위해 드라마, 영화, 음악, 패션/뷰티, 음식 등 5개 주요 콘텐츠에 대해 회귀분석을 실시하였고, 설명변수로 성별, 나이, 학력, 가구소득에 각 콘텐츠별 총 소비량을 추가하였다. 그 결과 이전에 보이지 않던 선호집단이 나타났다. 아래 표에서 보듯, 5개 한류콘텐츠에 대해 선호집단이 모두 파악되는 국가와 그렇지 않은 국가로 구분하였다.

한류콘텐츠 선호집단이 뚜렷한 국가들

| 구분 | 콘텐츠별 최근호감도 설명 변수 | | | | | 각 콘텐츠 소비량의 영향 |
|---|---|---|---|---|---|---|
| | 드라마 | 영화 | 음악 | 패션/뷰티 | 음식 | |
| 인도 | 학력(+) | 학력(+) | 학력(+) | 학력(+)<br>가구소득(+) | 학력(+)<br>가구소득(+) | 전 부문 고이용자 선호 강함 |
| 말레이시아 | 여성(+)<br>나이(-)<br>가구소득(+) | 나이(-) | 여성(+)<br>나이(-) | 여성(+)<br>나이(-) | 여성(+)<br>나이(-) | 전 부문 고이용자 선호 강함 |
| 인도네시아 | 여성(+)<br>나이(-)<br>가구소득(+) | 여성(+)<br>나이(-)<br>가구소득(+) | 여성(+)<br>나이(-)<br>학력(-)<br>가구소득(+) | 여성(+)<br>가구소득(+) | 나이(-)<br>학력(-)<br>가구소득(+) | 음식 제외 고이용자의 선호 강함 |
| 중국 | 가구소득(+) | 가구소득(+)<br>나이(-) | 가구소득(+) | 가구소득(+)<br>여성(+) | 가구소득(+)<br>여성(+) | 패션/뷰티 제외 고이용자의 선호 강함 |
| 대만 | 여성(+) | 나이(-) | 여성(+) | 여성(+) | 여성(+)<br>가구소득(+) | 음악/음식 제외 고이용자의 선호 강함 |
| 태국 | 여성(+)<br>나이(-)<br>가구소득(+) | 나이(-)<br>가구소득(+) | 여성(+)<br>나이(-) | 여성(+)<br>나이(-)<br>가구소득(+) | 나이(-)<br>가구소득(+) | 패션/뷰티/음식 제외 고이용자의 선호 강함 |
| 일본 | 여성(+)<br>나이(-) | 나이(-) | 나이(-) | 나이(-) | 여성(+)<br>나이(-) | 고이용자의 선호 없음 (영화/음악 제외) |

선호집단이 뚜렷한 국가들에서 한류콘텐츠 선호집단은 대체로 여성과 젊은층이 주를 이루었으나 국가별, 콘텐츠별로 다소 차이가 있었다. 일본의 경우 전체 한류콘텐츠 평균으로 보았을 때 뚜렷한 선호집단이 없었으나, 개별 콘텐츠에 대해 분석하니 여성과 젊은층이 선호집단으로 나타났다. 이렇게 뚜렷한 선호집단이 있기 때문에 일본에서 한류는 전반적으로 낮은 선호도에도 불구하고 꾸준한 콘텐츠 진출·교류가 이어지고 있는 것으로 판단된다. 일본에서 가구소득과 학력에 따른 선호집단은 보이지 않았다.

중국의 경우 성별, 연령에 따른 차이보다는 가구소득이 높은 집단에서 한류콘텐츠 선호도가 뚜렷했다. 고소득층의 한류콘텐츠 선호 현상은 태국과 인도네시아에서도 뚜렷했다. 한편 인도는 고학력자의 한류콘텐츠 선호도가 전반적으로 강한 반면, 여성과 젊은층의 선호현상을 띠지 않는다는 점이 눈에 띈다.

개별콘텐츠별 고高이용자가 한류콘텐츠를 얼마나 선호하는지 여부도 매우 중요한 정보이다. 대체로 한류대중화 정도가 높은 국가일수록 고이용층의 한류콘텐츠 선호가 뚜렷했다. 한류대중화와 확산단계인 말레이시아와 인도에서는 5개 콘텐츠 전 부문에서 고이용층의 한류콘텐츠 선호도가 높게 나타났다. 반면 인도와 같이 한류확산단계이지만 최근 한류콘텐츠의 인기하락이 두드러지고 있는 일본의 경우 영화, 음악 분야에서만 고이용층의 선호가 뚜렷하게 나타났다.

한류콘텐츠 선호집단이 뚜렷하지 않은 국가들에서 한류의 인기는 대체로 낮았다. 영국과 UAE는 5개 한류콘텐츠에 대한 뚜렷한 선호집단이 나타나지 않았다. 그나마 유일하게 패션/뷰티 상품 고이용층에서 이 분야에 대한 호감도가 나타났다. 미국은 특이하게 나이가 많을수록 한국음악K-POP

에 대한 선호도가 높았다. 드라마, 영화, 음악, 패션/뷰티 등의 고이용층에서 해당 콘텐츠 선호도가 높게 나온 점도 긍정적이다.

**한류콘텐츠 선호집단이 뚜렷하지 않은 국가들**

| 구분 | 콘텐츠별 최근호감도 설명 변수 | | | | | 각 콘텐츠 소비량의 영향 |
|---|---|---|---|---|---|---|
| | 드라마 | 영화 | 음악 | 패션/뷰티 | 음식 | |
| 미국 | | | 나이(+) | | | 음식 제외 고이용자의 선호 강함 |
| 남아공 | | 학력(-) | | 나이(-) | | 음식/드라마 제외 고이용자의 선호 강함 |
| 프랑스 | 나이(-) 학력(+) | | 가구소득(-) | 나이(+) 학력(+) 가구소득(-) | 여성(+) 학력(+) 가구소득(+) | 고이용자 선호 없음 (음악/패션/뷰티 제외) |
| UAE | | | | | | 고이용자 선호 없음 (패션/뷰티 제외) |
| 영국 | | | | | | 고이용자 선호 없음 (패션/뷰티 제외) |
| 브라질 | | 가구소득(+) | | | | 고이용자 선호 없음 (드라마/영화 제외) |
| 호주 | | 나이(-) | 나이(-) | 나이(-) | 남성(+) | 고이용자의 선호 없음 (드라마 제외) |
| 러시아 | | | | | 연령(+) | 고이용자 선호 없음 |

러시아는 30대 이상 연령층에서만 한국음식의 선호도가 높았고, 이외 선호집단은 없었다. 남아공은 저학력층에서 한국영화 선호가 두드러졌다. 호주는 젊은층들이 한국영화, 음악, 패션/뷰티에 대해 긍정적이라는 점에서 앞서 동남아 국가들과 유사성을 보였다. 프랑스는 콘텐츠별로 선호집단이 매우 이질적이었는데, 한국음악과 패션/뷰티는 저소득층에서 선호도가 높은 반면 한식은 고소득층에서 보다 선호되었다. 한국드라마는 젊은층이 선호하지만 한국패션/뷰티는 30대 이상 연령층에서 지지를 받는 것으

**국가별 한류콘텐츠 선호집단 분포**

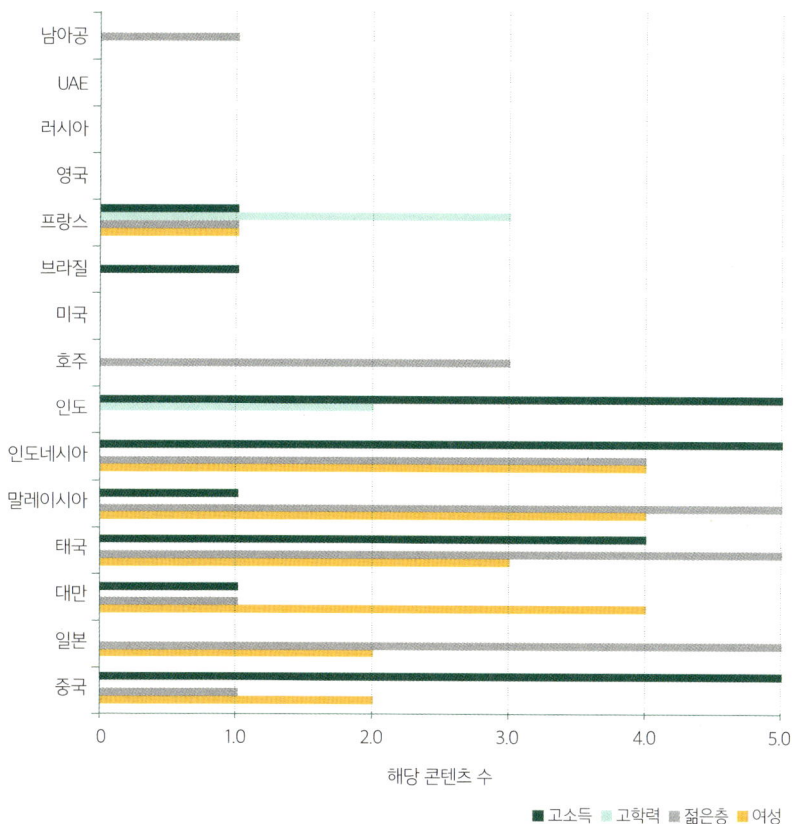

로 나타났다. 또한 한국드라마, 패션/뷰티, 음식은 프랑스의 고학력층에서 소구된다는 점도 특이하다.

위의 결과들을 보다 한눈에 파악할 수 있도록 좀 더 단순화된 그래프와 표로 다음과 같이 제시하였다. 먼저 국가별 한류콘텐츠 선호집단 중 젊은층의 선호는 말레이시아, 태국, 일본, 인도네시아에서, 여성은 인도네시아, 말레이시아, 대만, 태국에서 특히 강하다. 고소득층의 선호도는 인도, 인도네시아, 태국, 중국에서, 고학력층의 선호도는 프랑스, 인도에서 두드러졌다.

또한 고이용층의 한류콘텐츠 선호 여부는 한류의 인기를 파악하는 데 중요한 기준이 된다. 그만큼 핵심고객층을 잘 파고들었다는 의미로, 한류 대중화의 길목을 선점한 것과 다를 바 없다. 고이용층의 선호도는 콘텐츠별로 차이를 보였는데 드라마, 영화, 음악, 패션/뷰티는 말레이시아, 인도네시아, 인도를 포함한 9~10개국에서 고이용층의 선호가 두드러졌다. 반면 음식의 경우 중국, 말레이시아, 인도 등 3개국에서만 고이용층의 선호도가 뚜렷해, 핵심고객층까지 충분히 파급되지 못했음을 예상할 수 있었다.

**고이용층의 선호도가 상대적으로 높은 국가들**

| 구분 | 고이용층이 한류콘텐츠를 선호하는 국가들 | 고이용층 선호가 없는 국가들 |
|---|---|---|
| 드라마 | 중국, 대만, 태국, 말레이시아, 인도네시아, 인도, 호주, 미국, 브라질 | 일본, 남아공, 영국, 프랑스, 러시아, UAE |
| 영화 | 중국, 일본, 대만, 태국, 말레이시아, 인도네시아, 인도, 미국, 브라질, 남아공 | 호주, 영국, 프랑스, 러시아, UAE |
| 음악 | 중국, 일본, 태국, 말레이시아, 인도네시아, 인도, 미국, 프랑스, 남아공 | 대만, 브라질, 호주, 영국, 러시아, UAE |
| 패션/뷰티 | 대만, 말레이시아, 인도네시아, 인도, 미국, 프랑스, 영국, UAE, 남아공 | 중국, 일본, 브라질, 태국, 호주, 러시아 |
| 음식 | 중국, 말레이시아, 인도 | 일본, 대만, 인도네시아, 태국, 미국, 프랑스, 영국, UAE, 남아공, 브라질, 호주, 러시아 |

## 한류콘텐츠 주요 소비 경로

한류콘텐츠에 대한 소비경험이 높다 하더라도 유료 콘텐츠 구매를 통한 소비와 무료 혹은 불법 다운로드에 의한 소비는 관련 업계 입장에서 큰 차이가 있다. 무엇보다 무료 대비 유료 경로의 활용률이 낮을 경우 향후 유료 전환 정책에 참고자료로서 유용할 것이다.

한국드라마, 영화, 음악 등 주요 한류콘텐츠에 대해 각국 소비자들의 소비 경로를 분석한 결과는 다음 표들●과 같다. 두드러진 특징은 태국, 말레이시아, 인도네시아 등 한류 인기가 높은 국가들에서는 경로 유형에 관계없이 활용률이 전반적으로 높다는 점이다. 즉, 호감이 있으면 유료든 무료든, 심지어 불법 경로를 이용해 한류콘텐츠를 소비한다는 것이고, 반대로 호감이 없다면 무료 경로마저 사용하지 않는다고 볼 수 있다.

중국의 한국드라마 소비는 TV시청 53.2%보다 무료 온라인 사이트 55.7% 비율이 높고, 무료 모바일 시청 28.0%도 높은 편이다. 이는 TV를 통해 한국드라마가 방영되지 않더라도 이를 대체할 경로가 중국 내에 충분하다고 볼 수 있다. 인도, 브라질, 러시아 등도 TV시청보다 무료 온라인 사이트를 통한 한국드라마 시청이 더 높았다. 반면 일본의 경우 TV 방영이 되지 않으면 대체 경로를 거의 활용하지 않았다. 이는 일본 한류의 출발점이자 〈겨울연가〉 신드롬의 산파격인 NHK가 2014년 11월 이후 한국드라마의 정기편성을 중단하면서 방송한류 산업이 침체의 늪에 빠진 것과도 밀접하게 연관될 것이다.

---

● 국가별 한류콘텐츠(드라마, 영화, 음악) 경로 활용률은 전체 응답자 중 해당 경로를 활용하는 사람의 비율을 의미하며, 한 사람이 여러 경로를 이용하는 점도 반영하였다.

**국가별 한국드라마 소비 경로 활용률**

| 드라마 구분 | 중국 | 일본 | 대만 | 태국 | 말레이시아 | 인도네시아 | 인도 | 호주 | 미국 | 브라질 | 프랑스 | 영국 | 러시아 | UAE | 남아공 |
|---|---|---|---|---|---|---|---|---|---|---|---|---|---|---|---|
| TV | 53.2 | 58.8 | 70.3 | 78.5 | 85.5 | 88.0 | 44.8 | 36.0 | 35.3 | 24.5 | 38.5 | 25.8 | 18.0 | 57.0 | 31.5 |
| 유료 온라인 | 14.5 | 1.3 | 7.0 | 43.8 | 22.3 | 20.5 | 13.3 | 8.5 | 9.3 | 23.5 | 14.3 | 6.5 | 6.3 | 7.0 | 7.0 |
| 무료 온라인 | 55.7 | 5.5 | 52.3 | 43.0 | 59.0 | 41.8 | 47.4 | 21.5 | 30.7 | 29.8 | 31.5 | 18.8 | 26.5 | 43.8 | 29.8 |
| 유료 모바일 | 8.0 | 0.8 | 4.0 | 20.0 | 13.8 | 7.0 | 11.0 | 8.3 | 4.8 | 5.0 | 7.3 | 4.5 | 2.8 | 7.8 | 2.8 |
| 무료 모바일 | 28.0 | 2.3 | 30.0 | 21.0 | 42.8 | 17.5 | 25.0 | 14.8 | 17.5 | 16.8 | 12.5 | 10.0 | 12.0 | 26.0 | 10.5 |
| CD/DVD/VHS | 9.2 | 7.3 | 6.5 | 29.0 | 33.5 | 46.5 | 16.1 | 8.5 | 10.0 | 10.0 | 13.5 | 5.8 | 5.5 | 10.8 | 17.0 |
| 불법 다운로드 | 3.0 | 0.2 | 4.0 | 9.0 | 16.0 | 16.3 | 4.6 | 5.5 | 2.8 | 8.5 | 6.3 | 2.3 | 5.0 | 4.3 | 7.0 |

한국영화의 경우, 극장에서 관람하는 비율보다 TV로 시청하는 비율이 모든 나라에서 더 높게 나타났다. 태국, 말레이시아, 인도네시아, 대만, 중국 등은 한국영화의 현지 극장 진출이 비교적 원활한 반면 일본을 비롯한 기타 국가들에서는 저조하게 나타났다. 무료 온라인 사이트를 통한 한국영화 시청률은 일본을 제외하고 골고루 높았는데, 특히 중국과 브라질의 경우 한국영화 무료 온라인 시청률이 극장 관람률, TV시청률을 상회했다. 유료 시청의 경우 태국, 브라질, 인도, 중국, 말레이시아 등의 순서로 활용률이 높았다.

**국가별 한국영화 소비 경로 활용률**

| 영화 구분 | 중국 | 일본 | 대만 | 태국 | 말레이시아 | 인도네시아 | 인도 | 호주 | 미국 | 브라질 | 프랑스 | 영국 | 러시아 | UAE | 남아공 |
|---|---|---|---|---|---|---|---|---|---|---|---|---|---|---|---|
| 극장 | 26.5 | 9.8 | 33.3 | 40.3 | 44.0 | 34.0 | 14.4 | 9.0 | 11.2 | 13.3 | 8.5 | 6.0 | 14.3 | 14.5 | 7.8 |
| TV | 34.8 | 20.0 | 48.0 | 54.5 | 48.3 | 72.3 | 51.9 | 31.5 | 31.3 | 32.8 | 41.5 | 31.5 | 30.8 | 55.8 | 48.5 |
| 유료 온라인 | 14.2 | 0.7 | 5.5 | 30.8 | 14.0 | 13.8 | 17.7 | 7.5 | 9.0 | 22.8 | 13.5 | 7.8 | 6.0 | 13.0 | 7.3 |
| 무료 온라인 | 56.8 | 5.8 | 45.5 | 35.0 | 39.8 | 42.3 | 47.6 | 23.0 | 30.8 | 34.0 | 22.8 | 17.8 | 28.0 | 47.8 | 27.3 |
| 유료 모바일 | 7.7 | 1.0 | 3.3 | 13.3 | 7.5 | 6.3 | 11.1 | 5.3 | 4.5 | 6.5 | 8.0 | 3.3 | 3.0 | 8.0 | 3.0 |
| 무료 모바일 | 23.3 | 1.8 | 20.0 | 17.5 | 23.0 | 17.8 | 29.7 | 12.8 | 13.5 | 17.8 | 12.8 | 7.0 | 11.3 | 31.8 | 14.3 |
| CD/DVD/VHS | 8.3 | 11.0 | 5.5 | 22.8 | 15.4 | 42.3 | 19.1 | 11.0 | 11.7 | 12.5 | 15.5 | 9.0 | 9.5 | 15.3 | 21.8 |
| 불법 다운로드 | 6.0 | 0.3 | 4.8 | 7.8 | 11.0 | 15.3 | 6.8 | 3.0 | 2.5 | 14.0 | 8.5 | 2.8 | 9.0 | 6.8 | 8.3 |

아시아 국가들은 한국음악을 TV로 시청하는 비율이 미주, 유럽, 아프리카에 비해 상대적으로 높았다. 무료 온라인 사이트를 통한 한국음악 소비율은 일본을 제외하고 전 국가에서 골고루 높았다. 하지만 한국드라마와 영화에 비해 음악의 경우 유료 온라인을 통한 소비율이 전반적으로 낮아, 해외로의 유료 음악 플랫폼 진출이 충분히 이루어지지 않았음을 짐작할 수 있었다.

**국가별 한국음악 소비 경로 활용률**

| 음악 구분 | 중국 | 일본 | 대만 | 태국 | 말레이시아 | 인도네시아 | 인도 | 호주 | 미국 | 브라질 | 프랑스 | 영국 | 러시아 | UAE | 남아공 |
|---|---|---|---|---|---|---|---|---|---|---|---|---|---|---|---|
| TV | 35.0 | 61.7 | 48.0 | 60.8 | 68.0 | 79.0 | 38.6 | 40.0 | 14.8 | 27.0 | 18.8 | 19.0 | 20.0 | 36.5 | 18.5 |
| 라디오 | 19.5 | 7.8 | 25.5 | 25.3 | 64.3 | 31.0 | 16.5 | 21.5 | 24.5 | 18.8 | 22.8 | 16.8 | 16.5 | 25.8 | 15.5 |
| 유료 온라인 | 9.8 | 2.0 | 8.8 | 15.5 | 18.0 | 36.5 | 16.7 | 10.8 | 14.5 | 16.0 | 13.0 | 5.8 | 2.3 | 9.0 | 4.8 |
| 무료 온라인 | 57.2 | 12.8 | 48.0 | 56.8 | 49.5 | 48.5 | 41.5 | 28.3 | 30.7 | 44.5 | 32.0 | 24.0 | 20.3 | 33.5 | 23.0 |
| 유료 모바일 | 6.7 | 1.7 | 5.0 | 11.3 | 16.0 | 25.3 | 13.7 | 6.5 | 8.3 | 10.0 | 8.0 | 4.0 | 2.8 | 7.3 | 2.8 |
| 무료 모바일 | 31.0 | 4.0 | 29.8 | 33.0 | 32.0 | 28.3 | 24.5 | 16.5 | 14.0 | 15.5 | 13.8 | 10.8 | 9.8 | 28.0 | 12.3 |
| CD/DVD/VHS | 7.5 | 9.3 | 2.3 | 14.8 | 18.8 | 26.3 | 12.0 | 7.3 | 6.0 | 7.5 | 7.3 | 3.3 | 3.5 | 5.3 | 4.5 |
| 콘서트 팬미팅 등 | 6.8 | 1.5 | 3.5 | 11.5 | 9.8 | 9.5 | 8.9 | 4.5 | 3.0 | 9.0 | 7.5 | 2.8 | 3.3 | 7.5 | 2.0 |
| 불법 다운로드 | 2.5 | 0.0 | 2.8 | 8.8 | 12.3 | 15.3 | 3.2 | 2.8 | 1.0 | 6.5 | 5.3 | 2.0 | 3.5 | 3.0 | 3.8 |

# 한류 마니아 분포

'마니아mania'의 사전적 정의는 '어떤 한 가지 일에 몹시 열중하는 사람, 또는 그런 일'이다. 한류 초창기에도 한국의 대중문화를 향유하는 소수의 마니아층은 존재했었다. 그러나 주로 VHS Video Home System와 인쇄용 잡지에 의존하였기에 그 파급력은 낮은 편이었다. 이후 90년대 후반에서 2000년대 초반부터 해외 한류 팬들은 주로 '커뮤니티'라는 온라인 공간을 기반으로 새로 나온 한국드라마에 자막을 입히거나 K-POP 커버댄스 동영상을 올리는 등 보다 적극적으로 한류콘텐츠를 소비하고, 즐기고, 재생산하는 '능동적 소비자', 즉 프로슈머로 변모하게 된다. 무엇보다 계속적인 디지털 기술 발달이 한류 마니아를 확산시키는 데 상당부분 일조하면서, 마니아에 대한 체계적인 접근 및 분석이 필요한 시점에 다다른 것이다.

전체 문화콘텐츠 소비 중 한류콘텐츠가 차지하는 비중이 절반이 넘는 소비자가 있다면, 한류콘텐츠를 정말 좋아하는 '한류 마니아'라 판단해도 무리는 없을 것이다. 그렇다면 전 세계적으로 이러한 한류 마니아는 얼마나 있을까? 국가별로 선호하는 한류콘텐츠가 다르다는 점에서 콘텐츠별로 마니아 분포를 확인하고자 한다.

### 권역별 한류콘텐츠 소비량

권역별 마니아 분포를 확인하기 전에 각각의 국가마다 한류콘텐츠의

**권역별 한류콘텐츠 월평균 소비시간**

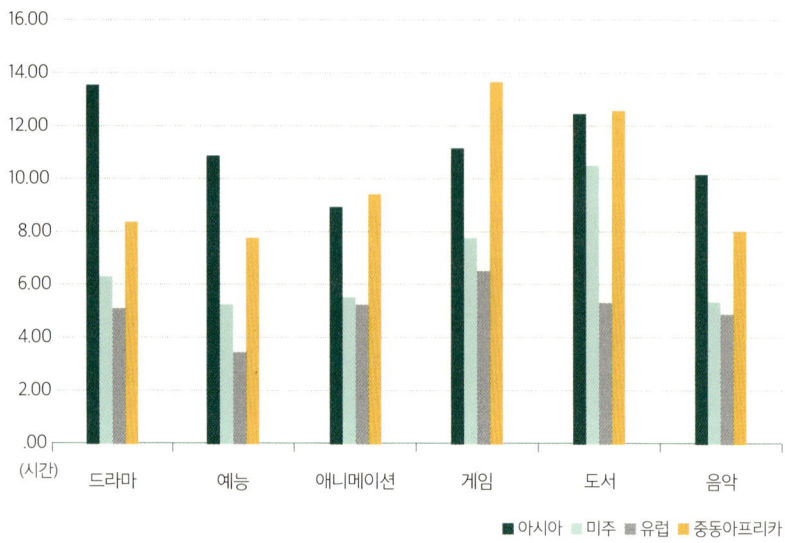

평균 사용량을 확인해 보았다. 그 결과, 콘텐츠별 월평균 소비시간은 최소 4.5시간에서 최대 13.6시간 정도로 나타났다. 아시아 지역의 경우 드라마 소비량이 다른 권역에 비해 월등히 높았고, 미주에선 도서, 게임 등의 소비량이 두드러졌다. 유럽은 전반적으로 다른 권역에 비해 콘텐츠 소비시간이 높지 않았다. 중동·아프리카는 게임, 도서, 음악 등에서 한류콘텐츠의 평균 소비시간이 높게 나타났다.

콘텐츠 장르별로 구체적으로 살펴보면, 아시아는 월평균 드라마에 13.56시간, 예능프로그램에 10.85시간을 소비하는 것으로 나타났다. 두 콘텐츠 모두 미주, 유럽에 비해 아시아 권역의 소비자들이 약 두 배가량의 시간을 투자하면서 소비 비중이 높았다. 애니메이션, 게임, 음악, 도서는 상대적으로 아시아와 중동·아프리카 지역에서 두드러진 소비를 보였다. 특

권역별 한류콘텐츠 월평균 소비액

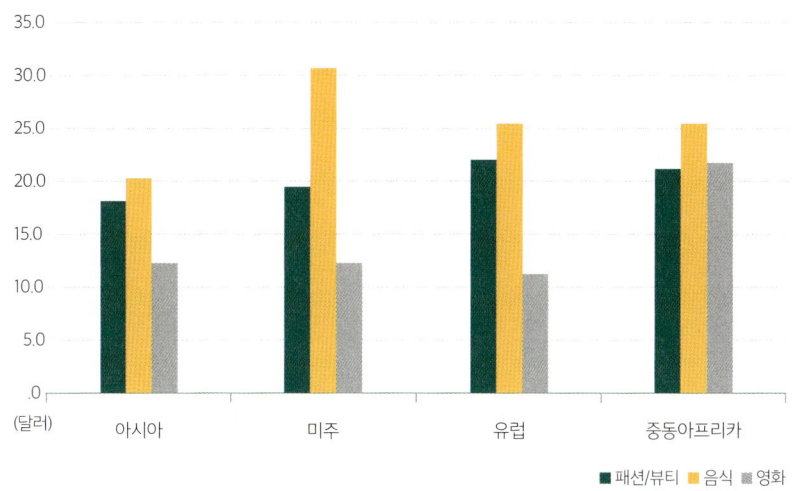

히 게임, 애니메이션 분야의 해외 진출 및 교류에 있어 중동·아프리카가 새로운 전략적 시장이 될 것으로 예상된다. 실제 2016년 12월에 개최된 한국-이란 문화기술포럼에서 한국게임을 이란 현지에서 서비스하기 위한 양국 게임업체 간 계약이 체결되었고, 이란 애니메이션의 아시아 지역 내 수출 등이 논의되기도 하였다.

패션/뷰티, 음식, 영화의 경우 월평균 소비액을 통해 해당 콘텐츠를 이용하는 데에 얼마만큼 지불하고 있는지를 확인하였다. 모든 권역에서 가장 많은 돈을 지불하는 분야는 한국음식으로, 이어 패션/뷰티, 영화 순이었다. 음식은 특히 미주 지역에서 두드러진 지출을 보였는데, 이는 해당 지역의 소득수준을 어느 정도 반영한 결과라 볼 수 있다.

패션/뷰티는 월평균 최소 18.6달러에서 최대 22.2달러가량을 소비하였는데, 특히 아시아와 유럽, 중동·아프리카 권역의 경우 한국음식과 거의 비슷한 수준으로 패션/뷰티에 지출하는 것으로 나타났다. 반면 미주 지역은 패션/뷰티에 비해 한국음식에 지출하는 비용이 대략 50%가량 높게 나타났다.

### 권역별 한류 마니아 분포

앞서 제시한 권역별 한류콘텐츠의 소비 추세에서 더 나아가 권역별 한류 마니아들의 분포를 구체적으로 확인하고자 한다.

#### 아시아

아시아 권역 한류콘텐츠 마니아 분포

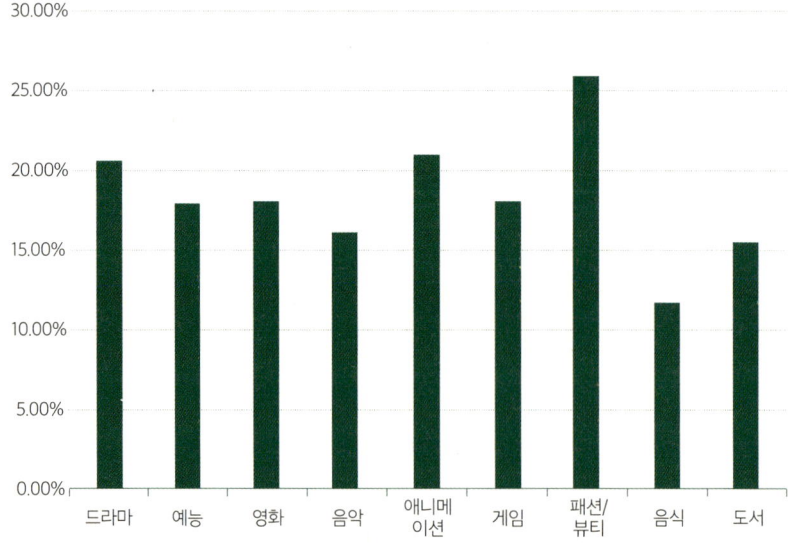

아시아의 경우 패션/뷰티에 대한 마니아가 가장 많았고, 이어 애니메이션, 드라마 순이었다. 무엇보다 다른 권역에 비해 모든 한류콘텐츠에서 비교적 높은 비중으로 마니아들이 분포되면서, 대표 한류 소비 권역임을 증명했다. 하지만 한국음식에 대한 마니아는 아시아뿐만 아니라 모든 권역에서 소비액에 비해 적었는데, 식문화의 경우 해당 국가의 문화적 특성을 단적으로 드러내는 보수적인 영역이기에 한식을 일상적으로 받아들이기에는 아직까지 어려움이 있다고 볼 수 있다.

## 미주

미주 권역 한류콘텐츠 마니아 분포

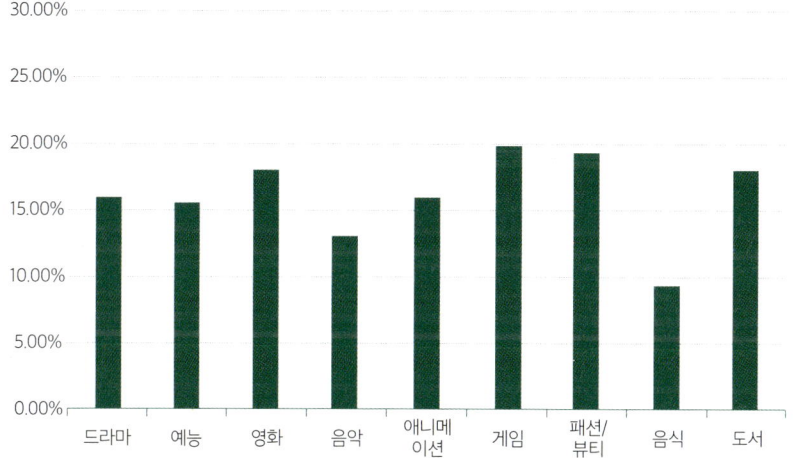

미주 지역은 아시아와 달리 드라마나 예능 분야의 마니아는 적었지만, 게임과 패션/뷰티 마니아가 상당히 높게 나타난 것이 특징적이다. 특히 뷰티의 경우 토니모리, 이니스프리, 더 페이스샵, 클리오 등 한국 로드숍 브랜드가 뉴욕 거리의 코너마다 생기고, 미국 대표 뷰티숍인 '세포라SEPHORA'

에서 진행한 한국화장품전에서는 준비한 제품이 모두 품절될 정도로 가격 대비 만족도가 높아 위 분야의 마니아는 계속적으로 증가할 것으로 예상된다. 하지만 2013년 싸이의 〈강남스타일〉이 정점을 찍은 후 CL, 방탄소년단, EXO 등 여러 K-POP 스타들이 빌보드 차트에 오르락 거리며 인기를 끌고 있음에도 음악 마니아가 13.4%의 낮은 수치를 기록했다. 이는 아직까지 미국 내에서 한국음악이 하나의 장르로 완전히 자리 잡기보단 다양한 비주류 음악 장르 중 하나로 간간히 이슈화된 결과라 볼 수 있다.

이외 영화 마니아의 비중이 드라마, 음악, 예능 등과 비교해 비교적 높게 나타났다. 이는 박찬욱, 김기덕 감독 등이 세계 유수 영화제에서 거듭 좋은 성적을 거두면서 미국의 영화 마니아 사이에서 이들의 영화가 믿고 보는 하나의 브랜드로 거듭난 결과라 볼 수 있다.

## 유럽

유럽 권역 한류콘텐츠 마니아 분포

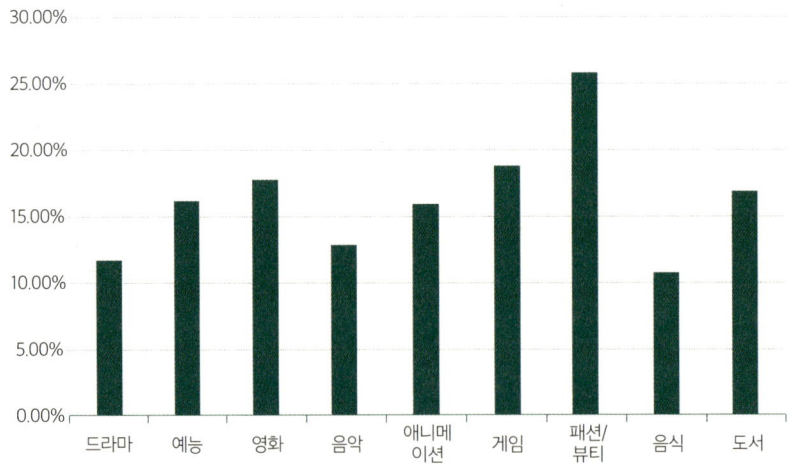

유럽의 경우 앞서 살펴본 미주 지역과 유사한 마니아 형태를 보였다. 특히 영화 마니아의 비중이 드라마, 예능, 음악 등 여타 대중문화콘텐츠보다 높았는데, 이는 예술영화의 소비가 주를 이루는 유럽에서 홍상수, 임권택, 박찬욱 감독 등이 영화 마니아층을 중심으로 높은 인지도를 갖고 있는 것과 연관된 결과라 볼 수 있다. 이외 패션/뷰티에 대한 마니아가 두드러졌다. 대표 뷰티강국인 프랑스에서도 한국의 비비크림, 블러크림, 마스크팩 등이 크게 성공하면서 2015년부터 대형 화장품 전문매장인 세포라에도 한국화장품이 입점 되는 등 유럽 내 뷰티 한류의 인기를 이끌고 있다.

### 중동·아프리카

중동·아프리카 권역 한류콘텐츠 마니아 분포

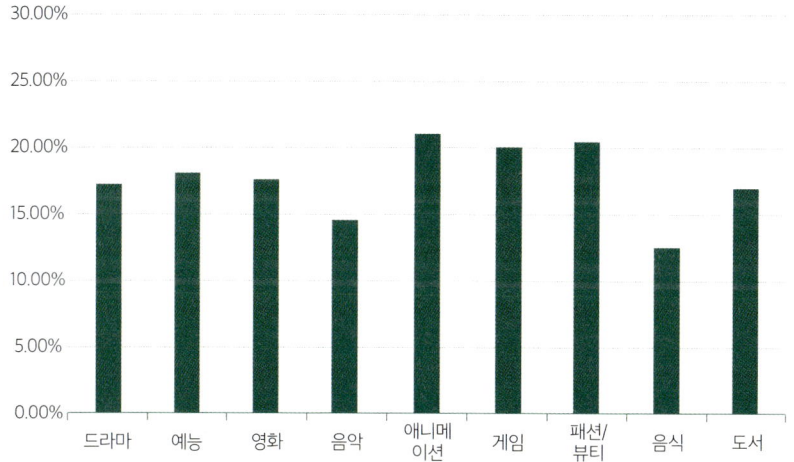

　중동 · 아프리카 권역의 경우 아시아와 유사한 마니아 형태를 띠었다. 드라마, 예능프로그램, 음악, 영화, 애니메이션 등 주로 대중문화콘텐츠를 중심으로 골고루 마니아가 분포되었고, 미주나 유럽 지역에 비해 콘텐츠별

편차도 적게 나타났다.

## 콘텐츠별 한류 마니아 분포

그렇다면 마니아는 어떤 콘텐츠에서 가장 많이 나타나고 있는 것일까? 이에 드라마, 예능프로그램, 영화, 음악 등 주요 한류콘텐츠를 중심으로 마니아 분포를 파악하였다. 그 결과 중국, 일본, 대만, 말레이시아, 인도네시아 등 주요 아시아 국가들에서 드라마 마니아 활동이 가장 두드러졌다. 반면 미국, 브라질, 프랑스, 러시아, UAE 등 비아시아권 국가에서는 한국영화 마니아가 높게 나타나면서, 마니아의 구성에 있어서 아시아와 비아시아권 국가 간에 차이를 비교적 뚜렷이 확인할 수 있었다.

주요 한류콘텐츠별 마니아의 분포

🇫🇷 프랑스

## 프랑스 일간지 《르몽드》가 본 박찬욱 감독의 <아가씨>

**« Mademoiselle » : de l'érotisme des rapports entre le Japon et la Corée**

Park Chan-wook gagne en légèreté, en imaginant un jeu de massacre graphique et féministe, présenté à Cannes en compétition.

LE MONDE | 15 05 2016 à 11h44 • Mis à jour le 29 03 2017 à 10h12 |
Par Isabelle Regnier

<아가씨>, 일본과 한국 사이 관계의 에로티시즘

    2016년 5월 14일, 2016년 칸 영화제 경쟁부문에 출품한 박찬욱 감독의 <아가씨>가 뤼미에르 극장에서 상영되었다. 프랑스 칸에서 공개된 이후 영화에 관한 현지 언론의 평은 조금씩 엇갈렸지만 뤼미에르 극장에서 <아가씨>를 본 《르몽드》 기자 이사벨 레니에르Isabelle Regnier는 섬세하게 작품을 비평하며 극찬했다.

    '일본과 한국 사이 관계의 에로티시즘'이라는 제목의 기사 서두는 영화를 보기 전 기자의 걱정으로 시작된다.

    "<올드보이>와 <친절한 금자씨>로 한국 박스오피스 챔피언을 차지한 박찬욱 감독은 왜곡과 디지털식 과장의 전문가이자 가학적 고통의 재해석에 대가인 만큼 <아가씨>의 미묘함과 섬세함을 작업하는 데 익숙하지 않을 것이다."

그러나 상영이 끝난 후, 기자는 자신의 걱정이 틀렸음을 고백하였다. "영국 작가 사라 워터스Sarah Waters의 소설 『핑거스미스Fingersmith』에서 영감을 받은 <아가씨>는 이성 간의 전쟁과 계급투쟁을 배경으로 한 조정과 복수의 이야기"라고 소개하였다. 그리고 다음과 같이 영화에 대해 구체적으로 평했다.

"<아가씨>는 영국 빅토리아 양식의 일본 저택에 갇혀 있는 네 명의 인물을 중심으로 이야기가 전개되는 재미있는 유희이다. 각 파트가 새로운 것을 보여주면서 이전 파트에서 보여준 것에 관해 의문을 제시하여 영화의 줄거리가 무겁지는 않다. 다만, 관객을 무시하는 듯한 약간의 냉소적인 방식에 한계점이 보이긴 했다. 하지만 이것이 영화가 주는 순수한 미적 즐거움을 망치지는 않는다. 만화와 흡사한 영화 속 무대장치와 소품들, 아름다운 여배우의 얼굴과 육체를 페티쉬로 삼는다. 박 감독의 연출은 두 여주인공의 강렬한 동성애 장면에서 절정을 이루었다. 이 장면은 가증스러운 감시인의 도서실에 가득 차 있는 에로틱한 판화들을 연상시켰다."

기자는 이 장면들이 더 보고 싶어진다는 평을 남기면서 기사를 마쳤다.
2016년 5월 11일부터 시작된 '2016년 칸 영화제'가 12일간의 긴 여정을 마치고 22일에 폐막하였다. 이번 영화제에서는 박찬욱 감독의 <아가씨> 외에도 연상호 감독의 <부산행>과 나홍진 감독의 <곡성> 등 다양한 한국영화들이 출품되어 현지 바이어들 사이에서 높은 관심을 받았다. 이번 칸 영화제에서 박찬욱 감독의 <아가씨>가 수상을 하지 못한 점은 아쉽지만, 다양한 한국영화를 전 세계 영화인에게 선보였다는 것에 의미가 있을 것이다.

출처: 한국문화산업교류재단, 프랑스 통신원

## 마니아 vs 非마니아 비교

마니아들의 행동은 마니아가 아닌 사람들과 다른 차별적 요소를 갖고 있을까? 국가별로 마니아를 전부 비교하기는 어렵기 때문에 아시아권의 대표 한류 수출 대상국인 중국의 한국드라마 마니아와 비마니아를 비교하였다. 그리고 비아시아권에서는 프랑스 내 K-POP 마니아와 비마니아를 비교하였다.

중국의 한국드라마 마니아와 비마니아를 비교한 결과, 마니아층이 비마니아층보다 상대적으로 한국에 대한 인식이 긍정적인 것으로 나타났다.

중국 한국드라마 마니아 VS 비마니아 한국에 대한 인식 비교          단위: 100점 만점

| 중국 (드라마 마니아)의 한국인식 | 한국은 경제적으로 선진국이다 | 한국은 국제적 차원의 사회공헌 활동에 참여하고 있다 | 한국은 우리에게 우호적인 국가이다 | 한국은 경쟁국이기보다는 협력국이다 | 한국은 호감이 가는 국가이다 | 한국은 문화강국이다 |
|---|---|---|---|---|---|---|
| 비마니아 | 70.65 | 63.99 | 61.37 | 62.75 | 61.57 | 61.37 |
| 마니아 | 74.00 | 70.33 | 68.50 | 69.67 | 72.67 | 70.67 |

한국산 제품 구매에 대한 태도 또한 마니아와 비마니아 간에 뚜렷한 차이를 확인할 수 있었다. 중국 내 한국드라마 마니아들은 한국 식료품에서 의류, 화장품, 액세서리에 이르기까지 비마니아층보다 적극적으로 한국 제품을 구매하고 사용하는 것으로 나타났다.

| 중국 한국드라마 마니아 VS 비마니아 한국제품 구매 비교 | | | | | | | 단위: 1점(경험 없음) ~ 7점(매우 자주 구매) | |
|---|---|---|---|---|---|---|---|---|
| 중국<br>(드라마마니아)<br>의 한국제품 구<br>매빈도 | 한국<br>식료품 | 한국<br>의류 | 한국<br>화장품 | 한국<br>주류(술) | 한국<br>액세서리 | 한국<br>음식점에서<br>식사 | 한국산<br>또는 한국<br>관련 서적 | |
| 비마니아 | 2.43 | 1.98 | 2.30 | 1.66 | 1.88 | 2.26 | 1.61 | |
| 마니아 | 3.26 | 2.84 | 3.58 | 2.30 | 2.96 | 3.10 | 2.46 | |

조금 눈길을 돌려 프랑스의 K-POP 마니아를 검토해 보자. 유럽 내 K-POP 마니아층을 비마니아층과 비교할 때 한국에 대한 인상이나 한국 제품의 소비에 있어 차이가 존재할까? 프랑스 K-POP의 마니아들 또한 중국 드라마 마니아와 유사하게 비마니아들보다 한국에 대해 긍정적으로 생각하는 점수가 높은 것으로 나타났다.

| 프랑스 K-POP 마니아 VS 비마니아 한국에 대한 인상 비교 | | | | | | | 단위: 100점 만점 |
|---|---|---|---|---|---|---|---|
| 프랑스<br>(K-POP 마니아)<br>의 한국인식 | 한국은<br>경제적으로<br>선진국이다 | 한국은<br>국제적 차원의<br>사회공헌<br>활동에<br>참여하고 있다 | 한국은<br>우리에게 우호<br>적인 국가이다 | 한국은<br>경쟁국이기<br>보다는<br>협력국이다 | 한국은<br>호감이 가는<br>국가이다 | 한국은<br>문화강국<br>이다 | |
| 비마니아 | 72.5 | 67.4 | 74.2 | 72.8 | 74.6 | 80.7 | |
| 마니아 | 78.3 | 76.3 | 79.0 | 74.3 | 78.7 | 81.3 | |

그렇다면 유럽에서 한국제품을 구입하는 데 있어 마니아와 비마니아 간에 차이가 있을까? 다음 표에서 확인할 수 있듯이 프랑스의 K-POP 마니아층은 식료품을 비롯하여 전반적으로 한국제품을 비마니아층보다 더 자주 구매하는 것으로 나타났다. 결과적으로 아시아와 비아시아 국가 모두 한류를 좋아하는 정도가 큰 사람일수록 한국에 대한 인상이 긍정적이고, 한국제품 또한 더 많이 사용한다고 볼 수 있다.

| 프랑스<br>(K-POP 마니아)<br>의 한국제품<br>구매빈도 | 한국<br>식료품 | 한국<br>의류 | 한국<br>화장품 | 한국<br>주류(술) | 한국<br>액세서리 | 한국<br>음식점에서<br>식사 | 한국산<br>또는 한국<br>관련 서적 |
|---|---|---|---|---|---|---|---|
| 비마니아 | 2.02 | 1.84 | 1.85 | 1.74 | 1.88 | 2.24 | 1.57 |
| 마니아 | 2.90 | 3.00 | 3.40 | 3.07 | 2.87 | 2.93 | 2.93 |

프랑스 K-POP 마니아 VS 비마니아 한국제품 구매 비교  단위: 1점(경험 없음) ~ 7점(매우 자주 구매)

## 한류문화콘텐츠와 한국 소비재 제품 소비 간의 관련성

한류콘텐츠 소비와 한국제품 소비 간의 연관성은 앞서 한류 마니아와 비마니아 비교에서 확인할 수 있듯이 차이가 존재했다. 그렇다면 한류콘텐츠 소비량이 증가할 시 한국제품을 구매하고 싶은 욕구 또한 증가할까? 그리고 이는 국가별로 차이가 있을까?

한류콘텐츠의 절대적인 사용량이 한국제품 구매에 영향을 미치는지 확인하고자, 우리는 선형회귀분석이라는 통계기법을 활용해 두 요인간의 관계를 권역별, 국가별로 비교분석했다. 권역별로 비교해보면, 먼저 아시아권에서는 패션/뷰티 콘텐츠의 영향력이 가장 컸다. 즉, 패션/뷰티 콘텐츠의 절대적인 사용량이 많을수록 한국산 의류, 화장품, 주류, 액세서리, 서적, 가전제품, 병원의료 서비스 등의 소비에 유의미한 영향을 미치는 것으로 파악되었다. 중동·아프리카 지역은 드라마 콘텐츠가 한국산 식료품, 의류, 화장품, 액세서리, 서적 등의 구매 및 소비에 유의미한 영향을 미치는 것으로 나타났다. 유럽 권역은 특이하게도 패션/뷰티 및 음식 콘텐츠가 모든 한국제품의 소비 및 구매에 영향을 미치는 것으로 나타났다. 드라마와 영화는 의류, 자동차, 주류, 화장품 구매와 연관이 있었다.

**국가별 한국제품 구매에 유의미한 영향을 미치는 한류콘텐츠**

| 권역 | 국가<br>(콘텐츠 수) | 한국제품 구매에 영향을 미치는 한류콘텐츠 |
|---|---|---|
| 아시아 | 중국(7) | 한국음식, 한국영화, 한국모바일게임, 한국드라마, 한국애니메이션, 한국음악, 한국도서 |
| | 대만(5) | 한국음식, 한국영화, 한국애니메이션, 한국패션/뷰티, 한국예능프로그램 |
| | 태국(4) | 한국음식, 한국영화, 한국애니메이션, 한국도서 |
| | 인도네시아(4) | 한국음식, 한국모바일게임, 한국드라마, 한국애니메이션 |
| | 인도(8) | 한국음식, 한국영화, 한국모바일게임, 한국드라마, 한국애니메이션, 한국음악, 한국예능프로그램, 한국패션/뷰티 |
| | 호주(9) | 한국음식, 한국영화, 한국모바일게임, 한국드라마, 한국애니메이션, 한국음악, 한국도서, 한국예능프로그램, 한국패션/뷰티 |
| 유럽 | 영국(3) | 한국드라마, 한국예능프로그램, 한국패션/뷰티 |
| | 프랑스(8) | 한국영화, 한국모바일게임, 한국드라마, 한국애니메이션, 한국음악, 한국도서, 한국예능프로그램, 한국패션/뷰티 |
| | 러시아(4) | 한국영화, 한국모바일게임, 한국드라마, 한국애니메이션 |
| 미주 | 미국(8) | 한국음식, 한국영화, 한국모바일게임, 한국드라마, 한국애니메이션, 한국음악, 한국도서, 한국예능프로그램 |
| | 브라질(2) | 한국모바일게임, 한국드라마 |
| 중동·아프리카 | 남아공(1) | 한국드라마 |
| | UAE(3) | 한국음식, 한국영화, 한국음악 |

미주 권역도 유럽과 유사하게 드라마, 예능프로그램, 영화, 음악 등의 한류콘텐츠가 한국제품 전반에 걸쳐 구매에 큰 영향을 주는 것으로 나타났다.

분석 결과를 한마디로 정리하자면 국가별로 한국제품 구매에 영향을 미치는 한류콘텐츠가 상이하다는 것이었다. 다만 일본의 경우 한류콘텐츠 사용과 한국제품 구입 빈도 간 유의미한 관계가 나타나지 않았고, 한류지수가 하락한 남아공, 영국의 경우에도 한류콘텐츠와 한국제품 간 관계에서 유의미한 영향을 미치는 한류콘텐츠가 상대적으로 적은 것으로 파악되었다.

# 경제적 효과의
# 분석범위 및 추정방법

'한류의 경제적 효과'는 한류로 인한 한국제품 및 서비스 수출 증가와 이에 따른 관련 산업의 생산 증가를 의미한다. 한류의 경제적 효과의 범위는 한류의 핵심이라고 할 수 있는 문화콘텐츠상품 및 서비스 수출의 '직접수출효과'와 한류의 영향으로 인해 파생되는 소비재와 관광상품 및 서비스의 수출인 '간접수출효과'를 합한 것이다. 결국 '한류의 경제적 효과'는 한류로 인한 직접수출 및 간접수출의 효과와 국내 모든 산업에 미치는 생산, 부가가치 취업유발 효과를 포함한다고 볼 수 있다.

이외에도 해외 직접투자로 인한 한류의 경제적 효과도 있다. 국내 기업이 해외에 공장을 건설한 다음 소비재를 생산·판매하는 경우에도 한류의 영향이 있을 수 있다. 또한 한류의 영향으로 외국 기업이 우리나라에 직접투자를 늘렸다면 이 또한 한류의 경제적 효과에 포함된다. 그러나 이러한 효과는 그 규모를 파악하기가 어렵고 문화콘텐츠 및 소비재 수출에 비해 우리 경제에 미치는 영향도 적을 것으로 예상되기에 여기서는 포함하지 않는다.

따라서 본 연구에서 한류의 경제적 효과의 범위는 한류로 인한 문화콘텐츠와 소비재 및 관광 수출로 국한하고자 한다. 즉, 한류로 인한 이들 상품 및 서비스의 수출액과 그에 따라 유발되는 생산, 부가가치, 취업효과를 계산함으로써 한류의 경제적 효과를 추정하고자 한다. 분석기간은 2013년부터 2016년까지로, 최근 2개년 2015~2016 수출 실적과 경제적 효과를 비교하였다. 한류로 인한 경제적 효과는 크게 2단계로 추정한다. 1단계에서는 한류로 인한 수출액을 추정하고, 2단계에서는 한류로 인한 수출액 증가가 국내의 생산, 부가가치, 취업에 미치는 효과를 산업연관표를 이용해 추정할 것이다.

우선 1단계인 한류로 인한 수출효과 추정방법을 살펴보자. 한류로 인한 수출은 한류 그 자체라고 할 수 있는 문화콘텐츠상품 수출과 한류에 영향을 받아 수출이 증가하는 소비재 및 관광 수출로 구분된다. 문화콘텐츠상품은 방송, 음악, 영화, 애니메이션, 캐릭터, 게임, 출판 등이다. 그런데 이들 문화콘텐츠상품 수출액 모두가 한류로 인한 것이라고 볼 수는 없다. 게임 수출을 예로 들면, 소비자들은 그들이 구입하는 게임이 한국과 관련 있다는 것을 인식하지 못하는 경우가 상당하기 때문에, 전체 게임 수출 가운데 일정 부분만 한류로 인한 수출이라고 보아야 할 것이다.

이러한 문제를 해결하기 위해 문화콘텐츠 수출에서 한류로 인한 비율인 '문화콘텐츠 한류영향계수[*]'를 추정했다. 이 계수는 2015년에 문화콘텐츠 전문가 40인을 대상으로 실시한 설문조사를 통해 추정한 결과로, 구체적인 수치는 다음 표와 같다.[**]

한류의 영향을 가장 많이 받는 수출 분야는 '방송'93.3%[***]으로, 이어 '음악' 91.1%, '영화' 77.6% 순이다. 가장 낮은 수치를 기록한 출판38.0%이 한류의 영향을 가장 덜 받는 분야라고 할 수 있다.

---

- [*] 문화콘텐츠 한류영향계수는 전종근 외(2016)의 자료를 이용하였다.
- [**] 문화콘텐츠 한류영향계수 추정방법에 대해서는 전종근 외(2016) p.65를 참조하였다. .
- [***] 예를 들어 '한류로 인한 방송 분야 수출액'을 산술적으로 계산한다면, 방송 수출액이 1,000달러인 경우 한류로 인한 수출액은 1,000달러*0.933=933달러가 된다.

| 문화콘텐츠 한류영향계수 | | | | | | | (단위: %) |
|---|---|---|---|---|---|---|---|
| 상품 | 방송 | 음악 | 영화 | 애니메이션 | 캐릭터 | 게임 | 출판 |
| 계수 | 93.3 | 91.1 | 77.6 | 43.5 | 42.0 | 52.6 | 38.0 |

한류의 영향을 받는 대표 소비재는 식음료, 화장품, 의류, 액세서리, 가전제품, 휴대전화, 자동차이며, 여기에 관광이 포함됐다. 외국인의 국내 관광에 따른 수익 발생은 곧 국내 소비재상품과 관광 서비스의 해외 수출로 이뤄진다고 볼 수 있기 때문이다. 이에 식음료부터 관광까지 총 8개 분야에 대한 '소비재 한류영향계수'를 추정하였다. 위 계수는 소비재 수출액 중 한류의 영향을 받는 비중을 의미한다. 이는 2014~2015년 해외한류실태조사에서 자국 문화콘텐츠 이용 대비 한국 문화콘텐츠를 소비하는 비중과 한국 대중문화콘텐츠 경험 후 한국제품/서비스에 대한 관심 증가율 등의 다양한 문항을 통해 도출된 수치를 사용하였다.

| 소비재 한류영향계수 | | | | | | | (단위: %) |
|---|---|---|---|---|---|---|---|
| | 식음료 | 화장품 | 의류 | 액세서리 | 가전제품 | 휴대전화 | 자동차 |
| 중국 | 18.5 | 20.0 | 16.1 | 11.6 | 9.1 | 7.5 | 4.6 |
| 일본 | 19.3 | 10.2 | 9.7 | 8.0 | 6.1 | 2.3 | 1.4 |
| 동남아 | 17.7 | 9.6 | 11.4 | 8.3 | 6.0 | 3.8 | 2.3 |
| 기타 | 19.1 | 19.9 | 20.4 | 16.6 | 1.8 | 2.8 | 1.8 |

한류로 인한 관광객 비중은, 한국문화관광연구원이 매년 실시하는 '외래 관광객 실태조사' 중 한국 방문 이유로 "K-POP/한류스타 팬미팅 등을 경험하고 싶어서"를 선택한 사람들의 비중●으로 파악했다. 한편 2016년 총

● 한류관광객 비중은 외래 관광객 실태조사 결과를 인용하나, 본 조사 시점에 아직 발표되지 않아 2015년과 동일하게 2016년 또한 7.7%로 설정하였다.

관광객 수와 한류관광객 수는 전년 동기 대비 30.3%가량 크게 증가한 것으로 나타났다. 이는 2015년 메르스중증호흡기증후군 여파를 성공적으로 극복하면서 반등한 수치로 해석할 수 있다.

**한류관광객 수와 비중**

|  | 2013년 | 2014년 | 2015년 | 2016년 | 2016년 증가율(%) |
|---|---|---|---|---|---|
| 총관광객 수 (천명) | 12,176 | 14,202 | 13,232 | 17,242 | 30.3 |
| 한류관광객 비중 (%) | 7.3 | 6.5 | 7.7 | 7.7 | - |
| 한류관광객 수 (천명) | 889 | 923 | 1,019 | 1,328 | 30.3 |

자료: 한국관광공사, 문화체육관광부

　한류로 인한 경제적 효과 분석의 2단계인 한류 수출로 인한 국민경제적 파급효과의 분석 방법을 살펴보자. 한류로 인한 문화콘텐츠상품과 소비재 수출은 국민 총생산 증가에 기여한다. 그리고 이러한 상품 수출은 산업연관효과*를 통해 타 산업에도 영향을 준다. 따라서 한류의 국민경제적 파급효과는 한류에 의해 영향을 받는 파생 및 일반 상품의 수출까지 모두 포함해 측정해야 한다.

---

● 한류의 국민경제적 파급효과는 산업연관표를 이용해 한류 상품의 생산유발계수, 부가가치유발계수, 취업유발계수를 도출한 후, 한류로 인한 수출이 한국 전체 경제의 생산, 부가가치, 취업에 미치는 효과를 추정하였다. 각각의 효과는 한류로 인한 수출액과 해당 유발계수를 곱한 것으로, 산업연관표는 한국은행이 2016년에 발표한 2014년 기준 자료를 따른다.

## 지역별 외래 관광객 비중

한국을 방문하는 외래 관광객은 2011년 979만 명에서 2016년 1,724만 명으로 5년 사이에 약 76%가량 크게 증가하였다. 아래 그림과 같이 관광객의 국가별 분포를 보면, 지난 5년 동안 중국인 관광객의 비중이 가장 두드러지게 증가하였고, 반대로 일본인 관광객의 비중은 크게 감소하였다.

실제 중국인 관광객 수는 2011년 222만 명에서 2016년 807만 명으로 약 4배가량 증가하였고, 이들이 전체 외래 관광객 중 차지하는 비중도 22.7%에서 46.8%로 약 2배가량 증가하였다. 반면 일본인 관광객 수는 2011년 329만 명에서 2016년 230만 명으로 절대 수에서도 감소세가 두드러졌고, 전체 외래 관광객 중 차지하는 비중도 2016년에 13.3%까지 하락하였다. 나머지 지역의 비중은 지난 5년간 비슷한 수준을 유지하고 있는 것으로 나타났다.

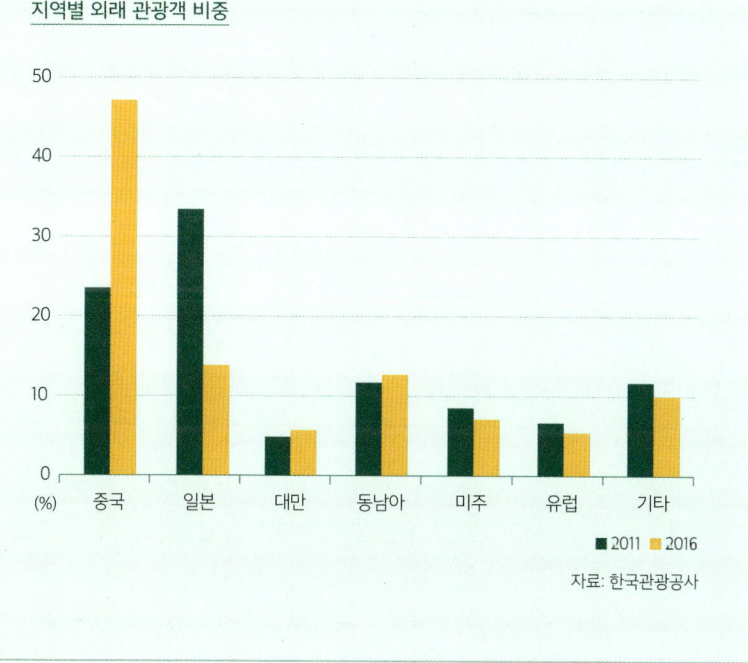

지역별 외래 관광객 비중

자료: 한국관광공사

# 한류의 직·간접 수출효과

한류의 수출효과는 문화콘텐츠상품의 직접수출효과와 소비재상품의 간접수출효과로 구분하여 추정한다. 문화콘텐츠상품 수출액은 문화체육관광부가 매년 발표하는 '콘텐츠산업 실태조사', 한국콘텐츠진흥원에서 계간으로 발표하는 '콘텐츠산업 동향분석보고서'를 이용● 했다. 2015년까지는 콘텐츠산업 실태조사 데이터를 이용했으나, 2016년 연간 문화콘텐츠상품 수출 데이터가 분석 기간에 아직 발표되지 않았기에 2016년 3분기까지 발표된 콘텐츠산업 동향분석보고서 데이터를 활용해 연간 데이터를 추정했다. 즉 2013~2015년 데이터에서 4분기 평균 비중을 이용해 2016년 4분기를 추정하고, 이를 2016년 1~3분기에 더하여 2016년 연간 데이터를 추정하는 것이다.

관광을 제외한 소비재 수출규모는 무역협회에서 제공하는 상품수출 데이터MTI 코드로 구분을 이용했다. 관광은 한국관광공사와 문화체육관광부 발표 자료를 활용하였는데, 한국관광공사 자료에서 외국 관광객 숫자 및 1인당 지출액을, 문화체육관광부에서는 한류로 인해 방문한 관광객 비중을 파악하였다. 구체적인 문화콘텐츠, 소비재 수출 및 관광 데이터의 출처는 다음 표와 같이 정리할 수 있다.

● 문화콘텐츠 수출은 대부분 서비스 수출이어서 상품 위주인 관세청 통관기준의 무역협회 통계로는 파악이 어렵다. 문화체육관광부와 한국콘텐츠진흥원의 콘텐츠산업 통계에는 방송, 음악, 영화, 애니메이션, 캐릭터, 게임, 출판 이외에도 광고, 지식정보, 콘텐츠솔루션, 만화가 포함되어 있다. 광고, 지식정보와 콘텐츠솔루션은 한류라고 보기 어렵기 때문에 본 연구에서는 제외하였고, 만화는 만화콘텐츠 분야에서 출판과 유사하므로 출판 통계에 포함하였다.

한류 관련 상품 수출통계 출처

| 상품명 | | 출처 | |
|---|---|---|---|
| 문화 콘텐츠 | 방송 | • 문화체육관광부, 「콘텐츠산업통계조사」<br>• 한국콘텐츠진흥원, 「콘텐츠산업동향분석보고서」 | |
| | 음악 | | |
| | 영화 | | |
| | 애니메이션 | | |
| | 캐릭터 | | |
| | 게임 | | |
| | 출판 | | |
| 소비재 및 관광 | 식음료 | 한국무역협회, K-stat (MTI 기준) | 기호식품(015), 농산가공품(016), 축산가공품(024), 수산가공품(046) |
| | 화장품 | | 비누치약 및 화장품(227) |
| | 의류 | | 의류(441) |
| | 액세서리 | | 장신구(5151), 귀금속장식품(962) |
| | 가전제품 | | 가정용전자제품(82) |
| | 휴대전화 | | 무선전화기(8121) |
| | 자동차 | | 승용차(7411) |
| | 관광 | • 한국관광공사, 한국관광통계, 「외래객입국·국민해외여행객 및 관광수입·지출 동향」<br>• 문화체육관광부, 「외래관광객 실태조사」 | |

주: 소비재 및 관광에서 괄호 안 숫자는 MTI(Ministry of Trade and Industry) 코드로, 산업통상자원부 주관으로 비슷한 종류의 수개의 HS코드를 묶어 코드와 품목명을 부여한 체계이다.

∨∨∨∨∨∨∨

## 직접수출효과

2016년 문화콘텐츠상품 총 수출액은 약 54.6억 달러로 전년 대비 8.1%가량 증가하였다. 수출 규모는 게임약 33.2억이 절반가량을 차지하며 압도적이었고, 이어 음악약 6억 달러, 캐릭터약 5.7억 달러, 방송약 5억 달러 순이었다. 수출 증가율은 음악이 68.0%로 가장 높았고, 그 다음으로 방송17.4%, 출판7.4%,

게임 2.9%, 캐릭터 2.7% 순이었다. 영화, 애니메이션 수출은 전년 대비 각각 40.2%, 3.7%가량 감소하였다.

문화콘텐츠상품 수출액 가운데 '한류로 인한 수출액'은 실 수출액에 문화콘텐츠 한류영향계수를 곱한 값이다. 결과적으로 2016년 한류로 인한 문화콘텐츠상품 직접수출효과는 32.1억 달러로 전년 대비 11.3% 증가하였다. 한류 영향계수는 52.6%로 크지 않으나, 압도적인 수출 규모 덕분에 게임 산업에서 한류로 인한 수출액이 가장 컸다. 이어 대표 한류 주자인 음악, 방송 순으로 한류로 인한 수출효과가 컸다.

문화콘텐츠상품 수출액과 한류로 인한 문화콘텐츠상품 직접수출효과 (단위: 백만 달러)

| 구분 | | 2013 | 2014 | 2015 | 2016(e) | 2016 증가율(%) |
|---|---|---|---|---|---|---|
| 문화콘텐츠 상품 수출액 | 방송 | 309 | 336 | 423 | 497 | 17.4 |
| | 음악 | 277 | 336 | 361 | 606 | 68.0 |
| | 영화 | 37 | 26 | 87 | 52 | -40.2 |
| | 애니메이션 | 110 | 116 | 134 | 129 | -3.7 |
| | 캐릭터 | 446 | 489 | 551 | 566 | 2.7 |
| | 게임 | 2,715 | 2,974 | 3,222 | 3,315 | 2.9 |
| | 출판 | 313 | 273 | 277 | 297 | 7.4 |
| | 합계 | 4,208 | 4,550 | 5,055 | 5,462 | 8.1 |
| 한류로 인한 문화콘텐츠상품 직접수출효과 | 방송 | 289 | 314 | 395 | 464 | 17.4 |
| | 음악 | 253 | 306 | 329 | 552 | 68.0 |
| | 영화 | 29 | 20 | 67 | 40 | -40.2 |
| | 애니메이션 | 48 | 50 | 58 | 56 | -3.7 |
| | 캐릭터 | 187 | 205 | 231 | 238 | 2.7 |
| | 게임 | 1,428 | 1,564 | 1,695 | 1,744 | 2.9 |
| | 출판 | 119 | 104 | 105 | 113 | 7.4 |
| | 합계 | 2,352 | 2,563 | 2,881 | 3,207 | 11.3 |

## 간접수출효과

소비재 및 관광 수출액과 한류로 인한 소비재 및 관광 수출효과 (단위: 백만 달러)

| 구분 | | 2013 | 2014 | 2015 | 2016 | 2016 증가율(%) |
|---|---|---|---|---|---|---|
| 소비재 및 관광 수출액 | 식음료 | 3,756 | 4,094 | 4,199 | 4,476 | 6.6 |
| | 화장품 | 1,294 | 1,950 | 3,001 | 4,296 | 43.1 |
| | 의류 | 1,926 | 2,044 | 1,952 | 1,896 | -2.9 |
| | 액세서리 | 427 | 450 | 410 | 545 | 32.7 |
| | 가전제품 | 14,884 | 14,842 | 12,475 | 11,010 | -11.7 |
| | 휴대전화 | 13,175 | 12,488 | 10,383 | 8,157 | -21.4 |
| | 자동차 | 44,283 | 44,816 | 41,752 | 37,496 | -10.2 |
| | 관광 | 14,525 | 17,712 | 15,092 | 17,712 | 17.4 |
| | 합계 | 94,271 | 98,397 | 89,265 | 85,587 | -4.1 |
| 한류로 인한 소비재 및 관광 수출효과 | 식음료 | 706 | 770 | 789 | 840 | 6.5 |
| | 화장품 | 218 | 349 | 552 | 795 | 44.2 |
| | 의류 | 288 | 304 | 286 | 276 | -3.5 |
| | 액세서리 | 55 | 57 | 53 | 75 | 42.1 |
| | 가전제품 | 500 | 500 | 434 | 368 | -15.2 |
| | 휴대전화 | 381 | 362 | 304 | 240 | -21.0 |
| | 자동차 | 852 | 861 | 783 | 683 | -12.8 |
| | 관광 | 1,060 | 1,151 | 1,162 | 1,364 | 17.4 |
| | 합계 | 4,060 | 4,354 | 4,363 | 4,642 | 6.4 |

자료: 한국무역협회, 한국관광공사

2016년 소비재 및 관광 수출액 합계는 856억 달러로 전년 대비 4.1% 감소하였다. 이 중 자동차의 수출액이 약 375억 달러로 가장 컸고, 이어 관광약 177억 달러, 가전제품약 110억 달러, 휴대전화약 82억 달러의 순으로 높은 비중을 차지하였다. 증가율은 화장품이 43.1%로 가장 높았고, 액세서리32.7%, 관광17.4%, 식음료6.6%가 뒤를 이었다. 한편, 휴대전화, 자동차, 가전제품, 의류 수출은 감소하였다.

소비재 및 관광 수출액 가운데 한류에 기인한 규모는 앞서 언급한 소비재 한류영향계수와 한류 관광 비중에 근거하여 계산한 것이다. 결과적으로 2016년 한류로 인한 소비재 및 관광 수출효과는 총 46.4억 달러로 추정되어 전년 대비 6.4% 증가하였다. 이 중 관광이 약 13.6억 달러로 가장 컸고, 이어 식음료약 8.4억 달러, 화장품약 8.0억 달러의 순이다. 한류로 인한 수출 증가율은 화장품이 44.2%로 가장 높고, 액세서리가 42.1%, 관광과 식음료가 각각 17.4%, 6.5%가량 증가했다. 한편, 한류로 인한 휴대전화, 가전제품, 자동차의 수출은 각각 21.0%, 15.2%, 12.8% 감소했고, 의류는 3.5% 감소했다.

앞서 제시한 한류로 인한 문화콘텐츠 수출과 소비재 및 관광 수출액을 합한 2016년 '한류로 인한 총 수출액'은 78.5억 달러로, 전년 대비 8.4% 증가하였다. 특히 문화콘텐츠 수출이 전년도에 이어 가파르게 증가하면서 한류로 인한 전체 수출 증가효과를 높였고, 소비재 및 관광 수출도 전년도의 부진을 만회하고 상당히 증가하였다.

**한류로 인한 총 수출액** (단위: 백만 달러)

| 구분 | 2013 | 2014 | 2015 | 2016(e) | 2016 증가율(%) |
|---|---|---|---|---|---|
| 문화콘텐츠 | 2,352 | 2,563 | 2,881 | 3,207 | 11.3 |
| 소비재 및 관광 | 4,060 | 4,354 | 4,363 | 4,642 | 6.4 |
| 합계 | 6,413 | 6,918 | 7,243 | 7,849 | 8.4 |

한편 무역협회가 집계한 2016년 우리나라 상품의 총 수출액은 4,955억 달러로, 전년 대비 5.9% 감소한 것으로 나타났다. 물론 한류로 인한 수출이 우리나라 전체 수출에서 차지하는 비중은 1~2%에 불과하지만, 그 증가율이 2016년에 무려 8.4%에 달했다는 점에서 한류가 우리나라 경제 성장 흐름에 중요한 역할을 하고 있다고 볼 수 있다.

# 한류의 국민경제적 파급효과

한류로 수출이 증가하면 국내생산도 증가한다. 국내생산의 증가는 다시 생산요소의 소비가 늘어나는 순환과정을 거친다는 점에서 한류는 직접 혹은 간접적으로 국민경제에 큰 영향력을 미치고 있다. 이러한 한류가 국민경제에 미치는 효과를 수치적으로 추정하기 위해서는 다음과 같은 2단계 과정을 거친다. 1단계에서는 산업연관표를 이용해 한류와 관련된 생산유발계수, 부가가치유발계수, 취업유발계수 등의 계수를 작성한다. 그리고 2단계에서는 한류로 인한 항목별 수출금액과 해당 유발계수를 곱해 최종적으로 생산유발금액, 부가가치유발금액, 취업유발인구 등을 도출한다.

## 산업연관분석과 유발계수

먼저 산업연관분석을 통해 한류로 인한 문화콘텐츠 및 소비재 수출 증가가 국내 관련 산업의 생산, 부가가치, 취업 등에 미치는 영향을 파악하고자 한다. 산업연관분석을 통해 유발계수를 도출하기 위해서는 먼저 한류 관련 산업과 산업연관표의 상품을 일치시키는 분류과정이 필요하다. 한류 관련 수출상품은 무역협회의 통관기준에 따른 분류MTI인 반면, 한국은행의 산업연관표는 대분류30개, 중분류82개, 소분류161개, 기본부문384개으로 구성되어 있다. 아래 표는 한류 수출상품과 산업연관표의 상품을 연결시킨 결과라 할 수 있다. 또한 유발계수 도출을 위해 사용된 산업연관표 상의 상품번

호는 괄호 안에 기록되어 있다●.

**산업연관표에서의 한류 관련 상품 구분**

| 통합부문 | | 산업연관표 |
|---|---|---|
| 문화 콘텐츠 | 방송 | 방송서비스(소 130) |
| | 음악 | 연극, 음악 및 기타예술(기 372) |
| | 영화/애니메이션/캐릭터 | 영상·오디오물 제작 및 배급(기 333) |
| | 게임 | 소프트웨어 개발 공급(기 329) |
| | 출판 | 출판(기 332) |
| 소비재 및 관광 | 식음료 | 음식료품(대 003) |
| | 화장품 | 화장품(기 128) |
| | 의류 | 의복제품(소 028) |
| | 액세서리 | 귀금속 및 보석(기 270); 모형 및 장식용품(기 271) |
| | 가전제품 | 영상 및 음향기기(소 088); 가정용 전기기기(소 089) |
| | 휴대전화 | 이동전화기(기 235) |
| | 자동차 | 승용차(기 249) |
| | 관광 | 소매서비스(기 303); 철도여객 운송서비스(기 304); 도로여객 운송서비스(기 306); 항공운송서비스(기 311); 일반음식점(기 318); 주점(기 319); 기타음식점(기 320); 숙박(기 321); 국공립 문화서비스(기 371); 연극, 음악 및 기타 예술(기 372); 기타 문화서비스(기 373); 오락서비스(기 375) |

자료: 한국은행

주: ( )안의 '숫자'는 상품 코드번호이고 '기'는 기본부문, '소'는 소분류, '중'은 중분류, '대'는 대분류를 나타낸다.

    한국은행의 '2014년 기준 산업연관표'에서 생산유발계수, 부가가치유발계수, 취업유발계수의 값은 다음 표와 같다. 표에서 통합부문의 상품과 관련된 기본부문의 상품 수가 1개인 경우 생산유발계수와 부가가치유

---

● 예를 들어 통합부문의 방송은 산업연관표 상의 소분류 130에 해당하는 방송서비스의 유발계수를 이용하였다. 음악은 기본부문의 연극, 음악 및 기타예술인 상품번호 372에 해당하는 음악의 유발계수를 이용한 반면, 액세서리, 가전제품, 관광은 산업연관표에 하나의 상품으로 분류되지 않았기 때문에 이와 관련이 높은 여러 상품의 유발계수를 평균하여 이용하였다.

발계수를 산업연관표의 기본부문에 나와 있는 계수 값을 그대로 사용하였다. 예를 들면, 통합부문의 광고, 영화/애니메이션/캐릭터, 음악, 게임, 출판, 화장품, 휴대전화, 자동차의 유발계수 값은 산업연관표 상의 기본부문에 나타난 유발계수 값이다. 그 외에도 방송과 의류는 소분류, 식음료는 대분류에 나타난 계수 값을 그대로 사용하였다. 반면, 액세서리, 가전제품, 관광의 경우 산업연관표 기본부문 또는 소분류 관련 상품의 계수 값을 산술평균하였다. 새로 산업연관표를 작성하지 않고 산술평균한 이유는 무역협회의 한류 관련 수출상품의 구성 비율이 산업연관표의 상품구성 비율과 다르므로 새로 작성할 경우 과대 혹은 과소 추정되는 문제가 발생하기 때문이다. 한편, 취업유발계수의 경우 기본부문의 상품에 해당되는 유발계수 값이 공표되지 않으므로 소분류의 취업유발계수를 적용하여 취업유발효과를 구하였다.

계수별로 의미를 설명하자면, 먼저 생산유발계수는 한류로 인한 최종수요 1단위 발생 시 이에 대응하는 생산을 위해 중간재로 투입되는 각 산업부문의 생산이 증가되고, 다시 증가된 투입산업의 생산을 위해 다시 다른 요소의 투입이 증가한다. 생산유발계수는 이런 형식으로 유발되는 직·간접적인 생산 효과로, 특정 산업이 생산한 국산품 1단위에 대한 최종수요가 발생하였을 경우 해당 산업 및 다른 산업에서 직접 및 간접적으로 유발된 국내생산의 크기를 의미한다(한국은행, 2016b). 한류 관련 산업의 생산유발계수는 평균 2.015를 기록하였는데, 자동차가 2.56으로 가장 높았다. 이는 한류로 인해 자동차의 생산액이 1원 증가할 때마다 자동차로 인한 국내생산유발액이 2.56원이 되는 것을 뜻한다.

### 한류 관련 산업의 유발계수 추정치

| 구분 | | 생산 | 부가가치 | 취업 |
|---|---|---|---|---|
| 문화 콘텐츠 | 방송 | 1.984 | 0.809 | 12.804 |
| | 음악 | 1.649 | 0.838 | 21.179 |
| | 영화/애니메이션/캐릭터 | 1.924 | 0.802 | 14.272 |
| | 게임 | 1.506 | 0.831 | 14.747 |
| | 출판 | 2.079 | 0.758 | 18.649 |
| 소비재 및 관광 | 식음료 | 2.325 | 0.670 | 18.029 |
| | 화장품 | 2.353 | 0.733 | 10.132 |
| | 의류 | 1.990 | 0.558 | 11.215 |
| | 액세서리 | 2.038 | 0.673 | 13.663 |
| | 가전제품 | 2.313 | 0.567 | 7.565 |
| | 휴대전화 | 1.834 | 0.463 | 4.974 |
| | 자동차 | 2.560 | 0.689 | 8.080 |
| | 관광 | 1.817 | 0.766 | 19.583 |
| 문화콘텐츠 평균 | | 1.856 | 0.806 | 15.742 |
| 소비재 및 관광 평균 | | 2.154 | 0.640 | 11.655 |
| 전체 평균 | | 2.015 | 0.717 | 13.562 |

　　부가가치유발계수는 한류로 인한 최종수요가 1단위 증가 시 이를 생산하기 위하여 전 산업에 파급시킨 직·간접적인 부가가치를 의미한다. 한류 관련 산업의 부가가치유발계수는 평균 0.717로 나타났는데, 이는 한류 관련 산업에서 1원의 수요증가가 있다면 부가가치 유발금액이 평균적으로 0.717원이 증가한다는 것이다. 부문별로는 방송, 음악, 영화, 게임 등 문화콘텐츠 분야의 부가가치유발계수가 대체로 0.8 이상으로 높게 나타났다. 반면에 휴대전화, 가전제품, 의류는 0.6보다 낮은 부가가치유발계수를 보였다.

　　취업유발계수는 한류 관련 산업에서 최종수요가 10억 원 증가 시 이를 충족시키기 위하여 전 산업에 파급되는 직·간접적인 취업유발효과를 계수로 표시한 것이다. 한류로 인한 취업유발계수는 평균 13.562로, 이는 한류 관련 산업의 최종수요가 10억 원 증가 시 취업인구가 평균 13.562명 증가한 다는 것이다. 음악, 출판, 관광, 식음료의 취업유발효과가 높게 나타난 반면, 제조업인 가전제품, 휴대전화, 자동차는 상대적으로 낮게 나타났다.

전반적으로 생산유발계수는 산업별로 편차가 크지 않은 반면, 부가가치 및 취업유발계수의 경우 문화콘텐츠 산업이 제조업 분야보다 높게 나타났다. 한류와 관련된 국민경제 파급을 보면 서비스 관련 분야인 문화콘텐츠 분야의 파급효과가 더 큰 반면, IT 기술의 도입 등으로 제조업의 경우 생산유발효과는 크지만 취업이나 부가가치 유발 측면에서는 국민경제에 미치는 효과가 상대적으로 낮은 것으로 나타났다.

## 생산유발효과

생산유발계수와 한류가 수출에 미친 금액을 곱해 생산유발효과를 계산한 결과는 다음 표와 같다. 2016년 한류로 인한 생산유발효과는 17조 8,493억 원으로 전년 대비 10.5% 증가하였다. 달러로 표시된 한류로 인한 수출액이 8.4% 증가하였고 환율도 2.6% 절하됨에 따라 원화로 표시된 한류의 생산유발효과는 10% 이상 증가한 것으로 예상된다.

품목별로 보면, 게임의 생산유발효과가 3조 474억 원으로 가장 높게 나타났다. 다음으로 관광이 2조 8,764억 원, 식음료가 2조 2,883억 원, 화장품이 2조 2,206억 원으로 뒤를 이었다. 증가율 측면에서는 음악이 72.3%로 가장 높았고 방송 20.5%, 출판 10.1%도 비교적 높은 증가율을 보였다. 소비재에서 화장품이 47.8%, 액세서리 45.7%, 관광이 20.4%로 높은 증가율을 기록하였다. 그러나 영화는 2015년에 매우 높은 성장에서 후퇴하면서 38.7%가량 감소하였다. 한편 소비재 가운데 휴대전화는 19.0%, 가전제품 13.1%, 자동차 10.5% 감소하여 세계적인 경기침체의 영향을 크게 받은 것으로 보인다.

한류의 생산유발효과 (단위: 억 원)

| 구분 | | 2013 | 2014 | 2015 | 2016(e) | 2016 증가율(%) |
|---|---|---|---|---|---|---|
| 문화 콘텐츠 | 방송 | 6,272 | 6,551 | 8,869 | 10,683 | 20.5 |
| | 음악 | 4,562 | 5,311 | 6,132 | 10,563 | 72.3 |
| | 영화 | 606 | 415 | 1,465 | 898 | -38.7 |
| | 애니메이션 | 1,007 | 1,019 | 1,268 | 1,252 | -1.2 |
| | 캐릭터 | 3,949 | 4,164 | 5,036 | 5,307 | 5.4 |
| | 게임 | 23,555 | 24,811 | 28,878 | 30,474 | 5.5 |
| | 출판 | 2,706 | 2,270 | 2,477 | 2,727 | 10.1 |
| 소비재 및 관광 | 식음료 | 17,982 | 18,863 | 20,747 | 22,883 | 9.3 |
| | 화장품 | 5,613 | 8,637 | 14,686 | 22,206 | 47.8 |
| | 의류 | 6,277 | 6,365 | 6,439 | 6,433 | -1.0 |
| | 액세서리 | 1,218 | 1,233 | 1,225 | 1,799 | 45.7 |
| | 가전제품 | 12,676 | 12,178 | 11,356 | 9,872 | -13.1 |
| | 휴대전화 | 7,646 | 6,995 | 6,312 | 5,112 | -19.0 |
| | 자동차 | 23,881 | 23,218 | 22,683 | 20,293 | -10.5 |
| | 관광 | 21,102 | 22,037 | 23,896 | 28,764 | 20.4 |
| 문화콘텐츠 합계 | | 42,656 | 44,541 | 54,124 | 61,905 | 14.4 |
| 소비재 및 관광 합계 | | 96,395 | 99,526 | 107,345 | 116,588 | 8.6 |
| 전체 합계 | | 139,051 | 144,067 | 161,469 | 178,493 | 10.5 |

## 부가가치유발효과

한류의 부가가치유발효과 (단위: 억 원)

| 구분 | | 2013 | 2014 | 2015 | 2016(e) | 2016 증가율(%) |
|---|---|---|---|---|---|---|
| 문화 콘텐츠 | 방송 | 2,557 | 2,671 | 3,616 | 4,356 | 20.5 |
| | 음악 | 2,318 | 2,699 | 3,116 | 5,368 | 72.3 |
| | 영화 | 253 | 173 | 611 | 374 | -38.7 |
| | 애니메이션 | 420 | 425 | 528 | 522 | -1.2 |
| | 캐릭터 | 1,646 | 1,736 | 2,099 | 2,212 | 5.4 |
| | 게임 | 12,997 | 13,691 | 15,935 | 16,816 | 5.5 |
| | 출판 | 987 | 828 | 903 | 994 | 10.1 |
| 소비재 및 관광 | 식음료 | 5,182 | 5,436 | 5,979 | 6,534 | 9.3 |
| | 화장품 | 1,749 | 2,691 | 4,575 | 6,764 | 47.8 |
| | 의류 | 1,760 | 1,785 | 1,806 | 1,788 | -1.0 |
| | 액세서리 | 402 | 407 | 404 | 589 | 45.7 |
| | 가전제품 | 3,107 | 2,985 | 2,784 | 2,420 | -13.1 |
| | 휴대전화 | 1,930 | 1,766 | 1,593 | 1,291 | -19.0 |
| | 자동차 | 6,427 | 6,249 | 6,105 | 5,462 | -10.5 |
| | 관광 | 8,898 | 9,292 | 10,076 | 12,129 | 20.4 |
| 문화콘텐츠 합계 | | 21,178 | 22,222 | 26,808 | 30,642 | 14.3 |
| 소비재 및 관광 합계 | | 29,455 | 30,610 | 33,322 | 36,975 | 11.0 |
| 전체 합계 | | 50,633 | 52,832 | 60,130 | 67,618 | 12.5 |

생산유발효과와 마찬가지로 부가가치유발효과도 부가가치유발계수와 한류로 인한 수출액의 곱으로 도출된다. 그 결과 2016년 한류로 인한 부가가치는 6조 7,618억 원으로 전년 대비 12.5% 증가한 것으로 나타났다. 품목별로는 게임이 1조 6,816억 원으로 가장 높았으며, 이어서 관광 1조 2,129억 원, 화장품 6,764억 원, 식음료 6,534억 원, 음악 5,368억 원의 순으로 높게 나타났다. 전년 대비 증가율을 보면 음악이 72.3%로 가장 높은 증가율을 보였으며, 화장품과 액세서리도 각각 47.8%, 45.7%의 매우 높은 증가율을 보였다.

## 취업유발효과

| 한류의 취업유발효과 | | | | | | (단위: 명) |
|---|---|---|---|---|---|---|
| 구분 | | 2013 | 2014 | 2015 | 2016(e) | 2016 증가율(%) |
| 문화 콘텐츠 | 방송 | 4,141 | 4,228 | 5,551 | 6,601 | 18.9 |
| | 음악 | 5,995 | 6,821 | 7,638 | 12,989 | 70.1 |
| | 영화 | 460 | 308 | 1,054 | 638 | -39.5 |
| | 애니메이션 | 764 | 756 | 912 | 889 | -2.5 |
| | 캐릭터 | 2,997 | 3,089 | 3,623 | 3,769 | 4.0 |
| | 게임 | 23,599 | 24,295 | 27,425 | 28,570 | 4.2 |
| | 출판 | 2,484 | 2,036 | 2,155 | 2,342 | 8.7 |
| 소비재 및 관광 | 식음료 | 14,156 | 14,627 | 15,975 | 17,440 | 9.2 |
| | 화장품 | 2,474 | 3,719 | 6,336 | 9,396 | 48.3 |
| | 의류 | 3,599 | 3,587 | 3,647 | 3,586 | -1.7 |
| | 액세서리 | 832 | 827 | 809 | 1,161 | 43.4 |
| | 가전제품 | 4,212 | 3,983 | 3,702 | 3,209 | -13.3 |
| | 휴대전화 | 2,020 | 1,897 | 1,853 | 1,593 | -14.0 |
| | 자동차 | 7,780 | 7,328 | 7,044 | 6,314 | -10.4 |
| | 관광 | 23,158 | 23,745 | 25,292 | 29,873 | 18.1 |
| 문화콘텐츠 합계 | | 40,439 | 41,533 | 48,358 | 55,798 | 15.4 |
| 소비재 및 관광 합계 | | 58,230 | 59,713 | 64,657 | 72,571 | 12.2 |
| 전체 합계 | | 98,669 | 101,246 | 113,015 | 128,369 | 13.6 |

취업유발효과는 취업유발계수와 한류로 인한 수출액의 곱으로 도출된다. 2016년 한류로 인한 총 취업유발효과는 12만 8,369명으로 전년 대비 13.6% 증가하였다. 상품별로 보면, 관광의 취업유발효과가 2만 9,873명으로 가장 많았고, 그 다음으로 게임2만 8,570명, 식음료1만 7,440명 순이었다.

# 한류의 경제적 파급효과
# 분석에 대한 소결

### 한류지수

    한류지수와 관련한 연구 결과를 요약하면, 한류에 대한 현재의 인기는 전반적으로 유지되고 있는 편이나, 한류에 대한 소비자 향후 전망은 낙관보다는 비관적 전망이 늘었다고 볼 수 있다. 무엇보다 2016년 조사에서 한류지수에 경고신호가 켜졌다는 점에서 이에 대한 대책이 시급한 상황이다.

    또 하나 중요한 결과는 음악, 영화, 드라마 등의 한류 대중문화상품의 인기가 주춤해진 반면, 패션/뷰티와 한식 등 생활문화상품의 인기가 상승세를 타고 있다는 점이다. 특히, 패션/뷰티와 음식의 경우 세계 모든 권역에서 소비량이 증가하고 있는 반면, 한국드라마, 영화, 음악은 아시아를 제외한 모든 권역에서 소비량이 감소하고 있다는 점이 이러한 추세를 잘 보여준다. 이는 한류의 영역이 점차 확장되고 있다는 의미로, 대중문화상품의 인기가 생활문화상품에 대한 인기로 전이된 것으로도 해석할 수 있다. 실제로 드라마 〈별에서 온 그대〉나 〈태양의 후예〉에 등장한 음식, 화장품, 의류, 잡화 등의 매출이 급증한 사례들이 이를 뒷받침한다. 이러한 전이 현상이 전 세계적으로 나타나고 있다는 점은 한두 개 드라마의 영향을 넘어선 것으로 보인다. 이렇듯 한류 산업의 영역이 확장되고 있는 것에 보다 관심을 기울일 필요가 있다.

    한편 한국드라마, 음악, 영화가 주도했던 한류 대중문화상품의 인기가 동남아시아 지역에서 두드러진 반면 기타 지역에서 대부분 약화된 것은 한류의 세계화라는 목표를 달성하기 위해 반드시 넘어야 할 도전 과제라 할 수 있다. 2000년대 초반 무렵 가수 보아가 일본에 진출 시 철저하게 현지화 전략을 펼친 것을 시작으로 싸이, 소녀시대, 2NE1 등은 유튜브와 같은 SNS를 적극 활용한 표준화전략으로 세계화에 성공했다허장우·이재원, 2013. 무엇보다 한국의 대중문화상품들이 산업자본에 의해 경영 전략적 관점에서 해외진출이 이루어지고 있다는 점에서 현지화와 표준화의 의사결정도 개별 경제주체가 결정할 문제일 것이다.

한류콘텐츠의 소비패턴이 지역별로 차이가 난다는 점에도 주목할 필요가 있다. 아시아 지역은 한류콘텐츠의 '동조화 현상'이 두드러진 반면 기타 지역에서는 '차별화 현상'이 관찰됐다. 즉, 아시아 지역은 음악, 영화, 드라마, 패션/뷰티, 음식 모두 비슷한 수준으로 선호되고 소비량 증가도 같은 패턴을 보였다. 반면 기타 지역은 음악, 영화, 드라마 소비는 감소한 반면 패션/뷰티, 음식의 소비 증가가 두드러졌다.

김덕중, 남상현 외2016에서 언급했듯, 한류 드라마의 인기와 더불어 관련 의류, 화장품, 음식 등이 인기를 끄는 것을 '한류의 융합화'의 결과라 볼 수 있다. 아시아 지역에서의 동조화 현상을 고려할 때 이러한 융합화가 잘 통한 결과로 보인다. 동양인과 서양인의 비교문화 연구들에서도 관계와 맥락을 고려하는 동양에서 동조화가 잘 나타나는 것과 일맥상통 한다고 볼 수 있다. 반면 서양에서는 관계와 맥락이 아닌 개별 대상에 집중하려는 문화적 특징이 있으면서 차별화 현상이 이에 잘 부합한다. 단순하게 설명하면 동양에서 한국화장품이 잘 팔리는 이유는 드라마 주인공이 사용했기 때문이고, 서양에서 잘 팔리는 이유는 화장품의 가격대비 품질이 좋아서라는 것이다. 현재의 조사 결과만으로 위 내용을 단정할 수는 없지만, 한류콘텐츠 소비의 동조화, 차별화 현상은 한류콘텐츠 해외진출을 위해 동양과 서양의 문화적 차이를 고려한 전략이 필요하다는 시사점을 제공한다.

## 경제적 파급효과

국민경제적 파급효과에 대한 연구 결과를 요약하면 아래와 같다.

2016년 한류로 인한 문화콘텐츠 수출액은 32.1억 달러로 전년보다 11.3% 증가하였고, 한류로 인한 소비재 및 관광 수출액은 46.2억 달러로 전년 대비 5.3% 증가한 것으로 추정되었다. 결과적으로, 2016년 한류로 인한 총 수출액은 78.3억 달러로 전년보다 7.7% 증가하였다.

한류로 인한 수출 증가는 산업 간의 연관관계를 통해 국내 경제 전반에 생산유발효과를 가져오고, 이러한 경제적 효과는 부가가치유발효과 및 취업유발효과로도 파악할 수 있다. 2016년 한류의 생산유발효과는 17조 8,252억 원으로, 이는 전년 대비 9.9% 증가한 것이다. 문화콘텐츠에서는 음악과 방송 수출이 크게 증가하였고 게임도 지속적인 증가세를 보여 생산유발효과가 전년보다 14.4% 증가하였다. 소비재 및 관광에서는 화장품 수출의 높은 증가세와 관광 수입 회복으로, 이 부문 생산유발효과는 2015년의 부진을 벗어나 7.7%의 양호한 성장을 기록하였다. 한편 2016년 한류로 인한 부가가치유발효과는 6조 7,425억 원으로 전년 대비 11.7% 증가하였고, 한류로 인한 취업유발효과도 12만 7,731명으로 전년보다 12.6% 증가하였다.

한류로 인한 문화콘텐츠 수출액을 한류의 직접효과 그리고 소비재 및 관광 수출액을 한류의 간접효과라고 할 때 직접효과의 성장률이 더 두드러졌다. 사실상 방송, 음악 분야가 직접효과의 견인차 역할을 하고 있다는 점에서, 해외 소비자들이 한류콘텐츠를 구매할 수 있는 해외 유통채널 구축이 필요하다. 또한 이러한 한류콘텐츠 산업의 수출 호조는 콘텐츠산업에 대한 지원을 강화해야 할 충분한 명분을 제공한다는 점에서 의미가 클 것이다.

## 권역별 한류콘텐츠 소비

권역과 콘텐츠별 한류콘텐츠의 경험자 비율을 고려하면, 아시아에서는 드라마, 예능프로그램, 영화, 음악, 한식 등에 대한 경험비율이 80%에 육박했다. 이는 그만큼 한류콘텐츠가 아시아 사람들의 생활 속 깊숙이 자리 잡았다는 것을 의미한다. 그리고 높은 경험비율은 신제품 수용에서도 성숙기에 이미 도달했다는 것을 의미한다.

콘텐츠별로 일부 차이는 있으나, 아시아권 다음으로는 중동·아프리카, 미주, 유럽 순서로 경험률이 높게 조사되었다. 특히 애니메이션의 경우 아시아권보다 미주, 중동·아프리카에서 경험 비율이 더 높게 나타나, 음악, 드라마 등 기존 대표 한류콘텐츠의 확산 양상과 다른 모습을 보였다.

한편 한류 마니아 분포는 권역별로 차이를 보였는데, 아시아의 경우 대략 11.9%에서 26.5%에 달하는 것으로 나타났다. 특히 패션/뷰티 및 드라마 마니아가 20% 이상을 차지하면서 아시아 권역에서 한류콘텐츠의 마니아가 폭넓고 깊게 분포되었음을 재확인할 수 있었다. 미주 권역은 한국음악의 소비경험과 비교할 때 상대적으로 마니아층의 비율이 낮게 나타난 것을 확인할 수 있었다. 따라서 한국음악의 경우 마니아층 확대를 위한 다양한 콘텐츠 확보가 중요할 것으로 판단된다. 또한 최근 뷰티 한류에 대한 미주권의 관심도가 남다르면서 패션/뷰티 분야에서 마니아층이 나타나고 있다. 이에 이들을 구심점으로 한 구전 마케팅 확산이 필요하다. 한편 유럽에서도 미주권과 같이 패션/뷰티의 마니아층 비율이 높게 나타났다. 다만 미주권과 비교해 드라마 분야의 마니아가 적게 나타났다는 점이 특징적이다. 중동·아프리카 지역의 경우 상대적으로 한류콘텐츠의 소비량과 한류콘텐츠 이용경험이 큼에도 불구하고, 마니아층이 급격하게 늘지는 않는 모습을 보이고 있다. 이는 중동·아프리카 지역 소비자들이 마니아층으로 전환되기보다는 소비경험을 확대하고자 하는 욕구가 크기 때문으로 판단된다. 미주권과 유럽이 다양한 문화적 배경 하에서 한류콘텐츠를 받아들였다면, 중동·아프리카 지역은 이슬람 등 동일한 종교적 배경 아래 문화적 다양성이 확보되기 어려운 부분이 있으므로 문화적 수용을 통한 마니아층 확산이 필요하다.

앞선 결과를 정리하자면, 여전히 아시아권에서는 한류콘텐츠 이용량이 증가하고 있다. 즉, 지금도 아시아는 한류콘텐츠 소비에 있어서 중요한 전초기지의 역할을 한다고 볼 수 있다. 이 역할을 어느 정도까지 확산, 확대할 수 있는가는 현재 증가하고 있는 한류콘텐츠 사용량의 변화에 따라서 바로 확인할 수 있을 것으로 판단된다. 또한 한류콘텐츠의 사용량과 한국산 제품 구매 간의 관계에 있어 미주와 유럽 권역에서 한류콘텐츠가 한국산 제품 구매에 미치는 영향력이 높았다는 점에 주목할 필요가 있다. 이러한 결과를 고려할 때, 아시아 권역과 중동·아프리카 권역에서는 전통적인 한류콘텐츠와 패션/뷰티를 통하여 한국산 제품의 판매에 긍정적인 영향을 높인다면, 미주와 유럽 권역에서는 새롭게 등장하고 있는 한류콘텐츠를 통하여 한국제품의 판매를 고양할 수 있을 것으로 기대된다. 또한 마니아층이 비마니아층에 비하여 한류콘텐츠의 사용뿐만 아니라 한국제품의 소비에도 적극적이었다는 점에서, 마니아층의 육성 및 이들을 통한 홍보효과 확산이 향후 한류콘텐츠의 지속을 위한 중요 과제가 되어야 할 것이다.

## 한류의 경제적 가치 산정에 대하여

본 연구를 통해 미래 성장 동력으로서 한류콘텐츠 산업의 중요성을 파악할 수 있었다. 최근 몇 년간 전체 한국 수출이 하향세를 띠는 가운데 한류콘텐츠 수출이 큰 폭으로 성장하고 있는 것은 한류의 확산 효과를 보여줌과 동시에 한국 경제의 미래 성장 동력으로서 문화콘텐츠 산업의 중요성을 보여준다. 한류의 경제적 효과는 계속적으로 증가하고 있고, 관련 산업의 성장세도 아직은 계속되고 있다.

다만 문화 현상으로서 한류에 대한 인기와 업계 종사자들의 사업성과로서의 콘텐츠 수출은 반드시 일치하지는 않았다. 다시 말해 본 연구에서 한류지수가 다소 부정적인 전망을 보이는 가운데 한류의 경제적 파급효과가 전년 대비 크게 증가한 것은 다소 모순적으로 느껴질 수도 있다. 그러나 경제적 파급효과는 과거의 양상을 보여주고, 한류지수는 미래의 양상을 예측한다는 점에서 그 자체로 모순적이라고 볼 수는 없다.

한류의 성장이 둔화되고 있는 현 상황을 재도약의 계기로 삼아야 할 것이다. 이에 지금까지의 한류 현황과 성과를 면밀히 분석하고 그에 따른 미래 비전 및 전략 수립이 진행되어야 할 것이다. 단적인 사례로 해외 소비자를 대상으로 한 '글로벌한류실태조사'에서 음악, 영화, 드라마 등 한류 대중문화상품의 인기가 주춤해진 것으로 나타났는데, 이는 실제 2016년 문화콘텐츠 수출과는 다소 차이가 있다. 한국콘텐츠진흥원이 발간하는 분기별 콘텐츠산업 동향분석 보고서에 따르면 영화 수출은 전년 대비 감소하였으나 음악, 드라마 수출은 크게 증가하였다. 이러한 수출증가는 해외기업과의 합작회사 설립, 해외 음원플랫폼과의 전략적 제휴 등에 의한 것으로 보인다. 예를 들어, SM엔터테인먼트의 경우 2016년 3분기 음악 수출액이 중국 현지 음원 플랫폼인 알리 플래닛의 성장으로 74% 증가하였다. 이처럼 한류콘텐츠에 대한 인기가 다소 주춤하더라도 민간 기업들의 해외 유통채널 개척 노력으로 수출은 계속적으로 성장할 수 있을 것이다. 그리고 이러한 노력을 통해 합법적이지 않은 방법으로 한류콘텐츠를 즐기던 해외 소비자들 중 일부가 유료 고객으로 전환되는 긍정적인 현상도 증가할 수 있을 것이다. 이처럼 한류의 세계화가 대부분 민간기업 주체들의 노력에 의해 결정된다는 점에서 시장기능을 활성화하는 방향으로 정책지원을 모색해야 할 것이다.

한류산업 육성에 있어 상품별, 지역별 소비패턴의 차이를 고려한 전략적 접근이 필요하다. 중국과 일본은 한류의 확산과 지속에 있어 여전히 중요하지만 양국에 대한 의존도가 지나치게 높은 상황이다. 대중문화상품의 경우 한류에 대한 호감도가 높고 소득도 빠르게 증가하고 있는 동남아가 유망 시장이 될 것이다. 구매력이 큰 서구 국가들에 대해서는 이들이 비교적 관심을 많이 가지는 생활문화상품을 중심으로 고급화 전략을 펼쳐야 할 것이다. 이는 패션/뷰티와 한식 등 생활문화상품의 전 세계적 인지도 증가와 소비재 수출통계 결과에서도 여실히 드러난다. 또한 관광 산업은 한류와 관련성이 높고 국가경제에 미치는 영향력도 상당하다는 점에서 한류와 직접 연계된 육성 정책이 필요하다. 실제 한류지수와 수출 증가율 간 상관계수를 구한 결과, 한류지수와 외국인 관광객으로 인한 매출증가율이 유의하게 나왔다. 이에 개별 콘텐츠가 아닌 한류콘텐츠 전체를 반영하는 방향으로 한류지수가 개선될 경우 관광 산업이 가장 직접적인 수혜를 받을 것으로 해석된다. 결론적으로 한류지수를 관광 산업의 관점에서 분석·활용할 필요성이 있다.

**부록**

## 산업연관 분석의 이해

산업연관표는 각 산업 부분의 생산에 필요한 요소투입량과 최종수요를 충족시키기 위한 총생산량 등을 보여준다. 산업별 투입액을 총생산액으로 나눈 것으로 최종산출로 정규화normalize한 행렬을 투입계수행렬coefficient matrix이라 한다. 이를 대수로 일반화시키면 투입-산출표를 작성할 수 있다. 이를 2개의 산업으로 구성된 행렬식으로 표시하면 다음과 같다.

$$X_{11} + X_{12} + D_1 = X_1$$
$$X_{21} + X_{22} + D_2 = X_2$$

$X_{ij}$는 i 산업의 생산물이 j 산업의 생산요소로 투입된 요소투입량을 의미하며, $D_i$는 i산업의 최종수요를 의미하며, $X_i$는 i 산업의 총생산량을 의미한다. 이를 투입계수인 $a_{ij}(=\frac{X_{ij}}{X_i})$로 표시하면 다음과 같다.

$$a_{11}X_1 + a_{12}X_1 + D_1 = X_1$$
$$a_{21}X_2 + a_{22}X_2 + D_2 = X_2$$

이를 다시 행렬식으로 표시하면 다음과 같은 방정식을 도출할 수 있다.

$$AX + D = X$$

여기서 $A$는 투입계수인 $a$로 구성된 투입계수행렬이다. 이제 투입-산출분석을 2개의 산업에서 $n$개로 이루어진 산업으로 구성된 일국경제에 적용해 보면, 각 산업분야의 산출물 수준을 $n \times 1$인 행렬 $X$로 다음과 같이 표시할 수 있다.

$$AX + D = X \Rightarrow X - AX = D \Rightarrow (I_n - A)X = D$$
$$\Rightarrow X = (I_n - A)^{-1}D$$

여기서 $X$는 총생산행렬이고, $A$는 투입계수인 $a$로 구성된 투입계수행렬이고, $D$는 최종수요행렬이고 $(I_n - A)^{-1}$는 생산유발계수행렬이다. 따라서 최종수요가 $D$만큼 늘어나면 각 산업별로 유발계수와 최종수요인 $D$의 곱인 $X$만큼 생산이 늘어난다. 생산유발계수는 일반적으로 4가지 종류가 있다. 본 연구에서는 국내생산파급효과의 정확성을 높이기 위해서 국산과 수입을 구분하여 작성한 생산유발계수를 사용한다. 또한 가격은 기초가격●을 사용하며 분류는 상품별 분류●●를 사용한다.

최종수요가 발생하여 생산이 이루어지면 부가가치도 더불어서 창출된다. 따라서 최종수요를 부가가치와 연결하는 행렬식을 도출할 수 있다. 부가가치벡터를 $V$라 하고, 부가가치계수의 대각행렬을 $\widehat{A^v}$라고 하면 생산유발계수와 마찬가지의 원리에 의해서 $V = \widehat{A^v}X$가 성립하고 여기에 $X = (I_n - A)^{-1}D$를 대입하면 다음과 같은 부가가치벡터를 도출할 수 있다.

$$V = \widehat{A^v}(I_n - A)^{-1}D$$

여기서 $\widehat{A^v}(I_n - A)^{-1}$는 부가가치계수행렬에 해당하며, 최종수요와 부가가치계수를 곱하면 총부가가치를 구할 수 있다.

최종수요 발생이 생산을 유발하고, 생산은 다시 노동수요를 유발하므로 최종수요 발생에 따른 취업유발효과도 구할 수 있다. 먼저 부문별 노동량을 부문별 총산출액으로 나눈 취업계수 $l_i = L_i/X_i$를 계산하면 행렬식인 $L = lX$을 도출할 수 있다. 여기서 $L$은 취업행렬, $l$은 취업계수의 대각행렬이다. $X = (I_n - A)^{-1}D$를 여기에 대입하면 다음과 같은 취업유발계수행렬을 도출할 수 있다.

$$L = l(I_n - A)^{-1}D$$

취업인구는 취업유발계수에 최종수요를 곱하여 도출할 수 있다.

---

● 한국은행(2014), p.38. : 구매자가격은 소비자가 구입하는 시점의 가격으로 유통마진을 포함하며, 생산자가격은 생산지에서의 출하가격으로 유통마진을 포함하지 않은 가격이다. 기초가격은 생산자가격에서 생산물세를 차감하고 생산물보조금을 더해준 것으로 생산활동을 통해 생산자가 실제 취하는 금액을 나타낸다.

●● 한국은행의 분류는 기본적으로 상품분류이다. 그러다가 최근 공급사용표를 신규 편제힘에 따라 산입분류를 신실하였다. 그러나 이 두 가시 문류에 큰 자이가 있는 것은 아니며, 상품과 산업이 동일한 이름을 사용하는 경우가 많다.

# 제2부
# 한류의 정성적 파급효과

한류노믹스

# 한류와 국가 브랜드

### '코리아 디스카운트'에서 '코리아 프리미엄'으로

김유경(한국외대 미디어커뮤니케이션학부 교수)

한류의 정성적 파급효과

# 한류 확산과
# 국가 위상 변화

### 국가 브랜드가 된 '한류'

　1970년대 이후 정부의 수출 지향 정책에도 불구하고 글로벌 시장에서 우리나라의 이미지는 그저 '가격 대비 성능 좋은' 제품을 판매하는 나라, 그 정도 선에서 머물렀었다. 그러던 중 1990년대 중반, 한류를 필두로 한 대중문화 콘텐츠의 약진으로 혁신적 반등을 경험하게 되었다. 창의적 문화의 요체로 떠오른 한류가 외교 분야에서 소프트 파워soft power 역할을 수행하면서, 국가 이미지의 호의적 개선과 더불어 다양한 소비재 및 서비스 분야의 수출 또한 견인하게 된 것이다.

　예컨대, 2016년 전 세계적으로 한류 열풍을 이끈 드라마 〈태양의 후예〉는 중국 온라인 스트리밍 사이트에서 20억 회 이상의 조회 수를 기록할 정도로 특히 중화권에서 많은 인기를 얻었는데, 이 드라마가 우리 경제에 기여한 경제적 효과가 무려 1조 원한국수출입은행, 2016에 달한다고 한다. 또한 2016년 우리나라 전체 수출이 전년 대비 10% 이상 감소했음에도 대표 한류 수혜품목으로 꼽히는 화장품 수출은 오히려 20% 이상 급증한 것으로 나타났다.

　이처럼 한류의 영향력이 다방면으로 확대된 오늘날, '한류'라는 단어는 이제 한국 문화를 비롯해 한국이 주체가 되는 모든 활동을 포함한다. 그리고 미디어를 기반 삼아 문화교류의 역할에 집중했던 이전 방식의 한류는

대한민국 국가 브랜드 슬로건 'CREATIVE KOREA'와 'DYNAMIC KOREA'

최근 들어 정부와 기업을 중심으로 국가 마케팅 및 산업 브랜드 관점에서 재조명되면서, '문화 브랜드'라는 더 큰 역할로의 전환을 맞이하고 있다.

세계적 문명 비평가인 기 소르망Guy Sorman은 '문화 경쟁력이 국가 발전을 결정짓는 주요 변수'라고 주장했다. 경영학의 대가 피터 드러커Peter F. Drucker 또한 '21세기는 문화에서 각국의 승패가 결정되며, 최후 승부처는 문화산업이 될 것'이라고 강조했다. 해외 석학의 견해에 비춰보아도 한국 문화의 핵심 흐름인 한류가 곧 문화산업의 견인차이자, 국가 경쟁력을 드높이는 브랜드 자산임은 두말할 필요가 없을 것이다.

그렇다면 이제 피상적 논의에서 벗어나 우리의 '한류'를 좀 더 분석적으로 살펴보아야 할 것이다. 즉, 한류의 세부적인 활동 유형type이나 콘텐츠

속성, 또는 한류 스타와 같은 요인들이 한국의 기업 또는 제품에 대한 인식, 더 나아가 한국의 국가 브랜드 등에 어떠한 영향을 미치는지에 대한 통합적인 논의가 필요한 시점이다.

따라서 본 장에서는 한류와 국가 브랜드 자산과의 관계를 살펴보고, 한류가 한국의 국가 브랜드 가치 제고에 기여하면서 얻은 실질적인 효과들을 제시할 것이다. 이를 통해 한류를 구성하는 요소들과 국가 브랜드를 구성하는 요소들 간의 상호 유기적인 관계를 이해하고, 앞으로 국가 브랜드의 핵심 요인으로서 한류를 보다 효율적으로 관리하고 활용하는 데 이바지하고자 한다.

## 국가 브랜드 자산의 개념과 역할

한류가 국가 브랜드에 미치는 영향을 살펴보기 전에, 먼저 국가 브랜드에 대한 이해가 필요하다. 국가 브랜드는 요컨대, 특정 국가 또는 특정 국가의 집단, 제품, 서비스를 식별하고 다른 국가와 구별하도록 의도된 이름, 용어, 기호, 심벌, 디자인 또는 이것들의 조합이다. 주로 기업 경영 분야에서 다루어졌던 브랜드 관리가 국가 단위로 영역이 확장되면서, 여기에 국가를 구성하고 있는 유형 또는 무형의 자산을 '전략적으로 관리한다'라는 맥락까지 포함되었다. 단순히 해당 국가와 관련된 제품의 영역에만 한정되는 것이 아니라 문화, 관광, 수출, 투자, 거주 등 국가의 다양한 분야까지 확대되는 총체적 인식을 다루게 되었다.

이러한 관점 하에 국가 브랜드 자산Nation-Brand Equity은 여러 시장의 소비자를 포함한 이해 당사자들이 특정 국가에 대해 가지는 인식의 틀에 내

재된 가치이자, 정치·경제·사회·문화·자연환경 등에 사람들이 내리는 총체적인 평가로서 인식되었다.

초기 국가 브랜드에 대한 연구는 '원산지 효과country of origin effect'에 대한 관심이 고조되면서 시작됐다Lantz & Loeb, 1996; Papadopoulos & Heslop, 2002; 최창원,&문빛, 2015. 원산지 효과란, 어떤 제품을 구매할 때 제조국 정보가 소비자들의 제품 평가와 구매 행동에 영향을 미친다는 이론으로, 대표적으로 칠레산 와인, 독일산 자동차, 스위스산 시계 등을 꼽을 수 있다. 이후 이와 관련하여 국가 브랜드에 대한 평가가 사람들의 해외 관광지 선택에도 중요한 역할을 한다는 연구들이 다수 등장했다Anholt & Hildreth, 2004; Kotler & Gertner, 2002.

국가 브랜드 자산은 정치·경제에서부터 사회·문화에 이르기까지 다차원적인 구성 요소를 포함하고 있다. 국가 브랜드 지수를 만든 사이먼 안홀트Simon Anholt는 국가 브랜드 자산이 과학기술이나 정치, 경제와 같은 가시적으로 보이는 하드 파워 요소뿐만 아니라 문화, 국민 등의 소프트 파워 요소까지 함께 고려되어야 한다고 주장했다. 이에 김유경2009은 국가 브랜드 자산을 크게 '인지적 차원', '기능적 차원', '감정적 차원', '행동적 차원'으로 구분했다.• 이러한 구분을 통해 국가 브랜드 자산 구성 요소들 간에 순차적 관계가 형성됨을 입증했다. 요컨대, 크게는 인지적 차원과 감정적 차원 자산에 대한 평가가 궁극적으로 행동적 차원 자산에 영향을 미치는 구조임을 확인했다.

---

• 인지적 차원은 해당 국가에 대한 친숙도(Awareness)로 평가하며, 기능적 차원은 한 국가의 정치, 경제, 문화에서부터 국민성 및 삶의 질, 자연환경에 이르기까지의 성과 평가(Performance)로 나누었다. 감정적 차원은 개성, 평판, 감정적 반응으로 구성되는 감정적 애착(emotional affinity)으로 평가되는데 이는 국가에 대한 전체적인 심상, 즉 이미지를 어떻게 형성하고 있는지를 나타낸다. 마지막으로 행동적 자산은 해당 국가의 제품에 대한 구매 의도, 국가에 대한 관광, 거주, 투자에 이르는 행위를 할 의향이 있는 정도로 평가될 수 있다.

**해외 각국의 국가 브랜드 캠페인**

| 구분 | | 목표 | 추진 캠페인 및 성과 |
|---|---|---|---|
| 영국 | THIS IS GREAT BRITAIN | - 낡은 이미지를 벗어나 혁신적이고 젊은 영국을 목표로 함<br>- 전통과 역사를 기반으로 독창성과 활기 넘치는 나라를 만들자는 의미 반영 | - Great Britain(위대한 영국)<br>: 정보기술(IT) 분야의 유럽 허브로 자리매김하고 음악, 패션, 예술 등 소프트 파워 산업 분야에서의 성공과 문화산업 홍보, 비즈니스 파트너로서의 이미지 제고를 목표로 함 |
| 독일 | Du bist Deutschland | - 대외적으로는 유럽공동체 내에서 선도국가로서 자리매김하고, 대내적으로는 독일 국민들의 유대감과 자긍심을 높이기 위해 캠페인 전개 | - Du bist Deutschland (당신이 독일입니다, 2005~2006)<br>: 다양한 분야에서 일하는 국민들이 모두 '독일인'이라는 하나의 집단임을 알림으로써 정체성, 연대성, 생산성 향상에 이바지함 |
| 독일 | Deutschland Land der Ideen | - 과거 엔지니어링의 나라로만 보이던 독일의 보수적인 이미지를 탈피, 독일의 명성을 유지하고 강화하는 캠페인 전개 | - Land der Ideen(아이디어의 나라, 2005~2006)<br>: 문학, 철학, 과학의 발상지라는 독일 이미지 재구축 |
| 싱가포르 | SG 50 | - 19세기 초 영국의 식민통치에서 벗어나 부존자원의 한계가 많은 신생국가 모습에서 탈피, 세계적인 국가 브랜드 이미지 구축을 위한 캠페인 진행 | - SG50(싱가포르를 만드는 아이콘 50 찾기, 2015)<br>: 국제 비즈니스의 거점으로서 자리매김하기 위한 위상 구축 |

출처: 'CREATIVE KOREA' 홈페이지

    구체적으로 '국가 브랜드 인지'는 기능적 성과에 대한 평가를 매개로 하여 해당 국가에 대한 감정적 애착에 긍정적인 영향을 준다. 궁극적으로 인지, 성과, 감정적 애착 모두 구매 의도나 방문 의도에 긍정적 영향을 미친다. 이러한 각각의 국가 브랜드 자산 요소에 영향을 미치는 선행 요인으로서 '한류의 파급효과'를 고찰하는 것은 의미가 있을 것이다.

국가 브랜드 자산 구성 요인

| 국가 브랜드 자산 차원 | 평가 항목 | 국가 브랜드 자산 차원 | 평가 항목 |
| --- | --- | --- | --- |
| 친숙도(Awareness) | 친숙도 | 성과 평가 (Performance) | 경제/산업 |
| 감정적 애착 (Emotional Affinity) | 감정적 반응 | | 정치/외교 |
| | 개성 | | 역사/전통 |
| | 평판 | | 현대문화 |
| 의도(Loyalty) | 구매 | | 국민성 |
| | 관광 | | 삶의 질 |
| | 거주 | | 자연/지리 |
| | 투자 | | 인프라/교통 |

출처: 한국콘텐츠진흥원, 한중콘텐츠연구소

국가 브랜드 자산 구성 요소들 간의 구조적 관계

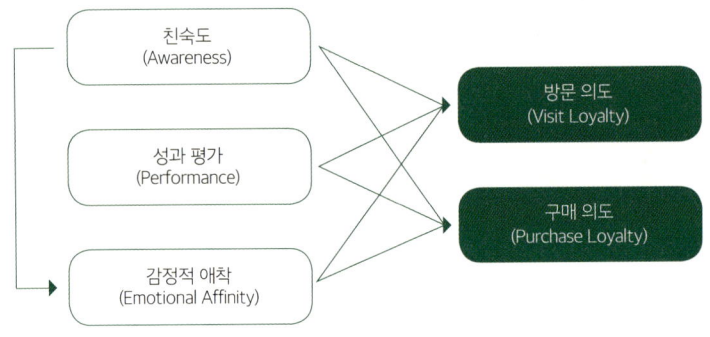

요컨대, 국가 브랜드의 관점에서 한류를 논함에 있어서 첫째, 국가 브랜드 자산을 형성하는 데 한류가 어떠한 역할을 수행해 왔는지, 둘째, 소비자 관점에서 제품의 원산지와 관광지의 선택 및 평가에 있어 국가 브랜드가 어떤 영향을 미쳤는지가 주요 쟁점이 될 것이다. 마지막으로 한류와 국가 브랜드는 일방적 관계라기보다 상호 의존적 관계를 맺고 있다는 점에서, 순기능뿐만 아니라 역기능으로도 작용할 수 있다는 것을 간과해서는

안 될 것이다. 최근 인접국인 중국, 일본과의 외교 문제로 비화되는 한류의 배타적 수용형태가 그 일면이라 할 수 있다.

## 해외 시장에서의 '생활 한류'와 국가 브랜드 효과

2016년 한국문화산업교류재단이 실시한 여론 조사 결과•에 따르면, 국민들은 한류로 인해 우리나라가 얻은 가장 큰 수혜로 '한국 및 한국 상품의 인지도와 호감도 증가52%', 즉 국가 브랜드 제고 효과를 꼽았다. 이는 '한류 스타 진출 및 관련 수출액 증가에 따른 경제적 이익31%'이나 '한류 수혜국과의 정치·외교 관계의 개선8%'과 같은 응답을 훨씬 웃도는 수치다.

해외 한류 소비자를 대상으로 한 설문 조사에서도 비슷한 결과가 확인되었다. 한국문화산업교류재단의 '2016-2017 글로벌한류실태조사'에 따르면, 한류 콘텐츠의 소비량이 많을수록 한국을 '경제적 선진국', '부유한 나라', '문화 강국' 등 긍정적으로 평가하는 인식이 높게 나타났다. 이처럼 한류의 영향으로 한국에 대한 인식이 자국민과 외국인 모두에게 호의적으로 변모했음을 짐작할 수 있다.

한류의 효과를 장르별로 살펴보았을 때 가장 큰 영향력을 가진 분야

● 한국문화산업교류재단(2016), 『한류나우』 겨울호: 2016년 12월 12~13일 한국문화산업교류재단과 리얼미터가 전국 만 15세 이상 59세 이하 국민 1,013명을 대상으로 여론 조사를 실시하였다.

<별에서 온 그대>가 이끈 중국의 치맥 열풍 관련 기사

중 하나로 단연 TV드라마를 꼽을 수 있을 것이다. <사랑이 뭐길래>를 시작으로 <겨울연가>와 <대장금>, <별에서 온 그대>를 거쳐 최근 <태양의 후예>에 이르기까지, 한국 드라마는 브랜드화된 콘텐츠branded contents로서 긍정적인 국가 브랜드를 심어주는 데 일조했다. 일례로 <태양의 후예> 신드롬 열풍 당시, 태국의 쁘라윳 짠오차 총리는 "충성심, 희생, 명령에 대한 복종과, 국민이라면 응당 나라를 사랑해야 하는 애국심을 고취시키는 드라마"라고 평하며 자국민들에게 드라마 시청을 독려했는데, 그의 발언이 한국군에 대한 긍정적인 이미지 형성에도 영향을 미칠 것으로 예상된다.

또한 드라마를 통해 신흥, 성장, 선진 시장을 가리지 않고 세계 전역을 아우르며 다양한 소비자 행동을 이끌어냈다는 점은 주목할 만하다. 가장 대표적인 예로, 90여 개국에 수출되어 드라마 한류의 정점을 보여준 <대

장금〉은 전 세계인에게 우리 식문화 및 한식에 대한 긍정적 인식을 고취시켰다. 그리고 이러한 인식은 다시 한국의 전반적인 이미지에도 긍정적인 영향을 미치고 있음이 검증되었다Kim et al., 2014. 이밖에도 2014년에 방영된 드라마 〈별에서 온 그대〉에서 주인공 전지현이 바른 립스틱과 몸에 걸친 트렌치 코트가 방영 직후 불티나게 팔려나갔고, 이른바 '치맥 열풍'도 중국 내에 거세게 불었다. 실제로 해당 드라마에서 "눈 오는 날에는 치맥인데"라는 주인공의 대사가 전파를 탄 뒤 중국 내 한국식 치킨집의 매출이 급상승했다. 그리고 한국 맥주의 수출 역시 200% 이상 상승한 것으로 나타났다.

한류의 인기 확산과 함께 최근 진행되고 있는 '한식의 현지화' 또한 주목할 만하다. 주로 한인 교민들을 대상으로 운영되던 한식당들이 한류에 힘입어 주 소비자 층을 현지인까지 확대·공략하고 있는 것이다. 한식재단이 발표한 「2016 글로벌 한식·외식 산업 조사」에 따르면, 글로벌 주요 12개 도시*에서 운영 중인 한식당은 2015년 기준 7,829개로 전년 대비 약 45%2014년 5,368개가량 증가한 것으로 나타났다. 특히 베이징, 상하이 등 중국 지역의 경우 전년 대비 약 200%가 넘는 두드러진 증가세를 보였는데, 이는 중국 지역에서의 한국음식 열풍이 현지 한식당의 증가로 이어진 것으로 파악된다.

미국에서도 '한식'은 더 이상 소수 민족이 즐기는 그들만의 음식이 아니다. 한류의 영향으로 한국에 대한 친숙도가 높아지고 이민 2, 3세들의 사회적 활동이 활발해지면서, 한식은 건강한 에스닉 푸드ethnic food로의 이미지를 다져나가고 있다. 이를 증명하듯 2013년 미국레스토랑협회

* 베이징, 상하이, 충칭, 홍콩, 타이베이, 자카르타, 호치민, 싱가포르, 방콕, 뉴욕, LA, 도쿄

## 벨기에가 주목한 '한식 밥상'

《더 헨터나르》에 실린 한식 기사

최근 벨기에서 한식은 미디어의 집중 관심 대상이다. 2016년만 해도 다양한 일간지와 요리 전문 잡지에 한식에 대한 기사가 여러 번 실렸는데, 특히 벨기에의 유력 일간지로 손꼽히는 《헛 뉘우스블라트Het Nieuwsblad》가 발행하는 지역 잡지 《더 헨터나르De Gentenaar》에서 'Made in Korea'라는 제목으로 한식에 대해 매우 구체적으로 다뤘다.

기사는 '한식은 핫(hot)하다'라는 문장으로 시작된다. 매운맛이 한식을 대표하는 맛 가운데 하나이기도 하지만, 많은 서양 요리사들에게 한식이 환영받고 있기 때문에 이 같은 표현을 사용했다고 그 이유를 밝혔다. 그리고 이렇게 핫한 한식은 매우 훌륭한 건강식이라고 소개하면서, 평소 상차림에 오르는 생선구이, 두부조림, 시금치나물, 호박전에 필요한 재료와 조리법 등을 사진과 함께 자세히 설명했다. 특히 김치에 대해서는 조리법 외에도 발효식품으로서의 영양과 기원까지 자세히 설명해, 한국 김치의 정통성을 강조하기도 했다.

기존 벨기에 언론이 취재한 한식에 대한 기사는 주로 불고기나 갈비처럼 이미 잘 알려진 특정 한식만을 다루었으나, 위 기사는 그야말로 일반적인 '한국식 밥상'을 소개했다는 점에서 의미가 크다. 특히 한국의 일반 가정에서 즐겨 먹는 반찬까지 기사화됐다는 것은 그만큼 벨기에서 한식에 대한 정보가 더 깊어지고 구체화되고 있다는 것을 증명하기 때문이다. 이처럼 벨기에서까지 건강식으로 대두되고 있는 우리 한식이 아시아를 대표하는 음식으로 자리 잡을 수 있기를 기대해 본다.

출처: 한국문화산업교류재단, 벨기에 통신원

NRA National Restaurant Association에서 뽑은 가장 핫한 에스닉 푸드 순위에 한식이 2위로 선정되었다. 또한 협회에 소속된 전문 조리인 1,300여 명을 대상으로 조사한「요리 전망 Culinary Forecast」에 따르면, 2016년에 주류 부문 순위에서 한국 소주가 10위를 차지했다. 2017년 '트렌드 키워드 100위' 부문에서는 에스닉 조미료가 22위에 선정되었는데, 대표 사례로 태국의 '스리라차'와 함께 한국의 '고추장'이 언급되었다.

이처럼 한류는 K-POP, 드라마, 영화 등 대중문화의 영역을 넘어 한식, 화장품, 패션 등 실생활 분야로까지 확장되고 있다. 이러한 생활 한류는 해외 한류 소비자들이 직접 체험할 수 있다는 점에서 기존 영상 및 음악 콘텐츠와는 다른 속성을 지닌다. 다시 말해 장르별로 국가 브랜드 자산 평가에 미치는 영향력 간에 차이가 존재할 수 있음을 암시한다.

한국의 영상 콘텐츠, 대중가요, 전통음식의 세 장르의 영향력을 비교한 연구 결과에 따르면, 한국 전통음식이 국가 브랜드 이미지에 가장 큰 영향력을 가지는 것으로 나타났다 김성섭·김미주, 2009. 유사한 방식으로 한류의 유형을 경험 경로에 따라 간접체험 intangible experience: 영화, 음악, 드라마, 스타 한류와 직접체험 tangible experience: 음식, 패션 한류로 나누어 살펴본 결과, 직접체험 한류가 한국에 대한 태도와 한국 제품 구매 의도에 더 큰 영향력을 갖는 것으로 나타났다 김유경·이창현·손산산, 2008. 이러한 관점에서 직접체험 한류인 한식이 앞으로 국가 브랜드 자산에 미칠 영향력에 대한 정확한 연구와 더불어 이에 대한 후속 전략 및 실천 프로그램을 꼼꼼히 준비해야 할 것이다. 이와 유사하게 경제한류 뷰티제품, IT제품와 문화한류 K-POP, 영화, 드라마로 구분해, 일본 오사카 지역의 현지인들을 대상으로 각각의 한류가 국가정체성을 구축하는 효과를 검증한 연구도 있다. 그 결과, 경제한류가 문화한류보다 더 큰 영향력을 보였다 이유나·이진용·정윤재, 2014. 해당 연구결과에 천착해 경제한류를

이라크 영부인 '히로' 여사와 탤런트 '전광렬'

국가정체성이나 국가이미지를 제고하는 주 요인으로 평가할 수도 있으나, 현재 경제한류의 폭발적인 성장이 문화한류에서 기인되었음을 간과해선 안 될 것이다.

앞서 언급한 장르들 외에, 막강한 스타파워를 지닌 '한류 스타'로 인한 국가 브랜드 효과 또한 간과할 수 없다. 실제로, 중국인 대학생 181명을 대상으로 한국 드라마와 한류 스타 호감도 중 어떤 것이 국가 이미지 제고에 더 큰 영향을 미치는지 조사한 결과, 한류 스타의 영향력이 보다 큰 것으로 나타났다<sup>한충민·진희·이상엽, 2011</sup>. 같은 맥락에서 한류 스타를 중요한 기여요인으로 보고, 스타들의 외모, 공연, 진정성, 겸손함이 어떠한 영향을 가지는지 중국과 베트남 등의 소비자들을 중심으로 검증한 연구도 있다<sup>이제홍, 2015</sup>.

한류 스타에 대한 인식은 국가 브랜드 속성 중 해당 국가의 국민성에 대한 평가에도 어느 정도 영향을 주는 것이 분명해 보인다. 한국 드라마를 본 외국인 여성들이 한국 남자들은 다 자상한 줄 알았다고 이야기하는 경우를 심심찮게 보게 되는데, 이는 한류 콘텐츠를 통해 접하는 한류 스타의 이미지가 한국인에 대한 이미지로 전이될 수 있음을 시사한다. 실제 일본 소비자들이 한국 드라마를 본 후 한국인에 대한 부정적 편견이나 인식이 바뀌었다는 연구 결과김준숙, 김광태, 2005도 이러한 현상을 증명하고 있다.

한류의 인기를 등에 업은 스타들이 공공외교에 기여하는 바도 크다. 2001년 8월, 정상회담을 위해 방한한 베트남의 쩐 득 르엉 국가주석은 김대중 대통령에게 당시 베트남에서도 국민배우로 불릴 만큼 인기가 높았던 배우 장동건과 김남주를 만찬에 초대하도록 부탁한 바 있다Australian, 2002. 그런가 하면 2012년 6월, 탤런트 전광렬이 이라크 영부인 히로 여사의 친필 초청장을 받아 외교부로부터 여행금지 국가인 이라크 방문을 이례적으로 허가받기도 했다. 이는 전광렬이 주인공으로 열연한 드라마 〈허준〉이 이라크 현지에서 80%가 넘는 높은 시청률을 기록하면서 인기를 끌었고, 영부인 역시 전광렬의 팬을 자처했기에 가능한 일이었다.

이처럼 한류는 장르별 콘텐츠를 통해 한국에 대한 친숙도를 제고하고, 한국 제품에 대한 해외 소비자들의 인식과 실질적 평가에 긍정적인 영향을 미치고 있다. 또한 한식, 화장품, 패션과 같은 직접체험 한류가 기존의 간접적 형태의 문화 콘텐츠를 넘어서 상당한 국가 브랜드 제고 효과를 가져올 수 있음을 확인했다. 또 한류로 인해 세계인의 스타로 발돋움한 한류 스타 역시 한국인에 대한 인식을 변화시키는 국가 브랜드 대사National Brand Ambassador로서 역할을 톡톡히 수행하고 있다.

# '코리안 메이드'의 반란

## 한류와 원산지 효과

한류로 인해 한국의 국가 브랜드 가치가 제고되자 한국의 '원산지 효과' 또한 긍정적으로 파생되었다. 이는 한류의 경제적인 효과와도 직접적으로 맞닿아 있다. 국가의 제품, 서비스 또는 기업 브랜드가 갖는 핵심 평가 요인 중 하나가 원산지에 대한 소비자의 인식이다. 따라서 국가 브랜드 경영에 있어 원산지 브랜드 관리는 곧 실질적인 경제적 이익을 가져온다.

한국의 제품이나 기업이 실제 경쟁력보다 낮게 평가받는 '코리아 디스카운트Korea discount' 현상은 과거 한국 제품 경쟁력의 현주소이자, 국가 경제를 위해 반드시 해결해야 할 오랜 과업 중 하나였다. 실제 10여 년 전만 해도 미국, 일본, 유럽 등의 선진국과 비교해 우리나라 제품은 약 30%

코리안 메이드

최근 우리나라의 GDP와 국가 브랜드 가치의 변화

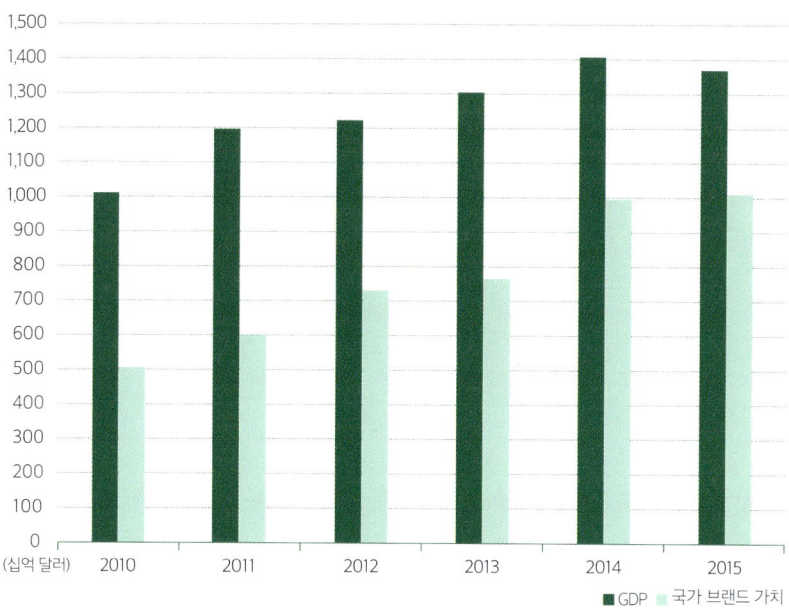

가량 낮은 가격으로 거래되었었다. 당시에도 스마트폰, TV, 냉장고 등 우리나라 가전제품들이 세계 시장을 선도하고 있었지만 한국 제품에 대한 평가는 국력과 품질에 비해 여전히 저평가되었다.

하지만 한류 확산이 곧 같은 가격과 같은 성능의 제품이라면 한국산을 택하게 되는 '코리아 프리미엄Korean Premium' 현상을 불러왔다. 이에 발맞춰 코리아 디스카운트 현상도 점차 사라지는 추세다. 이러한 현상은 삼성, LG, 현대 등 우리나라 대표 기업들의 대외 경쟁력이 크게 상승한 것도 주효했지만, 전 세계인의 한류 경험이 새로운 국가 브랜드 가치를 생성했다는 이론이 더욱 설득력을 얻고 있다.

실제로 영국의 브랜드 가치 평가기관인 '브랜드 파이낸스Brand Finance'

의 조사에 따르면, 과거 우리나라의 국가 브랜드 가치는 GDP에 비해 매우 낮은 수치를 보이며 저평가되었다. 그러나 2010년대에 들어서면서 국가 브랜드 가치는 지속적으로 가파른 성장세를 보였는데, 이는 당시 K-POP을 필두로 한 신新한류가 전 세계적으로 이목을 끈 시점과 일치함을 알 수 있다. 그 결과, 최근 우리나라의 국가 브랜드 가치는 점차 본래의 자리를 찾아가고 있다. 외국인들이 한류 문화를 접할수록 한국과 한국 제품에 대해 호의적으로 느낀다는 사실은 시사하는 바가 크다. 즉, 한류가 '코리아 디스카운트'를 '코리아 프리미엄'으로 전환함에 있어 촉매제가 된다는 것은 '한류를 국가 브랜드 관리 관점에서 조명해야 할' 중요한 근거가 된다.

이러한 한류의 원산지 효과는 크게 두 가지로 나누어 살펴볼 수 있다. 첫째는 한류가 한국의 원산지로서의 이미지, 즉 '메이드 인 코리아'에 대한 이미지 고취 효과가 있는가에 대한 문제이고, 두 번째는 한국의 제품을 직

'Gangnam District(강남 지구)'라는 이름으로 분양하는 인도네시아 부동산 전단지

스페인 주요 일간지 ≪엘 파이스(El pais)≫가 선정한 2016년 한국 화장품 베스트 17

접 구매함에 있어 한류가 주요 동인이 될 수 있는가에 대한 것이다.

먼저 한류가 한국의 원산지 이미지에 미치는 영향은 인도네시아 사례를 통해 설명할 수 있다. 근래 인도네시아에서 유통되는 수출용 한국 상품에 내수용 상품과 동일하게 한국어로 표기하는 방식으로 한류 프리미엄 효과를 노린 전략들이 빈번하게 목격되고 있다. 뿐만 아니라 인도네시아 현지에 신규 조성하는 아파트와 복합 쇼핑몰 단지의 이름을 'Gangnam District 강남 지구'로 명명하고 명품 주거 공간의 이미지를 내세우는 사례도 있다. 이는 일반 제품군을 넘어 부동산에 있어서도 한국이 전달하는 원산지 이미지가 얼마나 격상되었는지를 단적으로 보여주는 예가 될 것이다. 즉, 한류가 인도네시아 지역에 확산되면서 현지인들에게 한국의 '강남'이 곧 미국의 '비벌리힐스'와 같은 이미지로 받아들여지게 된 것이라 볼 수 있다.

한류로 인한 코리아 프리미엄 현상은 학문적으로도 입증되었다. 중국 상하이에 거주하고 있는 현지 소비자를 대상으로, 한류의 인기가 한류 파생상품 및 한국의 일반상품 구매로 이어지는 과정과 더불어 한국에 대한 관심도, 한국 이미지, 한국인 이미지, 한국 제품 이미지에 어떠한 영향을 주는지 조사했다. 그 결과, 한류의 인기는 한류 파생상품 및 한국 일반상품의 구매를 제고시켰고, 한류의 인기로 인해 높아진 한국에 대한 관심도는 한국인 및 한국 제품의 이미지를 보다 긍정적으로 평가하게 만들었다 정형식, 2006. 인도네시아 소비자를 대상으로 한 또 다른 연구에서도 역시 한류 드라마에 대한 공감 정도가 한국의 국가 이미지를 긍정적으로 평가하도록 이끌었고, 더 나아가 한국 제품의 품질 및 기업 역량 그리고 제품 신뢰도까지 상승시키는 것으로 나타났다 Sinaga, 2007.

한류는 원산지로서의 국가 이미지 및 한국 제품에 대한 이미지 제고에 그치지 않고, 실질적인 구매에까지 영향을 끼치기도 한다. 앞서 국가 브랜드 자산 모형을 설명할 때 각 자산 요소 간에 순차적 관계가 형성된다고 설명한 바 있다. 한류로 인해 기능적 자산에 대한 가치 제고가 이루어졌다면, 이는 결국 행동적 자산인 구매 의도에도 긍정적인 영향을 미친다고 볼 수 있다. 실제 중국 소비자를 대상으로 진행한 연구에 따르면, 한국 문화콘텐츠 체험으로 인한 국가 이미지 상승은, 결국 한국 제품의 구매 의향과 한국으로의 방문 의향이 증가하는 데 유의미한 영향을 미치는 것으로 나타났다 목욱한 외, 2016. 다른 연구에서도 한류를 통해 형성된 문화 이미지가 원산지 이미지를 긍정적으로 평가하도록 만들면서, 한국의 국가 이미지 개선과 더불어 한국 제품에 대한 실제 구매 욕구를 높이는 역할을 하는 것으로 나타났다 Tjoe&Kim, 2016.

한국문화산업교류재단2015은 한류의 심리지수*, 현황지수**, 한국의 국

---

* 한류 심리지수는 한국은행에서 발표하는 '소비자 심리지수'의 개념과 산출방법을 적용하여 한류의 성장 정도를 측정했다.
** 한류 현황지수는 해외 소비자들을 대상으로 한류 8개 상품(TV드라마·방송 프로그램, 영화, 음악, 애니메이션·만화 캐릭터, 게임, 패션·뷰티, 음식, 도서)에 대한 인기 정도를 5점 만점을 척도로 측정했다.

## G마켓 글로벌샵
### 한글 관련 상품 판매 증감률
2014년 1월~9월

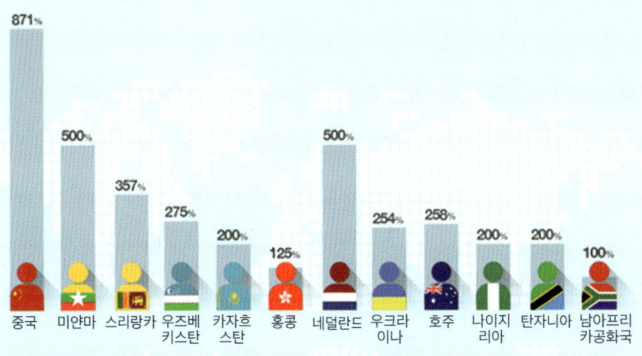

## G마켓 글로벌샵
### 한글 상품 국가별 판매 순위 상위국
2014년 1월~9월

### 한국의 수출액 증감률

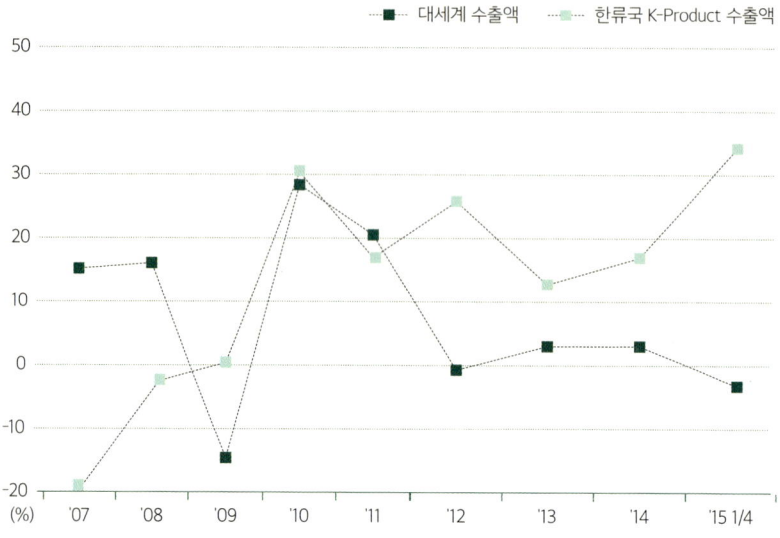

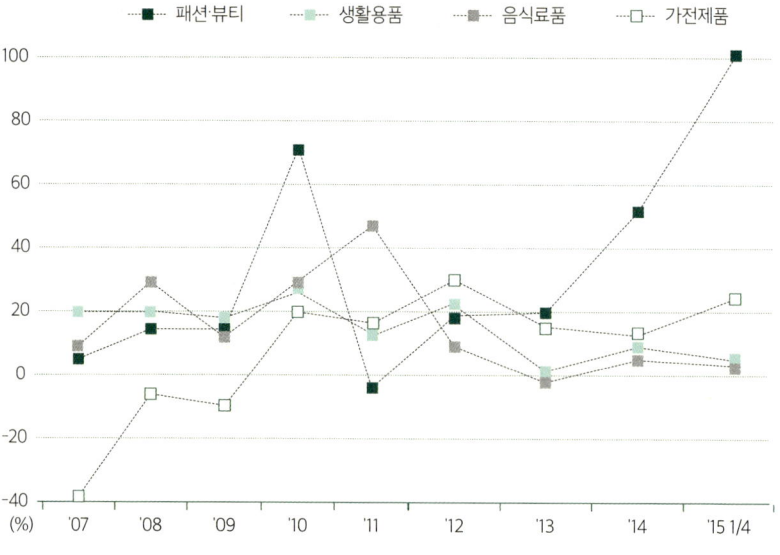

출처: 현대경제연구원(2015), 「한류 기반 소비재의 수출 현황과 시사점」

가 이미지, 과거 구매 경험 등에 따라 한국 상품 수요가 얼마나 증가할 것인지를 예측하는 회귀분석 모형을 검증했다. 그 결과, 한국 제품에 대한 과거 구매 경험과 한국의 국가 이미지가 구매 의도에 가장 큰 영향을 미치는 것으로 나타났다. 그리고 한류 심리지수와 한류 현황지수 또한 한국 상품의 구매 의도를 제고시켰다. 이처럼 한류로 인한 한국 제품 구매 의향 및 구매율 증가는 원산지로서의 한국의 국가 브랜드 이미지 상승, 즉 한류 프리미엄 효과에 의해 발생했다고 보아도 무방할 것이다.

한류가 한국 제품에 대한 구매를 증가시킨 실제 사례로, 대표 한류 드라마 〈별에서 온 그대〉를 들 수 있다. 드라마를 통해 주인공 김수현과 전지현이 입고 나온 의류와 사용한 화장품, 그리고 '치맥'과 같은 한국의 현대 식문화와 드라마 촬영지 등이 자연스레 노출되면서 관련 상품들은 없어서 못 파는 인기상품이 되었고, '한국' 자체에 대한 관심 또한 덩달아 치솟았다. 이에 해당 드라마가 큰 인기를 끌었던 2014년 1월부터 9월 사이 국내 온라인 쇼핑몰 'G마켓'의 글로벌샵 내 한글 교육 비디오, 교재, 도서 등 한글 관련 상품 판매는 전년 같은 기간보다 37% 증가했는데, 드라마의 인기가 두드러졌던 중화권의 경우 871%로 가장 높은 증가세를 보였다.

한류의 한국 상품 구매 효과는 국가 전체의 수출이 저조한 상황 속에서 더욱 극명하게 드러났다. 현대경제연구원2015에 따르면, 2015년 1분기 한국의 대對세계 수출은 전년 대비 -2.9% 하락한 것으로 나타났다. 하지만 같은 기간 음·식료품, 패션·뷰티, 생활용품, 가전제품 등 한류 기반 소비재K-Product 수출은 33.3% 증가했다. 특히, 패션·뷰티 분야의 수출 증가가 두드러지면서, K-Product 수출액에서 이들 분야가 차지하는 비중은 2007년 10.6%에서 2015년 1분기 27.6%로 크게 성장했다.

# Visit Korea
# 외래 관광객 2천만 시대

### 한류의 관광 브랜드 제고 효과

국가 브랜드에 대한 인식은 해당 국가에 대한 원산지로서의 평가뿐 아니라 관광지로서의 선택에도 영향을 미치는데, 외래 관광객 증가 수치가 이를 증명한다. 한류가 본격적으로 가시화된 2008년부터 한국을 찾은 외국인 관광객은 매년 100만 명 이상씩 꾸준히 증가했고, 2016년에는 1,723만 명을 기록했다. 2006년 615만 명에 불과했던 외국인 관광객이 10여 년 만에 약 3배가량 증가한 것이다.

서울광장에서 개최된 K-POP 콘서트에 참가한 해외 한류 팬들

특히, 2016년 여름부터 불거진 사드 역풍에도 불구하고 600만 명가량의 중국인 관광객이 한국을 방문했는데, 이는 중국 내 한류 인기가 반영된 결과라 볼 수 있다. 또한 메르스 유행과 한·일 관계 악화의 여파로 관광객이 급감했던 2015년184만 명, 2014년 대비 약 19% 감소과 달리, 2016년에는 일본인 관광객이 전년 대비 약 25%가량 크게 증가하면서 약 230만 명을 기록했다. 이에 대해 전문가들은 여러 악재 속에서도 드라마, K-POP, K-뷰티 등의 인기가 건재하면서 해외 관광객 수요 또한 지속적으로 늘어날 수 있었다고 입을 모은다.

한편 대만, 인도네시아, 베트남 등을 포함한 동남아 지역 관광객 수가 무섭게 늘고 있는데, 전년 대비 방한 관광객이 60.8%나 늘어나며 가장 높은 성장률을 보였다. 동남아 관광객이 전체 방한 외국인 관광객에서 차지하는 비율은 12%로 절대 규모 면에서는 중국48%과 비교할 수 없지만, 성장 속도가 빨라 '한국 관광의 新 시장'으로서 기대를 모으고 있다.

물론, 외국인 관광객의 유입이 증가했다고 해서 단순히 그 근거가 한

**방한 외국인 관광객 증가 추이**

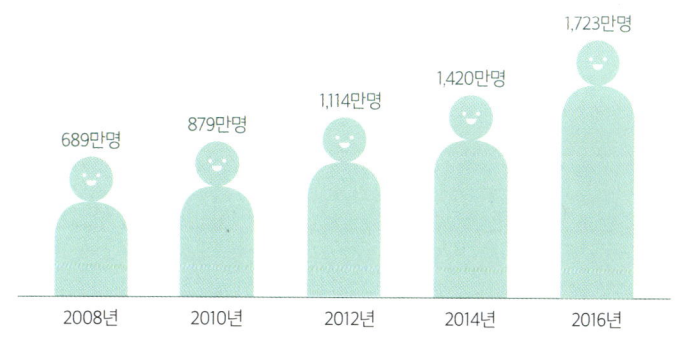

출처: 한국관광공사

류에 있을 것이라고 속단할 수는 없다. 다만 한국문화관광연구원에서 매년 실시하는 '외래 관광객 실태조사' 결과를 토대로, 한류로 인한 관광객의 유입 증가를 추론해 볼 수는 있다. 2015년에 발표한 자료에 따르면, 관광 목적지로 한국을 선택하게 하는 주 요인으로 '음식과 미식 탐방42.8%', '패션, 유행 등 세련된 문화23.6%'가 꼽혔다. 인기 한류 콘텐츠 속 한류 스타처럼 한국의 의복과 음식을 즐기고자 하는 기대감이 어느 정도 반영된 결과라 볼 수 있다. '2014년 한류 관광 시장 조사연구'에서도 한국 방문 시 가장 하고 싶은 활동으로 'K-POP 가수의 콘서트·방송·가요 프로그램·공연 이벤트55.5%' 체험과 '한국 드라마·영화 촬영지 방문44.9%'을 꼽았다. 또한 한국 방문 의향에 한류가 미친 영향력 정도는 90.52점으로 매우 높은 수준이었다.

드라마 촬영지 방문객 증가 현상 또한 한류로 인한 한국 관광 브랜드 제고 효과를 방증한다. 대표적인 예로 한류 드라마의 시초라 불리는 〈겨울연가〉의 주 촬영지로 유명한 남이섬을 들 수 있다. 드라마 방영 전인 2002년까지만 해도 남이섬을 방문하는 연간 외래 방문객 수는 2만 명이 채 안 됐었다. 하지만 2016년에는 무려 120만 명의 외국인 관광객이 다녀간 것으로 추산되고 있다. 물론 남이섬의 성공 사례 이면에는 끊임없는 변신과 혁신 노력이 있었지만, 그 이전에 드라마 〈겨울연가〉의 성공으로 주목받았기에 가능한 성과라 할 수 있다.

한류로 인해 눈부시게 성장한 관광산업에 대한 연구도 계속적으로 늘어나고 있다. 그 내용을 살펴보면 대다수의 연구들이 한류 콘텐츠를 통해 한국의 특정 장소를 자연스레 접하게 되었고, 더불어 그 장소에 방문하고자 하는 행동 또한 증가시켰을 것이라는 가설 증명이 주를 이뤘다. 결과적으로, 해외 소비자들의 한류에 대한 관심은 한국의 정치·사회·경제적 이미지

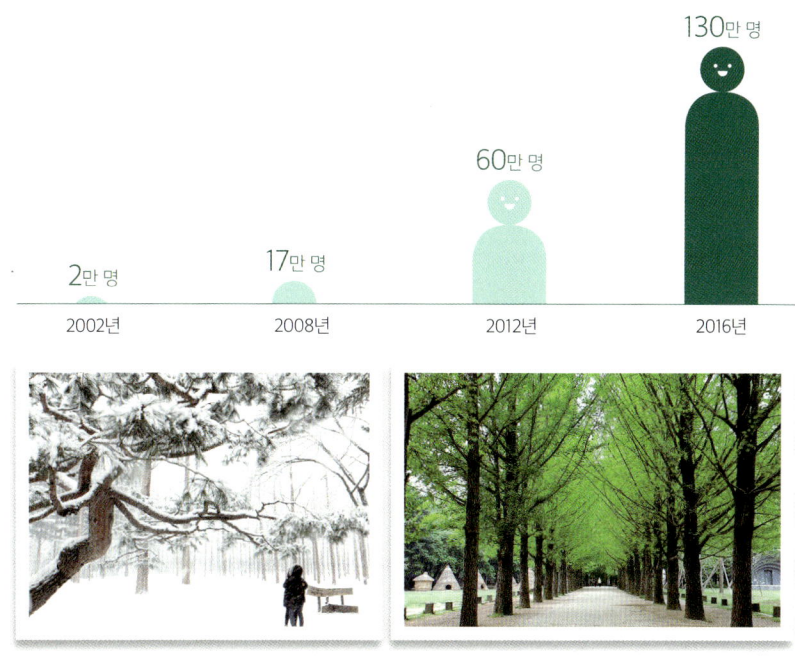

출처: 남이섬

구축에 긍정적인 평가를 이끌어냈고, 인지·정서적 관광 이미지를 보다 호의적으로 형성하여 관광 욕구를 고취시키는 것으로 나타났다[이종주, 2016].

또한 일본 등 인접국가 소비자들을 대상으로 진행한 연구에 따르면, 한국 TV드라마에 대한 시청 호감도는 한국이라는 국가 호감도와 한국에 대한 관심 증가에 유의미한 영향을 미친 것으로 나타났다. 일례로, 드라마 〈겨울연가〉가 일본 관광객들의 한국 관광 이미지 변화에 어떠한 영향을 미치는지 조사한 결과, 드라마 선호도가 높을수록 한국 관광을 하고자 하는 욕구가 더 높은 것으로 나타났다[Kim et al., 2007]. 한류로 인해 높아진 한국 방문 의도가 다시 한국 상품의 구매의도를 높인다는 연구 결과도 존재한다. 즉, 한류의 한국 관광 제고 효과는 결국 국가 브랜드 요인과 관련되며, 관광 분야와 원산지 효과 간에는 상관관계가 존재하고 있음을 증명했다 김성엽, 2011.

# 국가 브랜드로서의 한류

### 사상누각이 되지 않기 위해 우리가 해야 할 일

한류는 '단군 이래 최대 문화 이벤트'라 불린다. 한류의 인기로 문화산업이 부흥하고, 여러 소비재 및 서비스산업으로까지 막대한 경제적 파급효과를 끼쳤다. 그리고 공공외교 차원에서도 국가 브랜드 위상 제고에 상당 부분 역할을 했다고 평가할 수 있다. 그러나 한편으로, 한류의 지속성에 대해 많은 사람들이 우려와 걱정을 표하고 있는 것 또한 현실이다.

내부적으로 '콘텐츠의 획일성', '열악한 수익 구조와 경쟁 과열' 등의 산업 생태계 차원의 문제뿐만 아니라, 최근의 국정농단 사태 논란 등 문화산업 저변에서 벌어지고 있는 사상 초유의 국내 악재로 한류는 그야말로 위기를 겪고 있다. 외부적으로는 독도, 위안부 문제로 불안한 일본과의 관계, 사드와 북핵 문제로 꽉막혀버린 중국과의 관계 등 '정치·역사적 이해관계에 따른 반한·혐한 감정 촉발' 문제는 여전히 위협적이며 필히 풀어내야 할 숙제다.

**한국 국가 브랜드의 강점과 약점 요인**

| 강점 요인 | 약점 요인 |
| --- | --- |
| IT 강국 | 안보 불안 |
| 세계적 브랜드 기업 | 정치권 협력 부재 |
| 경제 발전 | 글로벌 브랜드 약화 |
| 우수한 문화유산 | 경제 불안 |
| 한류 스타와 스포츠 스타 보유 | 노사 갈등 |

출처: 한국 PR협회

무엇보다 굵직굵직한 문제들에 둘러싸인 한류가 이를 헤쳐나간 뒤, 앞으로 어떠한 전략으로 국가 브랜드 가치 제고에 계속적으로 기여해 나갈지에 대한 심도 깊은 논의가 부족한 실정이다. 요컨대, 오랜 시간 동안 수많은 사람들의 노력으로 축적된 우리 국가 브랜드의 가치에 위기가 찾아왔음은 부정할 수 없는 사실이다. 지금까지 한류는 코리아 프리미엄이라는 긍정적인 효과를 낳았지만, 최근의 부정적인 대내외 상황으로 국가 브랜드 이미지가 훼손되면서 한류 또한 상당한 위기에 처했다. 무엇보다 훼손된 국가 브랜드 이미지를 다시 원래의 상태로 되돌리기까지 소요되는 시간과 노력들이 상상 이상일 것이라는 점에서 이에 대한 발빠른 대책이 요구된다.

우리의 국가 브랜드는 국가 안보, 정치권 혼란, 글로벌 브랜드의 취약, 노사 갈등 등의 여러 약점에도 불구하고, 한류의 근간이 되는 문화유산, 한류 스타, 콘텐츠 자원 개발을 위한 우수 IT 기술 등이 큰 강점으로 자리하고 있다. 2002년 한일 월드컵 이후, 국가 이미지 상승에 대한 열망은 국가 브랜드 경영이라는 제도적 관심을 통해 확산되어 왔다. 글로벌 경제력 10위권인 한국의 국가 브랜드 순위가 고작 33위권에 머물렀던 어두운 과거를 지나, 2015년에는 국가 브랜드 순위 20위권으로 급성장했다. 앞서 살펴본 다양한 연구 결과와 사례들을 살펴볼 때 한류가 우리 국가의 위상과 품위 등 국가 브랜드 이미지를 높이는 중추적 문화교류 현상으로 자리매김한 것은 분명해 보인다. 그러나 2016년, 모두가 최선을 다해 일구어놓은 국가 브랜드는 여러 정치·외교적 문제들로 위기 상황에 봉착해 있다.

21세기 대한민국의 국가 브랜드이자 새로운 성장 동력은 결국 문화가 될 것이며, 그 흐름의 중심에 한류가 오롯이 자리하고 있음을 지금까지 살펴보았다. 한국 경제의 동량재인 한류가 지속적으로 성장하기 위해선, 현재의 대내외적 위기를 해결하는 것이 무엇보다 시급하다. 더불어 지금까지 한류가 가져온 국가 브랜드 제고 효과를 계속적으로 이어나가기 위해선, 새로운 미래 전략 방향을 제시하는 국가 브랜드 활성화 전략 구성이 요구된다. 다수의 선진국 발전 로드맵이 '경제'에서 출발해 '문화'로 귀결된다는 점을 고려한다면, 우리 역시 이 같은 연장선상에서 한류를 비롯한 문화 정책이 나아갈 길에 대한 안목을 재점검해 위기를 기회로 만드는 지혜를 발휘해야 할 것이다.

한류노믹스

# '코리안 웨이브' 타고 세계로 확산되는 한글

### 한류 확산이 가져온 한국어 교육의 발전과 미래

김중섭(경희대 국어국문학과 교수)

한류의 정성적 파급효과

# 방탄소년단 B.T.S의 나라로

## 자막 없이 한국 드라마를 보고 싶어요

　　1990년대 후반 아시아에서 시작된 한류의 인기가 21세기 현재 전 세계로 확산되면서 한국 사회 전반에 커다란 변화를 가져오고 있음을 우리는 몸소 체험하고 있다. 그중 한국어 학습에 대한 수요는 아마 우리가 가장 자연스럽게 떠올릴 수 있는 한류의 1차적 파급 효과일 것이다. 한류의 열기가 고조되기 시작한 지난 20년 동안 한국어를 배우기 위해 한국을 찾는 외국인들은 매년 눈에 띄게 늘어났다. 2016년에는 한국어 연수생을 포함한 국내 외국인 유학생 수가 무려 10만 명을 넘어섰다고 한다. 한국 드라마 속의 대사나 K-POP 가사가 뜻하는 바를 알고 싶어 한국어를 공부하기 시작했다는 유학생들의 경험담 또한 이제는 낯선 이야기가 아니다.

　　그렇다면 과연 한류는 전 세계 한국어 교육 확산에 어떤 영향을 미쳤고, 얼마만큼의 파급 효과를 가져왔을까? 이와 같은 궁금증을 해소하고자, 본 장에서는 대략 2000년을 기준으로 한류가 인기를 끌기 이전과 이후의 국내외 한국어 교육이 어떻게 달라졌는지 그 변화 양상을 살펴보려 한다. 구체적으로는 한국 내 외국인 유학생 수의 증가와 한국어능력시험의 성장, 국내 한국어 교육의 발전, 해외 한국어 교육의 확산 등 몇 가지 지표를 통해 한류가 한국어 세계화에 기여한 정도를 가늠해 볼 것이다. 이를 통해 한류를 이용한 한국어 교육의 발전 방안을 함께 고민하고, 한류의 지속성을 위해 한국어 교육이 어떤 목표를 지향해야 하는지에 대한 비전을 공유할 수 있는 시간이 되기를 바란다.

필리핀 세종학당에서 열린 '한글문화 한마당 행사'에 참가한 수강생들

## 한류에 이끌려 한국을 찾는 유학생들

50여 년 전만 해도 한국어는 한국 사람만이 쓰는 소수 언어에 불과했다. 그러나 최근 한국어는 세계 여러 나라 사람들이 한국의 문화를 이해하고 소통하기 위해 반드시 필요로 하는 중요 수단으로 성장했다. 또한 한국을 찾는 사람들의 발길이 잦아지면서, 단순 여행을 넘어 한국에 체류하며 한국어를 배우고 한국 문화를 체득하려는 외국인들의 수도 눈에 띄게 늘어나고 있다.

법무부 출입국·외국인정책본부의 2016년도 통계자료에 따르면, 한국에 입국한 외국인 수는 1960년에 8,675명에 불과했다. 하지만 세월을 거치며 점차 증가해 1990년대 300만 명, 2000년대 500만 명, 2012년 1,000만 명, 2015년에 무려 13,359,701명을 기록했다.

2015년 국내 입국 외국인의 체류 자격을 살펴보면, 단순 여행을 목적으로 한 관광 통과(B-2)가 4,632,593명(34.7%)으로 가장 많았고, 그 다음이 단기 방문(C-3)으로 3,635,898명(27.2%)이었다. 유학(D-2)은 140,160명, 일반 연수(D-4)•는 62,550명으로 각각 1.0%와 0.5%였다. 비록 차지하는 비율은 낮지만, 한국 교육기관의 학위과정을 이수하기 위한 '유학'과 한국어 학습을 주목적으로 하는 '일반 연수' 입국자 수의 증가는•• 국내 한국어 교육 수요가 그만큼 확

---

• 체류 자격 D-2에는 전문학사, 학사, 석사, 박사, 교환학생 등 학위과정 재학생이 모두 포함되고, D-4에는 대학부설 어학기관에서 한국어를 배우는 연수생과 다른 외국어를 배우는 연수생도 포함된다. 그러나 2015년 외국어 연수생은 6명에 불과해 D-4는 한국어 연수를 의미한다고 보아도 무방하다.

•• 전년대비 상승폭 면에서 보면 일반 연수(D-4)가 37.1% 가장 높게 나타났다. 유학(D-2)은 18.9%로 단기 취업(C-4, 31.3%)과 방문 동거(F-1, 20.1%)에 이어 4위를 차지했다.(법무부 출입국·외국인정책본부(2016), 『2015 출입국·외국인정책 통계연보』, pp.26-27.)

### 2015년 국내 입국 외국인 체류 자격

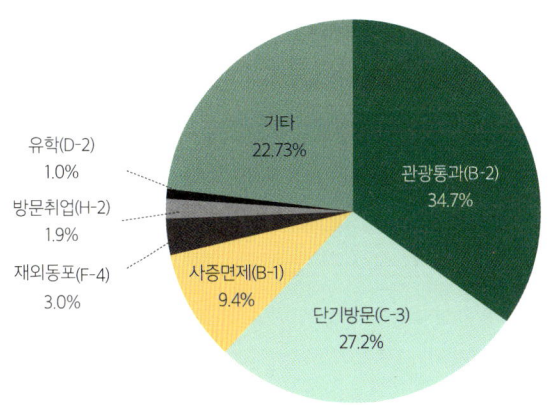

출처: 법무부 출입국·외국인정책본부(2016), 『2015 출입국·외국인정책 통계연보』, p.26

대되었음을 의미하므로 눈여겨보아야 한다.

1995년부터 2015년까지 외국인 유학생 수●의 변화를 5년 단위로 살펴보면, 특히 2005년과 2010년 사이에 급격한 증가폭을 보이는 점이 눈에 띈다. 이 시기는 한국 드라마로 시작된 한류가 K-POP을 통해 전 세계 젊은 층에게 확산되고, 정부 차원의 외국인 유학생 유치 전략이 본격적으로 추진되던 때이다. 바로 이러한 요인들이 유학생 수의 증가에 직접적인 영향을 미쳤다는 것을 짐작할 수 있다. 특히 2005년과 2010년 사이 한국어를 배우려는 '일반 연수'생이 17.4배나 증가한 점은 주목할 만하다.

국내 외국인 유학생 증가와 한류와의 연관성은 또 다른 조사에서도

---

● 한국어 교육과 관련해서는 어학연수생뿐 아니라 학위과정 유학생 수 증가도 중요한데, 이는 학위과정 입학 전 대부분의 유학생이 6개월에서 1년 정도의 한국어 연수를 거치기 때문이다.

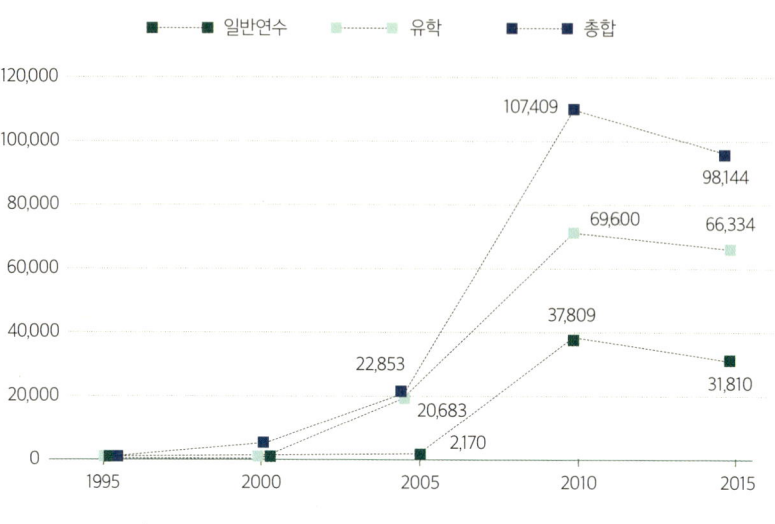

확인할 수 있었다. 2012년 국내 거주 외국인 유학생 950명을 대상*으로 한 설문조사 결과, 아시아권 유학생의 57%가 한국 유학 결정 시 한류의 영향을 받았다고 응답했다. 특히 한류가 한국 유학 결정에 영향을 주었다는 응답이 가장 많았던 일본인을 대상으로 재조사한 결과, 한류의 영향을 받았다는 답변이 무려 61.5%를 차지했다. 이와 같은 결과를 종합하면 일본을 비롯하여 반수가 넘는 아시아권의 유학생들이 자신이 좋아하는 한국의 대중문화를 계기로 학위취득이나 어학연수 등을 위해 한국 유학을 택했다고 이해할 수 있다.

● 조사 대상 유학생은 학부생 379명(39.9%), 대학원생 135명(14.2%), 한국어 연수생 418명(44%), 기타 18명(1.9%)이었다. 따라서 여기서 유학생은 학위과정생과 한국어 연수생 모두를 포함한다.

주한 외국인 유학생 한국문화탐방단 '아우르기'

국내 외국인 유학생 수의 비약적 증가에는 한류의 확산과 더불어 2005년부터 추진된 '스터디 코리아 프로젝트Study Korea Project' 등 정부의 노력도 주효했다. '스터디 코리아 프로젝트'란, 당시 1만 7,000명 수준에 머물렀던 국내 외국인 유학생 수를 2010년까지 5만 명 수준으로 확대하겠다는 내용으로 교육인적자원부가 발표한 외국인 유학생 유치 확대 방안이다. 아시아와 브릭스BRICS, 브라질·러시아·인도·중국·남아프리카공화국 신흥 경제 5개국 국가를 중심으로 정부초청 장학생 지원 규모를 늘리고, 정부와 대학 관계자들이 외국에서 직접 유학생 유치활동을 벌였다. 그 결과 당초 5만 명 유치를 목표로 했던 1단계 사업은 조기에 완료되었다. 이후 20만 명을 목표로 했던 2단계 사업은 전체 외국인 유학생의 증가를 이끌어온 중국인 유학생이 2012년부터 감소세를 보이면서 2020년에서 2023년으로 목표 연도를 수정했다. 하지만 목표 달성을 위해 GKSGlobal Korea Scholarship, 우수 유학생 장학 사업 규모를 확대하고 국립국제교육원 등을 통한 국가장학금 지급을 늘리는 등 여전히 다양한 노력을 기울이고 있다.

연도별, 학위과정별 정부초청 외국인 유학생 수 (단위: 명)

| 구분 연도 | 대학원 장학생 | | | 학부 장학생 | | 전체 | 초청 국가 수 |
| --- | --- | --- | --- | --- | --- | --- | --- |
| | 연구 | 석사 | 박사 | 전문학사 | 학사 | | |
| 1967~2005 | 126 | 580 | 265 | - | - | 971 | 79 |
| 2006 | 8 | 66 | 31 | - | 28 | 105 | 47 |
| 2007 | 6 | 59 | 36 | - | 32 | 101 | 54 |
| 2008 | 24 | 365 | 156 | - | 200 | 545 | 87 |
| 2009 | - | 279 | 78 | - | 147 | 504 | 97 |
| 2010 | - | 393 | 155 | - | 148 | 696 | 105 |
| 2011 | - | 213 | 87 | - | 100 | 400 | 97 |
| 2012 | - | 258 | 64 | - | 100 | 422 | 95 |
| 2013 | - | 555 | 155 | - | 117 | 827 | 114 |
| 2014 | - | 605 | 152 | - | 130 | 887 | 131 |
| 2015 | 2 | 560 | 156 | 10 | 110 | 838 | 131 |
| 2016 | - | 569 | 132 | 15 | 155 | 871 | 143 |
| 총계 | 166 | 3,933 | 1,335 | 25 | 1,112 | 6,296 | 155 |

출처: 오정은(2014), 『대한민국 정부초청 외국인 유학생 실태 분석』, p.6 ; 국립국제교육원 내부 자료

외국인 유학생 유치의 시초라 할 수 있는 정부초청 장학생 사업은, 다른 나라의 우수 인재를 국내로 초청해 지한파知韓派 내지 친한파親韓派로 육성하여 외교 및 경제 교류 협력의 인적 기반을 구축하는 데 디딤돌 역할을 해왔다. 1967년부터 시작된 이 사업을 통해 2016년까지 총 155개국 6,296명의 유학생들이 장학금을 받으며 한국에서 공부했다. 사업 시작 이후 38년간 총 초청 인원은 971명으로, 연평균 25명 안팎에 불과했다. 그러던 것이 2005년 '스터디 코리아 프로젝트' 추진과 함께 급속도로 늘어나, 2008년 이후로는 연평균 560여 명을 초청하고 있다. 관련 예산도 꾸준히 늘고 있는데, 2012년 524억 원이던 것이 2015년에는 1,000억 원 규모로 커졌고, 2023년까지 2,000억 원 규모로 확대될 전망이다.

이상에서 살펴본 것처럼 한류 확산을 계기로 한국에 관심을 가진 외국인 유학생 수가 급격히 증가했으며, 더불어 2000년대 중반 이후 정부의 유학생 유치 전략이 본격 가동되면서 그 수는 더욱 늘어났다. 물론 그 이면에는 개별 대학들의 유학생 유치 노력과 국가 경제 성장, 저렴한 유학비용 등 다양한 부가 요소가 뒷받침되었기에 가능한 결과였다. 이 같은 외국인 유학생 수의 증가는 곧 한국어 교육이 성장할 수 있는 기본 토양이 되었다.

## 한국어능력시험 TOPIK의 성장

국내 영어 학습자들에게 'TOEIC'이 있다면, 해외 한국어 학습자들에게는 바로 'TOPIK'이 있다. 한국어능력시험 TOPIK Test of Proficiency in Korean은 한국어를 모국어로 하지 않는 외국인 및 재외동포들의 한국어 사용 능력을 측정·평가하는 시험이다. 2016년 기준 총 73개 국가에서 25만 명이 넘는 외국인들이 응시한 것으로 나타났다. 응시자들은 시험을 통해 자신의 한국어 실력을 확인하거나, 시험 결과를 한국 유학 및 취업 등에 활용하기도 했다. 한국어능력시험은 한국어 학습의 방향을 제시하고, 한국어 보급 확대를 목적으로 한다는 점에서 한국어 세계화의 정도를 가늠해 볼 수 있는 주요 지표라 할 수 있다.

시험 시행 국가를 살펴보면, 1997년에 시행된 제1회 시험은 한국, 일본, 카자흐스탄, 우즈베키스탄 4개국에서만 치러졌다. 이후 해마다 한두 국가씩 시행 국가 수가 늘다가 2000년대 중반부터 한류 열풍으로 그 규모가 급속히 확대되는 양상을 보였다. 또한 초기 시험이 재외동포가 많은 국가를 중심으로 시행되었다면, 이후에는 경제 교류가 활발하거나 한류 현상이 두드러진 지역으로, 그리고 최근에는 점차 교류가 뜸한 지역으로까지 확산되는 경향을 보인다. 대륙별로 살펴보면, 2000년대 중반까지 베트남, 태국, 대만 등 아시아 전역으로 시행 지역이 확대되었고, 2006년 이후에는 타지키스탄, 아제르바이잔, 터키, 벨라루스, 아르메니아 등 중앙아시

한국어능력시험 TOPIK

아와 유럽까지 시행이 확대되었다. 그리고 2009년 제15회 시험이 이집트에서 실시되면서 아프리카를 포함한 전 세계 6대주에서 시험이 시행되기에 이르렀다.

　한국어능력시험 시행 국가와 연간 시행 횟수가 늘어난 것은 그만큼 시험을 치르고자 하는 국내외 수요자가 증가했음을 의미한다. 회차마다 시험을 치르는 국가와 지역이 조금씩 다르기는 하지만 지원자 수는 꾸준히 증가세를 보여왔다. 시행 첫해 2,700명이 채 안 되던 지원자 수가 2003년에 12,000명을 넘어서더니 2006년에는 35,000명에 근접했다. 10년 사이 약 13배가 늘어난 셈으로, 이는 한류의 영향으로 중국 지역 지원자가 급증한 것이 주원인이었다.● 시험이 연 2회로 확대된 2007년과 2008년에는 지원자가 해마다 2배가량 늘어났고, 2009년 189,261명을 정점으로 점차 감소하는 추세를 보였다. 그러다가 2013년 지원자 수가 회복세를 보였고, 시험 횟수가 추가로 늘어난 2014년부터는 매년 20만 명 이상 지원하고 있어 앞으로의 증가세가 기대된다.

　무엇보다 주목할 점은 2005년과 2011~2013년 사이에 한국어능력시험 시행 국가 수가 급속히 늘어난 현상이다. 이는 한류의 직접적 영향으로 볼 수 있는데, 실제로 2005년은 아시아를 중심으로 인기를 끌던 한류가 유럽과 중동 지역으로까지 확산되던 때이다. 이 중 이 시기 대표 한류 드라마로 꼽히는 〈대장금〉의 경우, 중화권을 중심으로 시작된 인기가 전 세계로 확산되면서 90여 개국에 수출되었다. 이 가운데 이란의 경우, 2006년에 방

---

● 1999년 244명에 불과했던 중국 지역 응시자 수는 2005년 6,000명을 넘어선 이후 해마다 평균 1만 명씩 증가했다. 2008년에 34,402명을 기록한 이후 2010년까지 비슷한 수를 유지했다. 국립국제교육원의 「한국어능력시험 지역별/연도별 지원자 현황」 자료에 따르면, 2013년에 중국 지역 지원자 수가 41,262명으로 4만 명을 넘어선 데 이어 2016년에는 65,014명으로 역대 최다를 기록했다.

영돼 최고 시청률 90%라는 어마어마한 기록을 내기도 했다. 이러한 〈대장금〉의 인기는 한국 드라마뿐만이 아닌 드라마 속에 등장한 전통 의복, 음식 등 한국 문화 전반에 대한 관심으로 확대되었고, 이것이 한국어 학습 의욕 또한 고취시킨 것으로 여겨진다.

또 2010년대 초반에 시험 시행 국가가 급격하게 증가한 이유는, 유럽발 K-POP 열풍이 반영된 결과로 보인다. 2011년 6월에 프랑스 파리에서 열린 'SM 타운 콘서트'의 대성공이 그 단적인 예이다. 2012년 하반기에는 싸이의 〈강남스타일〉이 미국 빌보드차트 7주 연속 2위, 아이튠즈 음원 다운로드 2개월 이상 1위, 유튜브 누적 조회 수 세계 1위, 세계 20여 개국 음악 차트 정상에 오르며 신드롬을 일으킨 바 있다. 한국어능력시험 응시자 수 증가세가 2010년대 초에 잠시 주춤하다가 2013년에 다시 증가세로 돌아선 것도 이러한 흐름과 직접적으로 관련된 것으로 보인다.

# 한국어능력시험 TOPIK

최초의 한국어능력시험은 1997년 한국학술진흥재단현 한국연구재단 주관으로 실시되었다. 2년 후, 1999년에 주관기관이 한국교육과정평가원으로 변경되어 2010년까지 지속되었다. 그 사이 연 1회 실시되던 시험이 2007년부터 연 2회로 확대되었고, 일상생활 외에 한국 기업체 취업에 필요한 의사소통 능력을 평가하기 위한 실무한국어능력시험B-TOPIK도 신설되었다. 뒤이어 2010년에 시험이 연 4회 시행으로 재차 확대되고, 2014년 연 5회 시행에 이어 2015년부터는 연 6회 시행되고 있다. 한국어능력시험은 2011년에 국립국제교육원으로 업무가 이관되고, 준비 기간을 거쳐 2014년 제35회 시험부터 개편된 체제로 운용되고 있다.

| 구분 | 2014년도 이전 | 2014년도 이후 | |
|---|---|---|---|
| 시험 등급 | 한국어능력시험 초급(1-2급) | 한국어능력시험 I (1-2급) | |
| | 한국어능력시험 중급(3-4급) | 한국어능력시험 II (3-6급) | |
| | 한국어능력시험 고급(5-6급) | | |
| 평가 영역 | 한국어능력시험(초, 중, 고급) | 한국어능력시험 I | 한국어능력시험 II |
| | ·어휘 및 문법(30문항)<br>·쓰기(서답형 4-6문항, 작문형 1문항, 선택형 10문항)<br>·듣기(30문항)<br>·읽기(30문항) | ·읽기(40문항)<br>·듣기(30문항) | ·읽기(50문항)<br>·듣기(50문항)<br>·쓰기(4문항) |
| 합격 기준 | ·사전 공지된 등급 분할점수로 등급 판정<br>·영역별 최저득점 요구하는 과락제도 | ·획득한 총 점수에 따른 인정 등급 판정<br>·영역별 최저득점 요구하는 과락제도 폐지 | |

### 연도별 한국어능력시험 시행 국가와 지원자 수

| 연도 | 회차 | 국가 수 | 지원자 수 | 신규 시행 국가 |
|---|---|---|---|---|
| 1997 | 1회 | 4 | 2,692 | 한국, 일본, 카자흐스탄, 우즈베키스탄 |
| 1998 | 2회 | 6 | 3,227 | 중국, 미국 |
| 1999 | 3회 | 7 | 3,926 | 키르기스스탄, 몽골 |
| 2000 | 4회 | 9 | 5,976 | 러시아 |
| 2001 | 5회 | 10 | 7,475 | 호주 |
| 2002 | 6회 | 10 | 8,788 | |
| 2003 | 7회 | 13 | 12,187 | 독일, 브라질, 베트남 |
| 2004 | 8회 | 16 | 17,545 | 태국, 캐나다, 영국 |
| 2005 | 9회 | 25 | 26,611 | 대만, 필리핀, 싱가포르, 방글라데시, 말레이시아, 미얀마, 파라과이, 아르헨티나, 프랑스 |
| 2006 | 10회 | 28 | 34,028 | 인도, 타지키스탄, 아제르바이잔 |
| 2007 | 11·12회 | 28 | 82,881 | |
| 2008 | 13·14회 | 31 | 159,745 | 인도네시아, 터키, 라오스 |
| 2009 | 15·16회 | 35 | 189,261 | 파키스탄, 체코, 이집트, 벨라루스 |
| 2010 | 17~20회 | 38 | 169,253 | 이탈리아, 아르메니아, 캄보디아, 스페인 |
| 2011 | 21~24회 | 47 | 121,550 | 콜롬비아, 우크라이나, 불가리아, 헝가리, 도미니카, 이란, 브루나이, 멕시코, 투르크메니스탄 |
| 2012 | 25~28회 | 53 | 151,166 | 포르투갈, 아랍에미리트, 케냐, 칠레, 베네수엘라, 에콰도르 |
| 2013 | 29~32회 | 62 | 167,853 | 스리랑카, 남아프리카공화국, 뉴질랜드, 그리스, 페루, 코스타리카, 루마니아, 과테말라, 니카라과 |
| 2014 | 33~37회 | 67 | 208,448 | 핀란드, 요르단, 오스트리아, 쿠바, 노르웨이 |
| 2015 | 38~43회 | 70 | 206,768 | 네덜란드, 네팔, 조지아 |
| 2016 | 44~49회 | 73 | 250,121 | 폴란드, 모로코, 자메이카 |

- 1997년부터 2010년까지는 한국교육과정평가원에서 발간한 『한국어능력시험 15년사』의 자료를 재구성하였고, 2011년 이후로는 국립국제교육원에 별도 요청해 받은 자료를 바탕으로 하였다. 이하 한국어능력시험과 관련한 통계 자료는 모두 같은 방식으로 정리한 것이며, 특별한 언급이 없는 경우 일반 한국어능력시험을 지칭한다는 점을 밝혀 둔다.

한류 인기와 한국어능력시험의 증가세

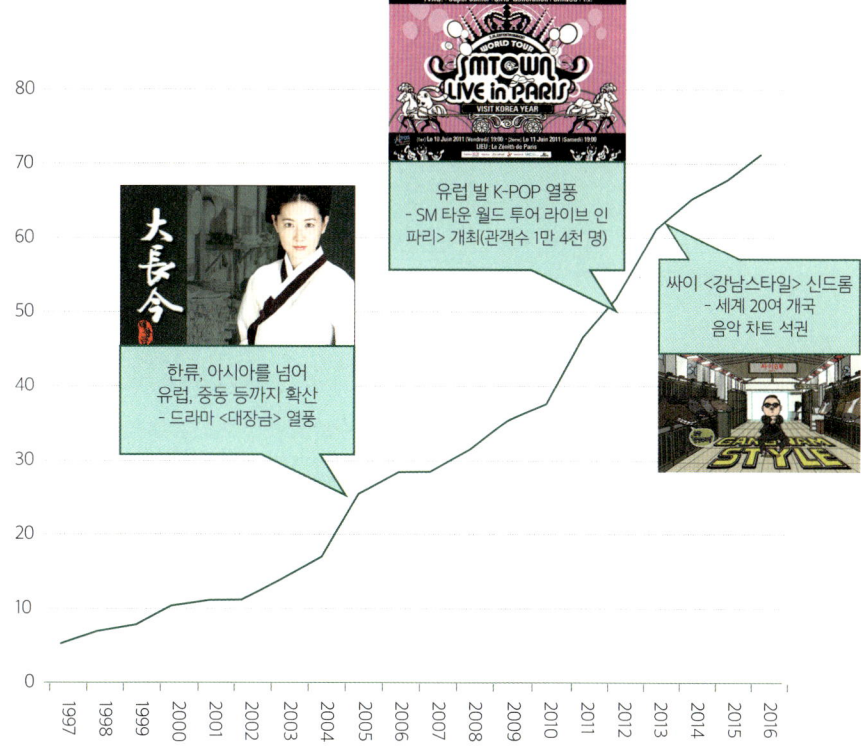

출처: 한국교육과정평가원(2010), 『한국어능력시험 15년사』, p.261 ; 국립국제교육원 내부 자료

한류의 정성적 파급효과

🇹🇭 태국

## 6개 시험장에서 성대하게 치러진 태국 한국어능력시험

한국어능력시험 in 방콕

2016년 3월 20일, 제45회 한국어능력시험TOPIK이 태국의 수도 방콕씨나카린위롯대학교, 라영위타야콤학교을 비롯하여, 동부레누타컨위타야누꾼학교, 북서부치앙마이라찻팟대학교, 북동부마하사라캄대학교, 동북부 남부송클라워리나리찰럼학교 등 태국 전역 6곳에서 동시에 시행되었다.

이번 TOPIK 시험에는 총 1,113명이 응시했다. 이전까지는 한국어 전공 대학생, 태국 거주 한인재외동포 학생들이 TOPIK 응시자의 대다수를 차지했는데, 이번 회차에는 태국 중등학생 응시자가 500여 명에 달했다. 제2외국어로 한국어를 채택한 태국의 중등학교가 100여 개에 이르고 있긴 하나, 이렇게 많은 태국 중등학생들이 TOPIK 시험에 응시한 것은 이번이 처음이다. 태국 지역 TOPIK 주관기관인 주태국한국교육원장 윤소영은 태국의 중등학교에 TOPIK을 적극 홍보하는 한편, 태국 중등학교 세 곳을 특별시험장으로 개설한 것이 중등학생 응시자를 늘리는 데 주효했다고 보고 있다.

2015년 3월 기준, 태국 내 11개 대학교에서 한국어학과 전공을 개설하고, 30개 대학에서는 한국어를 교양과목으로 가르치고 있다. 또한, 전국 75개의 공립 중·고등학교와 20여 개의 사립 중등학교에서 제2외국어과목으로 한국어를 채택하면서 약 25,000여 명의 학생들이 배우고 있다. 이처럼 한국어를 학습하는 학생들이 상당수이면서 TOPIK 시험에 대한 수요 또한 계속 늘어날 것으로 예상된다.

출처: 한국문화산업교류재단, 태국 통신원

 미얀마

## 코리안 드림의 열쇠, 미얀마 한국어능력시험

2016년 10월 18일, 미얀마 최대 도시 양곤과 제2의 도시 만달레이에서 제48회 한국어능력시험이 치러졌다. 한국어능력시험의 시험 성적이 한국유학이나 취업을 준비할 시에 자신의 한국어 소양을 증빙할 수 있는 공인자격증으로 널리 활용되고 있어, 미얀마 현지 대학생들과 취업준비생들 사이에서 응시 열풍이 거세다.

이번 한국어능력시험은 특히 미얀마 소재 외국어대학교양곤외국어대학교, 만달레이외국어대학교 한국어과 재학생들이 대부분 참여하여 높은 시험 응시율을 보였다. 뿐만 아니라 한국에서 공부하고 싶은 열망을 품은 다른 대학교 재학생들도 전공과 상관없이 참가하면서 뜨거운 열기를 더했다. 양곤 시험장에서는 1,100여 명이, 만달레이 시험장에서는 약 300여 명이 시험에 응시했다.

시험 종료 후 실시한 인터뷰에서는 응답자 대부분이 '한국어능력시험이 자신의 인생을 새롭게 바꿔줄 것'이라 말하며, 이른바 '코리안 드림Korean Dream'을 이루는 주춧돌이 되어줄 것이라는 기대감을 드러냈다. 응시자의 신분이 학생으로 국한되지 않고 직장인들까지 포함되었다는 점도 눈에 띄는 대목이었다. 이처럼 미얀마 양곤과 만달레이 두 곳에서 실시된 제48회 한국어능력시험은 단순히 한국어의 소양이 어느 수준인가를 가늠할 수 있는 학문적인 시험의 장을 넘어, 미얀마에서 살고 있는 미얀마 국민들 개개인의 미래를 바꿔줄 수 있는, '미래로 가는 열쇠를 얻는 기회'이기도 했다.

출처: 한국문화산업교류재단, 미얀마 통신원

이상에서 살펴본 바와 같이, 한국어능력시험은 지난 20년간 괄목할 만한 성장을 거듭했다. 2017년에는 전 세계 73개국 218개 지역에서 시행될 예정으로, 처음 4개국이었던 시험 시행 국가가 18배 이상 늘었다. 지원자 수는 2,692명에서 206,768명으로 무려 77배 가까이 증가하는 등 명실상부 한국어 능력 평가의 기준으로 자리를 잡았다고 해도 과언이 아니다.

이러한 성장은 한류의 영향을 받은 국내외 한국어 학습자의 폭발적 증가를 빼고는 설명하기 어려우며, 나아가 한국어 세계화의 현주소를 보여 주는 지표라 하겠다.

## 학생만큼 늘어난 한국어 선생님

### 국내 한국어 교육계 성장

1990년대 이후 꾸준히 증가하던 외국인 유학생이 2000년대 중반부터 급증하면서 국내 한국어 교육계도 짧은 기간 내에 급속한 성장을 이뤄냈다.

---

- 한국어 교육은 외국인이나 재외동포가 교육 대상이라는 점에서 모국어 화자를 대상으로 한 국어 교육과 구별된다. 이러한 학문적 정체성과 한국어 교육계의 성장을 기반으로 한국어 교육학은 2002년부터 국어학과 국어 교육의 하위 학문이 아닌 독립된 학문 분야로 인정되었고, 2004년부터는 국어학 연감에서도 별도로 기술되기 시작했다.

분야를 막론하고 일정한 정도의 양적 성장이 이루어져야만 질적 성장이 가능한 법이기에 한국어 교육계 역시 2000년대까지는 양적 성장에 치중하였고, 2010년대 이후로는 질적인 성장을 꾀하며 새로운 발전을 모색하고 있다.

국내 한국어 교육계의 성장 과정을 이해하기 위해서는 대학 부설 한국어 교육기관의 과거를 돌아보는 것이 도움이 된다. 맨 처음 설립된 기관은 연세대 한국어학당으로, 1959년부터 외국인 선교사들을 대상으로 한국어를 가르치기 시작했다. 그 뒤를 이어 1969년에 서울대 어학연구소에서 한국어 교육을 시작했으며, 1980년대 중반까지는 연세대와 서울대의 두 기관만이 존재했다. 이후 고려대 민족문화연구소 1986년, 이화여대 언어교육원 1988년, 선문대 한국어교육원 1989년이 차례로 문을 열었다. 1990년대에 들어서는 경희대 국제교육원 1993년을 시작으로 서강대, 성균관대, 한양대 등에 대학 부설 한국어 교육기관이 생겨났다. 계속해서 새로운 기관들이 늘어나면서, 기관 간 유학생 정보를 교류하고 협력할 필요성도 커졌다. 이에 2006년에는 한국어교육기관대표자협의회가 결성되었다. 당시 50여 개였던 회원 교는 2016년 기준, 2년제 대학을 포함해 147개 교로 늘었다. 10년 사이 약 세 배가 증가한 것으로 국내 한국어 교육계의 성장세를 짐작할 수 있게 한다.

1990년대 이후 한국어 교육기관이 급격히 증가한 이유는 국내 외국인 유학생 수가 그만큼 단기간에 늘어났기 때문이다. 1986년 아시안게임과 1988년 올림픽 개최를 통해 대한민국의 국제적 위상이 높아졌고, 무엇보다 급속한 경제 성장을 이룬 신흥 경제 강국의 이미지가 한국에 대한 외국인의 관심을 증폭시켰다. 또한 1989년 해외여행 전면 자유화 조치로 우리 문화와 타문화의 접촉 기회가 늘어났으며, 국내 기업의 해외 진출 확대로 한국어 교육에 대한 국내외 수요도 증가했다. 이러한 모든 것들의 상호 작용으로 한국 유학을 택하는 외국인 수가 늘어나면서, 이와 더불어 국내 한국어 교육 발전의 토대가 마련된 것이 1990년대까지의 상황이다. 이를 바탕으로 2000년 전후, 한류 열풍을 결정적 계기로 삼아 국내 한국어 교육계는 본격적인 성장에 돌입했다.

한편, 한국어를 배우려는 외국인 학습자가 급증하면서 전문성을 갖춘 한국어 교사를 배출하는 것이 중요한 문제로 대두되었다. 이에 학부와 대학원에 한국어 교육학과나 한국어 교육 전공과정이 개설되었고, 졸업 시 요건을 충족하면 한국어 교원 자격을 부여하는 제도도 마련되었다. 국립국어원의 2014년 『국어연감』에 따르면 한국어 교원을 교육하는 기관은 학부 54개, 대학원 108개일반 43, 교육 33, 기타 32, 학점은행제 24개에 이른다. 학부 10개, 대학원 21개이던 10년 전과 비교해 보면 다섯 배 이상 늘어난 것으로 놀랄 만한 성장이 아닐 수 없다. 한국어 교원 자격 취득자도 2006년에 868명이 배출된 이래 2015년까지 총 23,220명이 자격을 얻었다. 교사 교육을 담당하는 기관과 교사 모두 뚜렷한 양적 성장을 이룬 셈이다. 이에 따라 지금이야말로 교사 교육의 충실성을 강화하고 일정 기간마다 재교육을 실시하는 등 제도 보완과 개선을 통해 질적 발전을 꾀해야 할 시기라는 의견이 지배적이다.

**한국어 교원 자격 취득자 수** (단위: 명)

| 연도 | 2006 | 2007 | 2008 | 2009 | 2010 | 2011 | 2012 | 2013 | 2014 | 2015 | 누계 |
|---|---|---|---|---|---|---|---|---|---|---|---|
| 취득자 수 | 868 | 639 | 842 | 1,037 | 2,157 | 1,809 | 2,337 | 3,138 | 4,556 | 5,837 | 23,220 |

출처: 국립국어원, 「2015년 한국어 교원자격제도 길잡이」 p.11

한국어를 배우는 외국인 학습자 수가 늘면서 학습 주체나 학습 목적 등에서도 일정한 변화가 나타났다. 1990년대 중후반까지는 외국인 교환학생과 정부초청 장학생, 재외동포 자녀가 다수를 차지했다면, 2000년대 이후부터는 국내 대학 진학을 목적으로 하는 중국인 자비 유학생이 급증했

한국어 교육 수강 중인 외국인 이주 노동자들

다. 또한 한류의 영향으로 한국 문화를 체험하고 즐기려는 취미 목적 학습자가 증가하였고, 외국인 노동자와 여성 결혼 이민자 등 한국 사회 적응을 위해 한국어를 배우는 학습자도 늘어났다.

 이러한 학습자군의 변화에 따라 한국어 교육계에서는 다양한 교육과정과 교수법, 교재 개발 등이 요구되었고, 이것이 한국어 교육의 질적 발전을 위한 계기가 되었다. 이에 대학 부설 한국어 교육기관을 중심으로 초급부터 고급까지의 단계별 교재가 출간되었고 말하기, 듣기, 읽기, 쓰기 등 영역별 교재와 외국인을 위한 한국어 학습 사전도 개발되었다. 이밖에 유학생을 위한 학문 목적 교재나 여성 결혼 이민자를 위한 교재, 비즈니스를 위한 교재 등 특수 목적 교재도 출간되어 한국어 교수-학습의 체계를 갖추기 시작했다.

    한국어 교육 현장에서 시작된 질적 변화는 한국어 교육학의 학문적 성과로도 이어졌다. 2009년 750건이던 연구 성과물이 2013년에는 1,250건으로 증가해 전체 한국어 분야 연구물 중 1위를 차지했다. 각각의 개별적인 연구 성과의 가치를 측정, 비교하기는 어렵지만, 많은 양이 제출되고 있다는 것은 그만큼 학문적 깊이를 더해 가기 위한 필수적이면서 고무적인 현상임에 틀림없다. 앞으로 이러한 연구 성과들이 교수법이나 교재 등을 통해 교육 현장에 다시 적용됨으로써 교육의 선순환 구조를 형성하리라 기대한다.

# 한국어 교육 영토의 현주소

## 해외에서의 한국어 교육 확산

    해외에서의 한국어 교육은 학습 대상에 따라 외국인과 재외동포 교육으로 나뉜다. 외국인을 대상으로 한 한국어 교육은 다시 교육 주체와 담당 기관에 따라 정규/비정규 교육으로 구분할 수 있다. 여기서 정규 교육이란, 정규 교육과정 내에서 해당 국가 정부의 외국어 교육정책에 따라 초·중등학교에서 시행되는 제2, 제3외국어로서의 한국어 교육과 해외 대학 학부 및 대학원의 한국어학과에서 이루어지는 교육을 가리킨다.

2013년 기준, 한국어를 제2외국어로 채택한 나라와 학교는 24개국 882개교였다. 이 가운데 일본이 312개교35.5%로 가장 많았다. 이어서 미국 122개교13.8%, 태국 67개교7.8%, 대만 58개교6.5%, 호주 57개교6.4% 순이었다. 학생 수는 태국이 가장 많은 것으로 나타났는데, 전 세계 82,886명 중 26.7%22,153명가 태국인이었고, 다음은 일본 12,323명14.8%, 미국 10,588명12.7%, 우즈베키스탄 7,102명8.5% 순이었다. 일본과 미국 내에 한국어를 가르치는 학교가 많은 것은 우리 재외동포 자녀들이 다수 거주한 것이 영향을 미친 것으로 보인다. 한국어를 배우는 학생 수가 태국이 가장 많은 이유는 한국 드라마와 K-POP 등 한류의 영향으로 태국 현지 청소년들의 한국어에 대한 관심이 커졌기 때문이다. 이밖에 한국어 강좌가 개설된 해외 대학은 845개로 집계되고 있으며, 이 역시 한류의 유행에 따라 점차 늘어나고 있는 추세이다.

해외에서 외국인을 대상으로 하는 비정규 교육기관은 세종학당이 대표적이다. 세종학당은 한국어 교육 확산을 목표로 2007년 3월 최초 개원한 이래 학당 수와 수강생 모두 큰 폭으로 증가하고 있다. 2015년 기준, 전 세계 54개국 138개소의 세종학당을 통해 약 43,308명이 한국어 수업을 듣고 다양한 한국 문화 체험에 참여하고 있다. 2016년에는 5개소가 추가 증설돼, 57개국 143개소의 세종학당이 운영 중이다.

연도별 세종학당 개설 현황 및 수강자 수 변화

| 구분 | 2007 | 2008 | 2009 | 2010 | 2011 | 2012 | 2013 | 2014 | 2015 | 2016 |
|---|---|---|---|---|---|---|---|---|---|---|
| 세종학당 수 | 3개국 13개소 | 4개국 14개소 | 6개국 17개소 | 13개국 23개소 | 31개국 60개소 | 43개국 90개소 | 52개국 120개소 | 54개국 130개소 | 54개국 138개소 | 57개국 143개소 |
| 수강자 수(명) | 740 | 2,906 | 4,301 | 6,016 | 18,508 | 28,793 | 37,339 | 44,146 | 43,308 | - |

출처: 문화체육관광부

세종학당에는 한국 문화, 특히 한국 대중문화에 관심을 가진 일반인 수강자가 많다. 이러한 이유로 한류의 파급력이 수강자 수 증가에 직접적인 영향을 미치는 것으로 보인다. 특히 K-POP 열풍이 뜨거웠던 2010년 이후 세종학당 수강자 수가 가파르게 상승한 것만 봐도 이를 짐작할 수 있다.

실제로 2013년 세종학당재단에서 세종학당 학습자 36개국, 67개소의 3,090명을 대상으로 조사한 결과에 따르면, 한국어 학습 동기 및 목적 중 '한국 대중문화에 대한 높은 관심'이 31.2%로 가장 높게 나타났다. 다음으로는 한국 및 한국어에 대한 단순 호기심 차원19.1%, 한국 기업 근무 및 취업 18.4%, 한국 유학 목적17.3%, 한국어 전공을 위한 학업 목적8.8% 순이었다. 이는 해외에서 한류 콘텐츠 수요가 한국어 학습에 대한 직접적 요구로 이어지고 있다는 점을 다시 한 번 확인시켜주는 결과이다.

세종학당 사업은 세계적인 한국어 교육 브랜드 육성이라는 비전 아래 2015년까지 전 세계에 500개의 학당 설립을 목표로 출발했으나, 아직까지 수적으로는 그에 미치지 못했다. 하지만 2011년 한국문화원, 2016년 한국교육원과 통합을 통해 명실상부 대한민국 대표 한국어 교육 브랜드로 자리 잡았다. 무엇보다 그간 문화체육관광부와 교육부, 외교부 등이 별개로 진행했던 한국어 교육을 통합·관리함으로써 효율적이고 내실 있는 해외 한국어 교육이 가능해졌다. 또한 세종학당재단이 그간 추진해 왔던 표준교육 과정 마련과 교사 양성 및 재교육, 교재와 익힘책의 개발 및 현지화, 누리-세종학당을 통한 온라인 교육 활성화 등이 현장에서 교육 만족도 제고로 이어질 것으로 기대되고 있다.

한국어 교육의 중요한 부분을 차지하고 있는 720만여 명 재외동포의 한국어 교육에 대해서도 간략히 짚고 넘어가겠다. 재외동포 한국어 교육은 2015년 기준, 117개국 1,875개의 한글학교를 통해 이루어지고 있다. 외국

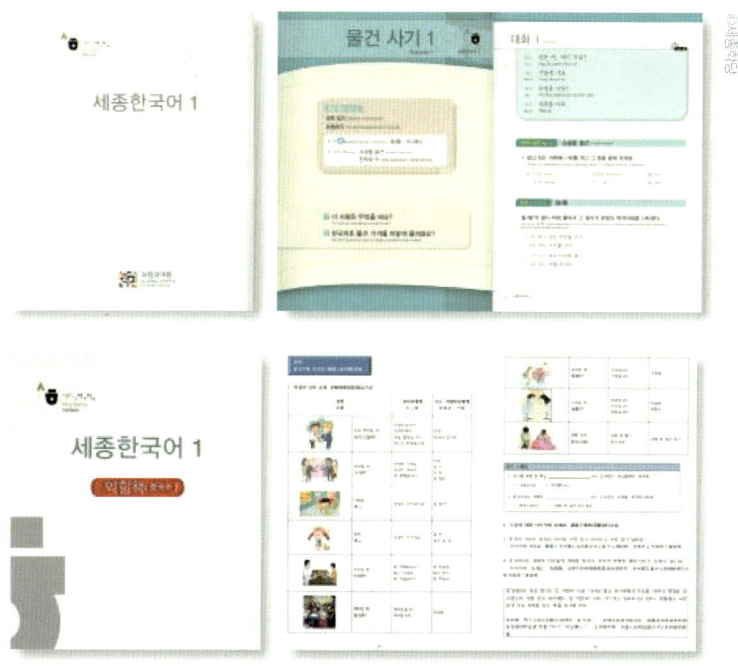

<세종한국어> 번역본 및 익힘책

위) 세종학당 학습자의 모국어 배경에 맞춰 세종학당 표준 교재를 활용할 수 있도록 언어권별 번역본 개발 및 전자책으로 제작하여 누리-세종학당을 통해 보급함
아래) 세종학당 학습자의 모국어로 된 문법 설명을 포함해 학습자들에게 익숙한 삽화, 사진 등을 활용해 제작함. 영어, 스페인어, 몽골어, 베트남어, 중국어 교재 발간

인 대상의 교육과 마찬가지로 정규/비정규 교육으로 나뉜다. 2015년 기준 15개국 32개 한국학교에서 진행 중이며 주로 민족적 뿌리와 정체성을 강조하는 교육이 중심을 이룬다. 후자는 주말에 열리는 한글학교에서 진행되는 교육으로, 북미 지역에서 활발하게 진행되고 있다. 세계 곳곳에서 한국과 한국어, 한국 문화에 대한 관심이 증대하고 있는 만큼, 재외동포 한국어 교육에 대한 적극 지원을 통해 현지 문화와 소통하는 지속 가능한 한류의 청사진을 그릴 수 있도록 대처 방안을 논의해야 할 시점이다.

### 2015년 전 세계 한글학교 현황
(단위: 명)

| 대륙 | 국가 수 | 학교 수 | 교사 수 | 학생 수 |
|---|---|---|---|---|
| 아시아 | 19 | 293 | 2,196 | 18,344 |
| 오세아니아 | 4 | 66 | 780 | 5,365 |
| 북미 | 2 | 1,051 | 9,637 | 56,260 |
| 중남미 | 21 | 90 | 734 | 5,780 |
| 유럽 | 27 | 109 | 860 | 5,569 |
| 러시아·CIS | 9 | 219 | 629 | 9,705 |
| 아프리카·중동 | 35 | 47 | 340 | 1,857 |
| 계 | 117 | 1,875 | 15,176 | 102,880 |

출처: 재외동포재단(2016), 『재외동포재단 연차보고서: 2015』, p.7

### 한류 동호회 증감 현황(2014~2016)

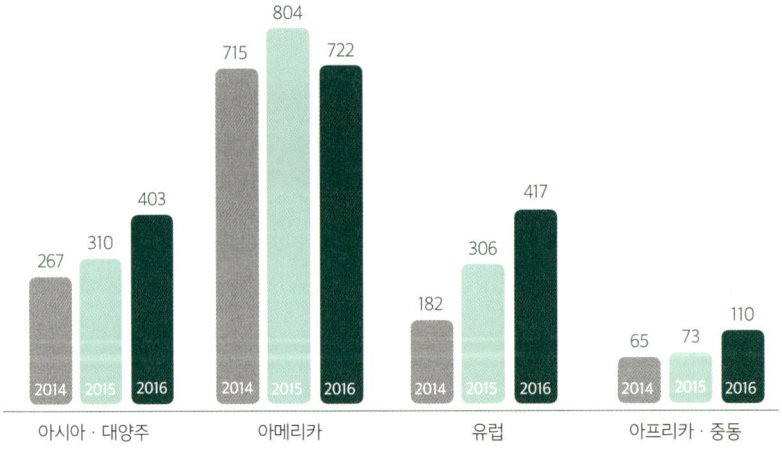

출처: 한국국제교류재단(2017), 『지구촌 한류 현황』

    한국어 교육의 확산과 관련해 한 가지 고려할 사항은 한류 팬 커뮤니티이다. 한국국제교류재단의 『2016 지구촌 한류 현황』에 따르면, 2016년 12월 기준 전 세계 88개국 1,652개의 한류 동호회가 결성되어 있고 회원

한류 커뮤니티 활동 지원 프로그램 '한류 컴온(Hallyu Com-On)'

수는 약 5,940만 명에 달한다. 지역별로는 아시아·대양주가 403개 약 4,011만 명, 미주 722개 약 901만 명, 유럽 417개 약 1,008만 명, 아프리카·중동 지역이 110개 약 20만 명로 나타났다. 이들 한류 동호회 및 회원들의 활동이 한국어 확산에 긍정적으로 작용할 수 있다는 점에서, 이에 대한 연구 및 지원 방안에 대해 체계적으로 고민해 보아야 할 것이다.

## 해외 한국어 말하기 대회 현장을 가다

타슈켄트 세종학당 한국어 말하기 대회 및 K-POP 경연 대회

　매년 봄, 가을 2회씩 개최되던 세종학당의 <K-POP 경연 대회>가 2015년에는 특별히 <한국어 말하기 대회>와 함께 타슈켄트 한국 교육원 대강당에서 성대하게 개최되었다. 행사가 진행되는 5층 대강당을 향해 한 계단씩 올라갈 때마다 곳곳에서 들려오는 K-POP 음악소리와 거기에 맞춰 목을 풀거나 두 손에 꼭 쥔 종이를 보며 큰소리로 한국어를 읽어 내려가는 참가자들의 모습은 경연에 대한 기대를 높여주기에 충분했다.

　이 가운데 <한국어 말하기 대회>에는 총 9명의 참가자들이 '나의 꿈'이라는 주제로 그들이 실현하고픈 꿈과 희망에 대해 발표했다. 어린 시절 병에 걸려 일찍 세상을 떠난 언니의 몫까지 최선을 다해 노력해 한국-우즈벡 문화센터를 열고 싶다는 '주마예바 카몰라'에서부터 각국의 음식을 다양하게 맛볼 수 있는 식당을 열고 싶다는 '유누소바 지요다'까지, 모든 참가자들은 훌륭한 한국어 발음으로 현실적으로 공감되는 이야기를 발표해 우열을 가리기가 힘들었다. 특히 이들 가운데 '장 안나'는 운동선수로서의 꿈을 부상으로 인해 포기했으나 그때 만난 한국어를 통해 다시 새로운 꿈을 꾸게 되었다며, 본인처럼 꿈을 찾지 못해 방황하는 이들을 위해 살고 싶다는 내용으로 방청객들로부터 큰 호응을 얻었다.

<한국어 말하기 대회> 대상은 노벨 평화상 최연소 수상자인 파키스탄의 인권운동가 말랄라 유사프자이의 예를 들며, 그가 겪은 불행들이 다른 이들에게 더 이상 되풀이되지 않게 힘이 되어줄 수 있는 NGO 단체에서 활동하고 싶다고 말한 '한 빅토리아'가 차지했다. 이번 한국어 말하기 대회를 통해 수준 높기로 정평이 난 세종학당 학생들의 한국어 실력을 다시금 확인할 수 있었다.

그외 <K-POP 경연 대회>에는 총 8팀이 참가했는데, 그중 '야쿠보바 레마'가 무대 등장에서부터 밴드와 함께 베트남 농부 퍼포먼스를 선보이는 등 남다른 무대 장악력으로 대상을 거머쥐었다.

출처: 한국문화산업교류재단, 우즈베키스탄 통신원

# 한류와
# 한국어 교육의 미래

### 또다시 그 너머를 꿈꾸며

지금까지 한류의 인기를 바탕으로 그 영역을 급속하게 확장하고 있는 한국어 교육의 다양한 면면을 살펴보았다. 한국어 교육은 짧은 시간 동안 급속한 성장을 이룩했으며, 지금도 그 확장세는 계속 이어지고 있다. 그러나 세계정세가 하루하루 급변하는 지금, 한류와 한국어 교육의 토대가 결코 안전하다고는 볼 수 없다. 이러한 상황에서 한류 발전과 한국어 세계화 발전이 함께 갈 수 있는 방안 몇 가지를 제안하고자 한다.

첫째, 한류와 한국어를 포함한 한국 문화를 타국에 일방적으로 전달하거나 강요하는 것은 해당 국가 사람들의 반감을 불러올 수 있으므로 이를 지양해야 한다. 한국어가 세계적으로 유례를 찾기 힘든 과학적이고 독창적이며 편리한 언어임에 분명하지만, 그렇다고 해서 그 나라 언어보다 우월한 것은 아니다. 그들에게는 자신의 모국어가 자신의 문화를 표현하기에 가장 편리하고 좋은 언어이다. 따라서 한류나 한국어 교육은 현지 문화를 존중하는 문화 상대주의적 태도에서 출발해 쌍방향 문화 소통을 지향하는 개방성을 잃지 않도록 해야 한다.

둘째, 한류의 인기와 한국어 교육의 수요를 직접적으로 관련지으려는 실천적 노력이 필요하다. 예를 들어 많은 사람들이 좋아하는 한류 콘텐츠를 활용해 한국어 및 한국 문화 교육을 진행하면 학습자 요구에 적합한

# 미국 아마존 사전 부문 판매량 1위에 오른
# 『The K-POP Dictionary』

『The K-POP Dictionary』 표지와 아마존 사전 부문 랭킹(2016.12.1 기준)

    2016년 11월 13일에 발간된 『The K-POP Dictionary』가 발매와 함께 아마존의 사전dictionaries 부문 #1 Hot Release에 등극한 이후 줄곧 상위권을 유지 중이다. 『The K-POP Dictionary』는 한국 콘텐츠에 단골로 등장하는 '대박', '애교', '얼짱', '답정너' 등의 한국어 신조어, 은어, 자주 쓰는 표현 등 500개 단어의 사전적 의미와 함께 단어의 유래, 어원, 문화적 배경, 발음 가이드까지 독자의 이해도를 높일 수 있도록 구성하였다. 지금까지 구매평 모두 별점 5개로 호의적인 반응이 이어지고 있는데, 그중 앤드류Andrew는 "여자 친구가 멕시코인으로 한국 드라마 팬인데, 자막을 통해 한국어의 미묘한 뉘앙스를 설명하는 데 한계가 있어 책을 구입했는데 큰 도움이 되었다"는 평을 남겼다. 현재 아마존, 반스앤노블, 코보 등을 통해 전자책과 서적 형태로 미국, 캐나다는 물론 영국과 유럽 지역에서도 판매되고 있으며, 영문판의 인기에 힘입어 2016년 12월에는 스페인어 버전이 발간되는 등 K-POP에 대한 세계적 관심을 확인할 수 있는 좋은 시례로 평기받고 있디.

## 스타의 손 글씨로 배우는
## 한글교육 어플리케이션 '단비'

　2016년 10월, 문화체육관광부가 후원하고 한국문화산업교류재단이 지원한 한글교육 어플리케이션 '단비DANBI'가 출시됐다. '단비'는 한류 융합콘텐츠 개발을 위해 전략적으로 진행된 민관 협업 프로젝트의 결과물로, 한류스타·한글·교육·IT 등이 다차원적으로 결합되었다. 100% 스타 재능기부로 진행된 본 프로젝트에는 F(x) 루나, 레드벨벳 아이린, 아스트로 차은우, 배우 한지민과 진구 등 총 다섯 명의 한류스타들이 참여했다.

　한글학습에 대한 해외 한류 팬들의 관심과 접근을 유도하는 한편, 한글의 우수성과 아름다움을 알리고자 기획된 '단비'에는 스타들의 손 글씨를 따라 써보는 기능을 비롯하여 회화 청취, 음절 학습, 필수 대화 100선 등 다양한 한국어 교육 기능이 탑재되어 있다. 특히 직접 따라 쓰기한 글씨를 개인의 SNS를 통해 지인들과 공유할 수 있게끔 연동해 두어 주변인들에게 자연스러운 홍보도 가능하다.

　한글날 10월 9일에 맞춰 첫 선을 보인 '단비'는 전 세계 77개 세종학당에서 교육 자료로 활용될 예정이며, 발생한 수익금은 스타의 이름으로 다문화 가정, 한글 교육 관련 사회공헌 사업에 기부된다 2017년 3월 2일 기준, 앱 누적 다운로드 수 약 5만 2천 건.

흥미 넘치는 교육이 가능하며, 이를 통해 한국어 교육의 새로운 수요를 창출할 수 있을 것이다. 한류를 계기로 한국어를 배우는 학습자들에게 『The K-POP Dictionary』처럼 적절한 난이도의 흥미로운 교육 자료를 제공하는 방식이 학습자의 한국 문화에 대한 관심을 이어감에 있어 주효할 것이다.

셋째, 한류와 한국어 학습을 매개하는 한글교육 어플리케이션 '단비'와 같은 모바일 플랫폼이나, 한국어 문화 학습을 위한 온라인 통합 자료실을 운영하는 등 학습자 중심의 편리한 학습의 장이 마련되어야 한다. 이러한 방식은 무엇보다 새로운 한국어 교육 수요 창출에 도움이 될 것이다. 물론 이를 제작하는 데에 있어 한류 콘텐츠의 저작권에 대한 합의와 실질적으로 구현 가능한 기술력이 뒷받침되어야 하는 등 다양한 문제가 제기될 수 있다. 때문에 관련 기업 및 기관과의 적극적인 협조가 선행되어야 할 것이다. 이 사업이 성공을 거두게 된다면 정보화 시스템에 기반을 둔 한국어 교육의 새로운 지평을 열 수 있을 것이다.

넷째, 한류 및 한국어 세계화를 위한 중장기 발전 안을 수립하고, 이를 위해 유관기관이 유기적으로 협업해야 할 것이다. 현재까지 국내외 한국어 교육 정책 수립과 시행에는 교육부, 문화체육관광부, 외교부, 고용노동부, 법무부, 여성가족부 등이 참여하고 있다. 이에 각 부처가 협력하여 새로운 사업을 개발·진행하여 한국어 교육 영토 확장에 앞장서야 할 것이다.

다섯째, 미국 대학 수학능력시험의 선택 과목 SAT Scholastic Assesment Test II에 한국어가 외국어로 포함되면서 미국 내 한국어의 위상이 높아진 것처럼, 주요 국가 대학 입학시험에 선택과목으로 한국어가 채택될 수 있도록 정부가 적극적으로 나서야 한다. 그렇게 되면 한국어 학습 수요도 급격히 증가할 것이며, 이를 통해 한국어 교육을 위한 인프라 구축도 가능해져 더 큰 발전을 기대할 수 있을 것이다.

여섯째, 한국어 교육기관 내 교원의 전임화 등 한국어 교육 인력의 직업적인 신분 보장이 정부 차원에서 제도화되어야 한다. 교육의 질은 교사의 능력에 크게 좌우되는 바, 한국어 교·강사가 교육과 연구에 전념할 수 있는 안정적인 환경이 마련되어야 할 것이다.

마지막으로, 국제 관계 변화로 인한 불안정성이 상존하는 현실에서 경제, 군사, 외교 분야의 마찰이나 이해관계 충돌, 돌발 변수 등을 막기 위한 노력도 필요하다. 최근 일본과 중국에서 두드러진 혐한 분위기가 한류의 지속과 한국어 세계화에 부정적 영향을 미칠 것은 분명해 보인다. 이에 정부 차원에서 갈등과 긴장의 요소를 사전에 잘 관리하는 것이 중요하며, 민간 차원에서도 여러 변수를 고려하여 유연한 태도를 보여야 할 것이다.

이상의 방안을 통해 앞으로 한류의 지속적 발전과 한국어 교육 영토의 확장, 그리고 더 나아가 한국어를 매개로 한 세계 문화와의 소통 가능성이 더욱 커지리라 기대해 본다.

이제 한류와 한국어 교육은 더 이상 개별적인 영역이라고 보기는 어렵다. 한류의 확산이 한국어 교육의 확장을 불러오고, 한국어 교육의 기반이 다져질 때 한류의 지속적 발전이 가능할 것임은 틀림없다. 물론 앞으로의 국제 정세가 불안할 것이라는 증후가 여러 곳에서 나타나고 있지만, 이러한 전망에 지나치게 비관할 필요는 없다. 우리 모두가 닥쳐오는 현실을 직시하고 다양한 분야에서 차분하게 대응해 나갈 때, 한류는 지속되고 한국어 교육 영토 또한 더욱 더 넓어질 것이다.

한류노믹스

# 새 시대의 공공외교 그리고 한류

### 세계인이 만들어낸 '오가닉' 한류, 그 무한한 가능성

박정숙(경희대 국제교육원 객원교수)

한류의 정성적 파급효과

# 신新공공외교의 부상

　　2000년대 초 '한류'라는 말이 해외에서 자생적으로 생겨난 뒤 십여 년이 흐른 지금, 한류와 공공외교 간의 연관성을 논할 수 있다는 사실에 무척이나 가슴 벅차다.

　　그간 한류 콘텐츠의 전 세계적 인기는 한국의 국가 이미지를 매력적으로 만듦에 있어 중요한 요소로 거론되어 왔다. 그러나 상당 기간 동안 한류는 일시적인 문화 유행으로서 인식되었다. 이에 유행이 지나가기 전에 상품 마케팅 차원에서 한류의 이미지를 이용하거나, 한류 콘텐츠 수출에 따른 경제적 효과 등 주로 산업적 측면에서의 활용과 성과에만 집중한 것도 사실이다. 또한 외교적 측면에서도 한류의 역할은 과소평가되었다. 공식 외교 행사에 앞서 한류 스타를 초청해 무대를 열곤 했는데, 단지 분위기를 띄우는 식전 행사 차원으로 취급되었다.

　　필자는 대표 한류 콘텐츠로 손꼽히는 드라마 〈대장금〉 출연, 하버드대학교 케네디스쿨에서 한류 포럼 최초 개최, KOICA 명예홍보대사 활동 등을 통해 한류의 외교적 위상 변화를 직접 겪은 바 있다. 이 같이 체득한 경험을 바탕 삼아 본고에서는 신新공공외교 차원에서 한류가 나아가야 할 방향성을 제시하고자 한다. 이를 통해, '문화'가 보다 강조된 문화외교가 외교력의 새로운 축으로서 국가 정책으로 자리 잡는 데 미력하게나마 도움이 되길 기대해 본다.

인도 뉴델리에서 열린 한국문화페스티벌 '2016 Feel Korea in India'

## 공공외교란 무엇인가?

공공외교Public Diplomacy란, 외국인들과의 직접적인 소통을 통해 우리나라의 역사, 전통, 문화, 예술, 가치, 정책, 비전 등에 대한 공감대를 넓혀 국제사회에서 우리나라의 영향력을 높이는 것을 목표로 하는 외교 활동이다. 공공외교 분야의 저명한 학자로 꼽히는 낸시 스노우Nancy Snow는 전통적 의미에서 공공외교를 '자국의 국가 목표 및 외교 정책 추진을 위해 타국 대중들에게 정보를 전달하고, 감화하며, 포용하려는 정부의 노력'이라 정의한 바 있다.

**공공외교 패러다임 변화**

| 외교의 요소 | 전통적 외교 | 20세기 공공외교 | 21세기 신공공외교 |
|---|---|---|---|
| 주체 | 정부 | 정부 | 정부와 다양한 민간 주체 |
| 대상 | 상대국 정부 | 상대국 정부 및 대중(자국민 불포함) | 상대국 정부 및 대중(자국민 포함) |
| 자원과 자산 | 하드 파워 | 하드 파워 > 소프트 파워 | 하드 파워 < 소프트 파워 |
| 매체 | 정부 간 공식 협상, 대화 | 선전, PR캠페인, 전통미디어 | 인터넷, SNS 등 디지털 매체 다양화 |
| 관계 유형 | 수평적(정부 간) | 수직적, 일방향적, 비대칭적 | 수평적, 쌍방향적, 대칭적 |
| 소통 양식 | 닫힌 협상 | 닫힌 대화 | 열린 대화 |

출처: 외교부 공공외교 포털

20세기까지는 외교 활동을 펼칠 때 상대국 국민들의 긍정적 협력을 얻어내는 데 주로 경제력, 군사력 등 '하드 파워Hard Power'가 중요한 역할을 한다고 믿어왔다. 이에 정부 간 소통 및 협상 과정 시 공공외교는 외교적 부대附帶 행위로서 진행되었다. 하지만 최근의 공공외교는 '국가 간의 교류' 보다는 '대중'을 강조하는 방향으로 확장되면서, 각 개인과 단체들이 상대국의 대외 정책에 직접적인 영향을 주는 민·관 합동 형태의 외교 개념으로 발전했다. 또한 21세기에 이르러서는 정보통신 기술을 활용한 수평적·쌍방향적 소통 전략이 화두로 떠올랐다. 각 국가들은 다양화된 정보 채널을 기반으로 문화·예술, 스포츠, 가치관과 같은 무형의 자산을 무기로 내세워 상대국 대중의 마음을 사로잡는 소프트 파워Soft Power에 집중하게 되었다. 이러한 국제관계 변화 속에서 공공외교의 새로운 대안으로 '한류'가 부상하게 되었다.

## 공공외교 관련 주요 기관

공공외교를 담당하고 있는 한국 공공기관의 주요 역할과 최근에 진행된 한류 관련 활동을 간략히 살펴보면 다음과 같다. 기관들마다 설립 목적은 다르나, 목표 달성을 위해 수단으로서 한류를 적극 활용한 점이 유사하다.

### 외교부 재외공관과 문화외교국

외교부 재외공관은 전 세계에 대사관, 총영사관, 대표부 형태로 163개소를 운영하고 있다. 이들 재외공간에서는 정부를 대상으로 하는 G2G Government-to-Government 형태의 전통적 외교 업무와 주재국 시민 및 단체들을 대상으로 한 G2P Government-to-Public 업무를 맡고 있다. 대한민국 외교 정책 추진을 위한 정보 전달 및 강화, 포용 활동에 주력하는 한편, 한류가 막 퍼지기 시작한 국가를 대상으로 한 한국 문화 전파 역할도 충실히 이행 중이다.

외교부 홈페이지

일례로, 중미 니카라과에 주재한 한국대사관에서 2016년 11월에 'K-스튜디오 갈라 쇼'를 열었다. 한국의 최첨단 디지털 기술과 니카라과 청년들의 창의적 아이디어를 결합해 구축한 디지털 한류 플랫폼 출범을 위한 행사였다. 니카라과 청년들은 한국의 1인 인터넷방송 시스템인 K-스튜디오를 응용해 K-푸드, K-컬처, K-POP 분야의 콘텐츠를 생산한 후 유튜브 상의 저장소인 K-플랫폼 니카라과K-Platform en Nicaragua에 콘텐츠를 직접 업로드 및 공유하였다. 이를 위해 주 니카라과 한국대사관에서는 '한류 전도사'로 불릴 니카라과 청년 6인을 공모전을 통해 직접 선발하기도 했다.

### 한국국제협력단 Korea International Cooperation Agency, 이하 KOICA

한국국제협력단은 대외 무상 협력사업 주관을 위해 1991년에 설립된 외교부 산하의 정부출연 기관으로, 대한민국과 개발도상국과의 우호 관계 형성을 위해 대상국의 경제·사회 발전을 적극 지원하고 있다. 현재 전 세계 46개국에 해외사무소를 운영하고 있다.

이들 사무소에서는 해외 인재의 국내 초청연수, 해외 봉사단 파견, 해

한국국제협력단 홈페이지

외 긴급재난 구호 및 인도적 지원사업, 민관 협력사업, 국제기구를 통한 지원사업 등의 업무를 수행하고 있다. 그리고 현지 한국 대사관과의 협력을 통해 한국어 이름 짓기, 한복 체험 등 다수의 한국 문화 행사를 개최해 한국에 대한 호감도 증진과 한류 확산에 앞장서고 있다. 이외에도 해외 봉사단 활동의 일환으로 2013년부터 국내 국내 영화상영업체인 메가박스와 협력해 개도국 주민들이 한자리 모여 영화를 감상할 수 있는 '시네마천국' 사업을 운영·지원 중이다.

### 한국국제교류재단 Korea Foundation, 이하 KF

한국국제교류재단은 국제사회에서 한국에 대한 올바른 인식과 이해를 도모하고 국제적 우호친선을 증진하고자 1991년에 설립된 외교부 산하 공공외교 전문기관이다. 현재 미국 워싱턴 및 LA, 중국 베이징, 독일 베를린, 러시아 모스크바, 베트남 하노이, 일본 도쿄 등 7개의 해외사무소를 운영 중이다.

국제 교류를 목적으로 하는 한국학 연구 지원을 필두로, 문화 교류 행

한국국제교류재단 홈페이지

사인 코리아 페스티벌Korea Festival, 재외공관 및 해외단체 문화예술 행사, 해외박물관 한국 전시 등의 개최와 지원사업에 나서고 있다. 출판 및 영상물 분야에서는 계간지 《코리아나Koreana》, 연간지 《지구촌 한류현황》 등의 발간과 재외공관 한국 영화 상영과 한국 드라마 해외 방영 지원사업 등을 지원하고 있다. 이외에도 미국 내 한국 문화 전파를 위해 현지 대학 캠퍼스에서 열리는 한인 학생회, 한국 유학생회, 한국 문화 동아리 관련 축제를 후원하고 있다.

**해외문화홍보원** Korean Culture and Information Service, 이하 KOCIS

해외문화홍보원은 한국의 문화와 이미지를 해외에 홍보하기 위해 1971년에 설립된 문화체육관광부 산하 기관으로, 전 세계 27개국에 31개의 한국문화원을 운영하고 있다. 해외문화홍보원은 한국 정부의 정책, 정상외교, 국제협력 등을 홍보·지원하고 문화·예술 공연, 전시회, 문화 축제, 한국 영화제 등 다양한 행사를 개최하고 있다. 최근에는 북미 최대 한류 종합 박람회인 K-CON 행사를 비롯해 다양한 한국 문화 페스티벌을

해외문화홍보원 홈페이지

지원하고 있다. 그리고 CJ E&M과의 업무 협약을 통해 한국 음악 콘텐츠를 정부의 대표 다국어 포털사이트인 코리아넷www.korea.net에 제공하고 있다. 더불어 2016년 3월부터 K-POP 노래와 안무를 직접 배울 수 있는 'K-POP 아카데미'를 20개 재외한국문화원에서 운영하고 있다. 발간 사업으로는 영문과 국문으로 집필한 『K-Culture 시리즈』2011와 『한류: K-POP에서 K-Culture로』2012 등을 출간했다.

### 한국문화산업교류재단 Korea Foundation for International Culture Exchange, 이하 KOFICE

한국문화산업교류재단은 각국 문화에 대한 올바른 인식과 이해를 도모하기 위해 2003년에 설립된 문화체육관광부 소속 재단법인이다. 2017년 기준, 전 세계 37개국 40개 도시의 현지 통신원을 통해 한류 관련 정보 데이터베이스를 안정적으로 구축하고 있다.

주요 사업으로 종합 한류 페스티벌인 'Feel Korea'를 포함, 세계 각지에 한국 문화 콘텐츠를 소개하고 현지인들과 쌍방향으로 소통할 수 있는 문화 교류 행사를 다수 개최하고 있다. 해외 한류 팬들의 모임인 한류 커뮤

한국문화산업교류재단 홈페이지

니티 활동 지원을 통해 온·오프라인을 넘나드는 문화 교류 활성화에도 이바지하고 있다. 각국의 유력 드라마 관계자가 모여 아시아 영상산업의 발전을 논의하는 '아시아 드라마 컨퍼런스'와 한류 관련 이슈를 업계 및 학계 전문가들과 함께 논의하는 '한류NOW세미나' 등의 컨퍼런스 또한 정기적으로 개최하고 있다. 그외 연간 『한류백서』, 연간 『해외한류실태조사』, 월간 『글로벌한류동향』, 계간 『한류NOW』 등의 출판물 발간을 통해 한류 관련 조사·연구 사업을 다각적으로 진행하고 있다.

**대한무역투자진흥공사** Korea Trade-Investment Promotion Agency, 이하 KOTRA

　대한무역투자진흥공사는 국내외 기업 간의 투자 및 산업·기술 협력의 지원을 통해 국민 경제 발전에 이바지하고자 1962년에 설립된, 산업통상자원부 산하 정부 투자기관이다. 해외 시장 정보의 수집과 전달, 해외 시장 개척 및 거래 알선, 우리나라 상품의 해외 전시 및 홍보 등 해외 지향적인 업무에 특화되어 있다. 한류의 전 세계적 확산에 따른 경제 한류의 파급 효과 확대를 위해 한류 상품 박람회를 비롯, 한류 연계 특화 마케팅 사업인

KOTRA 홈페이지

K-CON & MAMA 사업, 한류스타 패션뷰티 로드쇼, 한류콘텐츠 PPL매칭 설명회 및 상담회 등을 지원하고 있다. 이 외에도 해외 무역관에서 발굴한 현장 정보를 토대로 권역별 시장 정보 및 진출 전략 보고서를 주기적으로 발행하고 있으며, 한류와 관련해 「문화한류를 통한 전략적 국가브랜드 맵 작성연구: 결과보고서」2011, 「유럽에서의 한류와 국가브랜드 조사 보고서」 2013 등을 발행하기도 했다.

# 시대별 한류 현상의 주체와 공공외교 패러다임의 변화

**시대별 한류 현상의 주체와 역동성 변화**

| 한류 발전기 특징 | 시기 | 주체 | 매체 | 동력 | 역동성 |
|---|---|---|---|---|---|
| 1기 - 한류의 태동 | 1990년대 말~ | 민간기업+정부 | 공식 외교행사 | 외교적 우호 관계 | 하드 파워 |
| 2기 - 이윤 창출 동기에 의한 문화교류 | 2000년대 중반~ | 경제 주체들 | 전통 미디어 | 한국성 | 소프트 파워 |
| 3기 - 한류 콘텐츠의 세계적 공유 | 2010년대 | 창조적 개인들 | 탈허브 네트워크 | 무국적성 | 오가닉 파워 |

### 한류의 태동
: 민간기업의 활약과 정부의 지원이 돋보인 한류 1기

한류가 아시아의 새로운 문화 현상으로 등장한 1990년대 말, 국가 간 문화 교류는 각 나라의 이익을 추구하는 데 그 목적을 두었다. 당시에는 경제·군사적 이익 달성을 위한 외교적 행보에 있어서 문화 교류는 단지 윤활유 역할만을 담당했다. 이에 한류 태동 및 확산 과정에서도 문화 교류는 부가적인 외교 이벤트 또는 양 국가 간 우정 과시 차원에서 진행되었다. 즉 전통적 외교가 정치·경제적 협정이나 동맹을 위한 국가 주도의 국가 간 소통이었기에, 공공외교 차원에서의 한류 또한 초기에는 국가 주도의 외교 이벤트 중 하나로서 주로 이용된 것이다.

그 단적인 예로 한류韓流라는 용어의 발상지이자, 한류가 아시아에서 대중문화의 주류가 되기까지 크게 공헌한 중국에서의 한류 현상을 들 수 있다. 90년대 후반 중국 내 한류는 서양 문화에 대한 배타성과 중일 관계의 역사적 갈등을 배경으로, 외국 문화지만 반감을 불러일으키지 않는 아시아적 동질감을 갖춘 매력적인 콘텐츠로서 관심을 끌었다. 이를 반영하듯 한중 수교를 기념하는 공식 행사의 부대 행사에 아이돌 그룹 H.O.T.가 무대에 올랐다. 그리고 중국의 문화개방 정책의 일환으로 〈질투〉1993, 〈사랑이 뭐길래〉1996, 1997 재방영, 〈별은 내 가슴에〉1997 등의 한국의 인기 드라마가 중국 현지 지상파 방송에 수출·방영되면서 한류 확산을 이끌었다. 즉, 초기의 한류는 당시 중국 내 엔터테인먼트 결핍에 따른 자연스러운 수요에 의해 진행됐으나, 그 열풍을 확산시킨 데에는 한국 정부의 역할이 주효했다고 볼 수 있다.

일본에서의 한류 또한 정부에 의해 정치·외교적 측면에서 적극 활용되었다. 1998년 '일본 대중문화 개방' 정책이 허용되기 전까지 일본 문화의 한국 유입은 철저히 차단되었다. 반면, 조용필과 계은숙 같은 한국 가수들의 일본 공연은 1970년대부터 꾸준히 진행되었었다. 그러나 한국 대중문화의 광범위한 전파, 즉 한국 대중문화 콘텐츠의 대량 유통으로 한류를 정의한다면 일본 내 한류의 시작은 2004년, NHK 방송국에서 〈겨울연가〉가 방영된 이후부터라고 볼 수 있다. 당시 〈겨울연가〉가 일본 전역에서 인기를 끌자 냉랭했던 한일 관계에 문화적 측면에서 물꼬가 트였다. 이 열풍에 힘입어 당시 인기를 누렸던 한류 스타들은 외교 협상 또는 정부가 주최하는 문화·예술·경제 활동 등의 여러 모임에서 '아이스 브레이커ice-breaker, 어색함을 해소하는 사람들'로서 적극 활용되었다.

대표적인 예로 '욘사마' 열풍을 일으킨 배용준의 경우, '2010 2012 한국방문의 해' 홍보대사로 위촉돼 방문의 해 선포식에서 그의 팬으로 알려진 일본 총리 부인을 비롯해 양국의 VIP들을 맞이한 것으로 알려졌다. 또한 한

민관외교관 배용준이 참여한 한국 홍보 포스터

국을 알리는 지면광고 및 TV광고 촬영 등에 적극 참여해 민간외교관으로서 역할을 톡톡히 해냈다. 특히 그가 등장한 '한국 고궁편'의 홍보 포스터는 일본 유력 매체의 전면 광고로도 게재돼 한국에 대한 관심 및 호감도를 높인 좋은 광고로 선정˙되기도 했다. '지우히메'로 불리는 최지우 또한 '2005 한일 우호의 해' 홍보대사로 임명돼 일본 총리와의 만찬 자리에 참석했다.

두 나라에서의 한류 태동 과정을 고려해 봤을 때, 초기 한류 확산의 이면에는 매력적인 콘텐츠를 제작해 한류의 물꼬를 튼 민간기업의 역할이 주효했다. 하지만 정부의 적극적인 개입 및 주도 또한 일정한 역할을 했다는 점에서, 대중문화 상품의 교류 또한 국가 차원의 문화 교류의 일부분이었다고 할 수 있다. 즉, 계기는 문화 수용자의 요구였지만 동시에 그 확산 및 활용의 주체는 국가라 볼 수 있다.

### 이윤 창출 동기에 의한 문화교류
### : 다양한 경제 주체가 주도한 한류 2기

한류 1기에서는 주로 정치·경제적 외교를 위해 부수적 문화 행사로서 한류를 이용했다면, 2기에 들어서는 경제적 측면에서 이윤 추구를 위한 문화 교류의 성격을 띤 한류를 전면에 내세우면서 전보다 역동성을 갖추게 되었다. 이 시기에 우리나라는 드라마나 K-POP과 같은 경쟁력 있는 대중

---

• 배용준이 모델로 나선 한국관광공사의 광고는 2009년 2월 12일《아사히신문》,《요미우리신문》, 패션잡지《SPUR》등 일본 유력 지면매체에 전면광고로 게재되었다. 특히 이 광고는《요미우리신문》에서 광고 주목율 70%라는 수치를 기록할 정도로 좋은 반응을 얻어, 광고 대상인 한국에 대해 관심과 호감도를 상승시킨 좋은 광고로 선정되었다.

문화 콘텐츠를 해외에 수출하며 상당 수준의 상업적 이익을 얻게 된다. 또한 한류의 전파는 콘텐츠 자체의 수출 이익을 넘어 한류의 인기를 등에 업은 한국 소비재 상품의 연계 수출 효과를 가져왔고, 더 나아가 국가 브랜드 가치를 높이는 결과를 낳았다. 2005년 무렵 아시아를 넘어 세계인을 대상으로 전 방위적으로 문화 교류가 진행된 것이 바로 한류 2기의 특징이라 할 수 있다.

이 시기에서 주목해야 할 점은, 한류의 폭발적 인기를 적극 활용해 각자의 이익을 추구한 다양한 경제 주체들이 등장했다는 것이다. 한류 콘텐츠를 제작·수출하는 한국의 주체와, 이를 수입·배급하여 수익을 창출하는 해외 주체들, 한류의 인기를 통해 해외에서 판매가 증진된 관광, 패션, 뷰티, 음식 등 파생상품 관련 수출 관계자들까지 각계각층이 한류로부터 직간접적인 영향을 받았다. 더불어 국가 호감도 상승으로 얻어지는 부수적인 수출 효과까지 고려한다면 그 이익은 실로 상상을 초월한다.

여기서 '한류의 경제적 효과'는 한국이 문화 콘텐츠를 수출함으로써 얻을 수 있는 경제적 이익과 한류로 인해 발생되는 부가가치까지를 모두 포함한다. 2005년 아시아문화산업교류재단現 한국문화산업교류재단의 발표에 따르면, 당시 한류가 국내 경제에 미치는 효과는 무려 4조 5천억 원에 달한 것으로 나타났다. 이처럼 이윤 창출 동기에 의한 상업적 교류를 바탕으로 한류의 외연을 넓힌 것이 한류 2기가 가진 역동성이라 볼 수 있다.

하지만 한류 콘텐츠가 지나치게 경제적 가치에만 집중할 경우, 문화로서의 가치가 급격하게 하락하면서 흡사 기계적인 상품으로 전락할 수 있다. 특히 한국의 정서나 매력을 발산하는 공공외교로서 한류의 순기능이 저하될 수 있다. 즉, 한류 콘텐츠에 담긴 '한국성Koreaness'이야말로 한류가 가진 매력이자, 공공외교로서 한류가 기능할 수 있는 가장 큰 자산이라는

## <대장금>, 2016년에 5번째로 재방영되다

몽골 UBS TV 채널을 통해 재방영된 <대장금>

    몽골에 한국 드라마가 처음 등장한 시기는 1990년 중반부터다. 이후 한국 드라마를 즐겨 보는 몽골 시청자들이 갈수록 늘어나면서, 한국 드라마 한 편이 몇 번이나 재방영되는 경우가 종종 발생했다. 그 대표적인 예로 한국 역사와 전통문화를 몽골사람들에게 널리 알린 드라마 <대장금>을 꼽을 수 있다.

    <대장금>은 2004년 3월, 몽골 UBS TV 채널을 통해 첫 방영돼 큰 인기를 끌었다. 그러한 <대장금>이 2016년에 5번째 재방영되었다. 방영 당시 시청자들을 대상으로 한 설문조사 결과에 따르면, 몽골 시청자들의 92%가량이 이미 <대장금>을 시청한 것으로 밝혀졌다. 하지만 2016년의 <대장금>은 여전히 몽골 전체 프로그램 시청률 순위에서 2위라는 놀라운 기록을 이어가고 있다. 킬러콘텐츠의 대표주자격인 <대장금>의 인기는 아직도 진행형이다.

출처: 한국문화산업교류재단, 몽골 통신원(2017)

점을 간과해선 안될 것이다.

이 시기 대표 한류 드라마로 손꼽히는 〈대장금〉은 한국성의 문화·경제적 가치를 극대화한 작품이라 할 수 있다. 〈대장금〉은 국내 방송 이후 2013년까지 90여 개국에 방영되어 약 1,119억 원의 생산유발 효과를 창출했으며, 드라마를 본 전 세계 30억 여명의 시청자들은 한국의 전통음식에서부터 복식, 건축 등 한국 전통문화 전반을 간접적으로 체험하게 되었다.

## 한류 콘텐츠의 세계적 공유
: 다수의 창조적 개인이 주도한 한류 3기

한류 3기는 무엇보다 창조적 '개인'의 역할이 강조되는 시기다. 이 시기에 문화 교류는 단순히 개별 작품이나 콘텐츠의 교환을 넘어, 그 나라 사람들이 가지고 있는 아이디어, 정서, 사회·문화적 환경을 모두 담은 종합 콘텐츠를 공유하는 것으로 확장되었다. 발전된 유무선 인프라를 기반으로 국경에 상관없이 콘텐츠 교류가 활발히 진행되면서, 같은 콘텐츠더라도 각기 다른 미디어 환경과 현지의 문화 토양에 따라 전혀 다른 형태로 발전하는 모습을 보였다. 동일한 씨앗이 땅에 떨어진다고 해도 주변 환경에 의해 다른 형태의 나무로 자라나는 것처럼, 한류도 '유기체' 같은 양상을 띠게 된 것이다.

이 시기 다수의 개인들은 웹web 2.0\* 시대로의 변화에 발맞춰 인터넷을 통해 다른 사람들과 동일한 관심사를 공유하면서, 자연스레 커뮤니티 또한

---

• 데이터의 소유자나 독점자가 없이 누구나 손쉽게 데이터를 생산하고 공유할 수 있도록 한 사용자 참여 중심의 인터넷 환경을 말한다.

## 웹 2.0 시대 한류의 탈허브 네트워크

냉전의 종식은 다수 국가의 정보시스템을 일반인들에게도 공개하는 방향으로 변화를 가져왔다. 이러한 개방성 덕분에 개인의 목소리가 국가 안보를 포함한 광범위한 정부 정책에까지 도달할 수 있게 되었다. 무엇보다 정보통신 기술의 폭발적인 성장은 전 세계 문화 교류를 소비자 중심으로 재편하는 데 일조했다. 즉, 사이버 공간을 통해 문화 콘텐츠의 자유로운 이동이 가능해지자, 문화 상품과 소비자 간의 거리가 매우 가까워졌다.

웹 2.0 시대의 도래로 소셜 미디어 네트워크를 통해 누구든지 원하는 문화 콘텐츠를 즉시 즉각적으로 접근할 수 있게 되면서, 한류의 전파 또한 과거보다 훨씬 역동적인 형태를 띠었다. 기존의 중앙 집중식이나 다多허브 네트워크가 아닌, 특이점 없이 확산되는 탈脫허브 패턴을 형성하게 된 것이다.

21세기 문화 교류 네트워크 변화

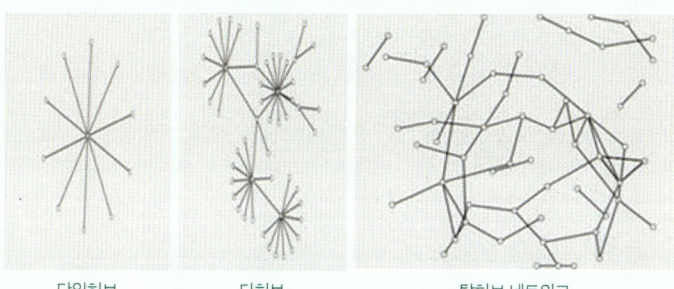

단일허브     다허브     탈허브 네트워크

출처: 김상배(2007), 「디지털한류의 매력정치」, 네트워크의 세 가지 유형

과거 국가의 정책이나 외교적 설득은 선진국 및 외교 중심국, 즉 단일허브 single hub 네트워크 하에서 문화적 선전propaganda이 진행됐었다. 이에 이 시기 공공외교는 외교 중심국이 문화 전파의 중심점으로 기능하며 의사소통의 중심이 되었다. 하지만 냉전 이후 다허브multi-hub 시대에 접어들면서, 다국적

> 네트워크 집합체들은 몇몇 구심점을 중심으로 공통된 정체성을 공유하며 의사소통과 연대를 추구하게 되었다.
> 특이한 점은 한류 네트워크가 탈허브hub-bypass 형태를 띠게 되었다는 것이다. 탈허브 네트워크는 사이버 공간 내에서 문화 콘텐츠의 생산자 또는 네트워크에 있어 기득권이 존재한다는 기존의 담론을 넘어서고 있다. 사이버 공간 내 디지털 콘텐츠는 거대자본이 없어도 자신이 원한다면 공유할 수 있는 대상이 되었다. 한류 또한 이러한 수평적 네트워크를 매개로 일본과 중국 그리고 동남아를 넘어 미국, 프랑스 등 정치·경제·문화적으로 선진국이라 일컬어지는 국가 내에서도 매력을 발산할 수 있게 되었다.

운영·활동하게 되었다. 이들은 자신이 선호하는 콘텐츠에 대한 태도를 정할 때 정부의 정책 기조나 기업의 경제적 이윤 추구를 염두에 두지 않는다. 자신의 취향이나 선호에 따라 국경이 존재하지 않는 사이버 공간을 넘나들며 한국에 대한 무수한 정보를 공유하고 문화를 향유한다. 때론 그 문화를 몸소 체험하기 위해 직접 방한하기도 한다. 이 과정에서 한국어를 배우기도 하고, 한국인 친구를 사귀기도 한다. 이처럼 온·오프라인을 넘나드는 직간접적인 교류는 더 깊고 다채로운 관계를 형성하게 된다. 이러한 문화 접변의 과정을 통해 한류를 주도하는 주체는 정부 및 상업적 주체가 아닌 개인으로 옮겨갔으며, 공공외교 또한 정부 영역을 벗어나 개인의 영역으로 전환되었다.

무수한 개인들 간의 상호작용은 이내 '집합체적 정체성' 또한 형성했다. 이와 관련해 국제관계 이론가들 중 구성주의자Constructivist들은 '사람들이 다른 나라의 문화적 표현에 대한 이해를 공유하면서 집합체적 정체성을 형성할 수 있게 되었다'고 주장했다. 이는 곧 새로운 국제 질서 안에서 공공외교로서 한류의 영향력 확장에 대한 이론적 토대를 제공한다. 구성주의

자들은 '공유된 문화 상품에 대한 공통된 즐거움이 새로운 지역 정체성을 형성했고, 결과적으로 새로운 지역 질서가 국가 간의 관계 역학에 영향을 미치게 되었다'고 보았다. 이는 국제관계를 형성함에 있어 실질적인 정치권력과 더불어 문화적 요소 또한 강조한 결과라 볼 수 있다.

구성주의의 맥락에서 보면 한국 문화를 더 많은 사람들이 접할수록 한국의 문화적 매력 또한 함께 공유되고, 사람들 간에 상호 이해와 공감대 또한 형성된다. 즉 '문화 내 공통점'이라는 한계를 넘어, 유사한 문화적 취향을 가진 더 넓은 공동체에 속한다고 인지할 경우 '문화 간 공통성'을 공유하는 단계로 나아갈 수 있다는 것이다. 따라서 한류와 같이 널리 퍼져 있는 문화적 상호작용은 다른 문화권에 있는 나라와의 국제질서 안에서 전쟁이나 갈등의 원인이 되는 문화적 단층cultural fault-line의 차이를 좁히는 역할을 할 수 있음이 분명하다.

2012년 전 세계적인 신드롬을 일으킨 가수 싸이의 〈강남스타일〉은 한류 3기의 특징을 단적으로 드러내는 케이스다. 〈강남스타일〉은 미국의 '빌보드 Hot 100' 순위에서 7주간 2위를 달성하며, 아시아 가수로서 역대 두 번째 순위를 기록했다. 또한 〈강남스타일〉의 뮤직비디오 유튜브 조회 수는 2017년 1월 기준, 27억 건으로 역대 조회 수 1위를 달성하며 기네스북에 오르기도 했다. 이와 같은 성공에는 바로 수용자들의 자발적 활동에 의한 콘텐츠 재생산이 주효했다. 예컨대, 싸이의 뮤직비디오를 본 세계 각국의 유저들은 자신들의 취향과 목적에 맞춰 〈강남스타일〉 플래시몹*을 촬영

---

* 플래시몹(flash mob)이란 특정 웹사이트에 갑자기 사람들이 몰리는 현상을 뜻하는 플래시 크라우드(flash crowd)와, 동일한 생각을 가지고 행동하는 집단인 스마트 몹(smart mob)의 합성어다. 서로 모르는 불특정 다수가 인터넷과 전자메일, 휴대전화 등으로 연락을 취해 약속된 시간과 장소에 모여서 짧은 시간 동안 주어진 놀이나 행동을 취하고는 금세 제각기 흩어지는 것을 말한다.

해 유튜브에 업로드했다. 유튜브에서 〈강남스타일〉을 검색해 보면 관련 비디오 콘텐츠만 무려 110만여 건에 이른다. 이들은 〈강남스타일〉의 노래와 춤을 즐기는 소비자인 동시에 새로운 콘텐츠를 기획·제작할 수 있는 콘텐츠 공급자, 즉 프로슈머prosumer인 것이다.

　이처럼 무수한 프로슈머들이 양산될 수 있었던 비법은 〈강남스타일〉 뮤직비디오의 '개방성openness'과 '무국적성statelessness'이었다. 당시 싸이의 소속사는 뮤직비디오 사용과 관련해 "허락하지도 않았지만 막지도 않는다"라며 저작권료 지급이나 원형의 유지를 강요하지 않았다. 이러한 개방성이 더 많은 사람들의 참여를 이끌면서, 국적과 장소 그리고 종교나 이데올로기를 넘어 함께 즐길 수 있는 글로벌 킬러콘텐츠를 만들었다. 즉, '한국성Koreaness'을 넘어선 '무국적성statelessness'이 세계의 벽을 훌쩍 뛰어넘는 데 발판이 되었다고 볼 수 있다.

　이런 현상은 결코 의도적으로 만들어진 것이 아니다. 강력한 글로벌 킬러콘텐츠를 매개로 각각의 문화 소비자들이 네트워크의 구성 요소이자 생명력을 지닌 구성체로서 힘을 발산한 자연스러운 결과이다. 이처럼 한류 3기의 역동성은 영향력의 범위와 폭발력, 그리고 지속성에 있어서 이전에 비해 훨씬 광범위하고 강력하게 유지되고 있다. 이는 시대의 변화에 따른 국제관계의 프레임 변화와 함께 문화 콘텐츠를 전달하고 담아내는 용기container가 발전된 기술과 결합하면서 21세기의 새로운 문화 맥락context을 만들어낸 결과라 할 수 있다. 즉, 우연히 발생된 문화 현상이 아닌, 국제관계의 시대적 변화라는 큰 틀 안에서 의사소통 기술의 혁신적 변화가 탄생시킨 문화 산물인 것이다.

# 21세기 국제관계 프레임의 변화, '구성주의'

20세기 국제관계를 설명하는 주요 이론적 틀이었던 현실주의 혹은 자유주의와 비교해 구성주의의 특성을 살펴보면, 국제관계를 바라보는 프레임의 시대적 변화를 더욱 쉽게 파악할 수 있다.

첫째, 구성주의의 관점에서 국제관계의 주요 행위자는 국가나 국제기구 또는 다국적기업이 아닌 '개인'이다.

둘째, 국제관계의 최종 결과물은 과거 냉전시대나 냉전 이후의 자유무역주의 및 민주주의 전파가 아닌, '집합체적 정체성의 창조'다.

셋째, 권력의 원천은 군사적 또는 경제적 측면이 아닌, 공유된 문화와 주관적 상호이해로부터 시작된다.

넷째, 목표를 달성하기 위한 주요 도구로서 군사·정치적 강압 행위나 다자협력기구에 의한 대화가 아닌, 다양한 사람들 간의 공통된 문화적 규범이 부상했다.

| 국제관계 이론<br>요인 | 현실주의 | 자유무역주의 | 구성주의 |
| --- | --- | --- | --- |
| 주요 행위자 | 국가 | 국제기구,<br>다국적기업 | 개인 |
| 목표/결과 | 힘의 균형 | 자유무역,<br>민주주의 전파 | 집합체적 정체성 |
| 권력의 원천 | 하드 파워 | 경제 및 안보<br>상호의존성 | 상호이해, 기대 |
| 권력의 도구 | 군사적, 정치적<br>강압행위 | 국제기구를<br>통한 대화 | 공통 문화규범의 형성 |

🇨🇦 캐나다

## 토론토에서 펼쳐진
## <강남스타일> 플래시몹

캐나다 토론토 곳곳에서 한국 못지않은 <강남스타일>의 인기를 체감할 수 있다. 커피숍에서 노트북을 켜놓고 싸이의 뮤직비디오를 즐기는 캐나다 여성이나, 학교에서 <강남스타일>의 후렴구를 단체로 부르거나, 쉬는 시간에 '말춤'을 연습하는 학생들의 이야기는 더 이상 낯설지 않다.

2012년 8월 17일, 토론토의 한류 팬클럽 TKMG(Toronto Korean Music Group)가 토론토 동쪽에 위치한 우드바인 비치에서 <강남스타일> 플래시몹을 진행했다. 이곳에 모인 100여 명 중 30명 정도가 <강남스타일> 안무를 동시에 재현했다. 이번 플래시몹을 준비하기 위해 많은 한류 팬들이 함께 동영상을 보며 <강남스타일>에 대한 정보를 공유했다고 밝혔다. 이들은 토론토에도 언어의 장벽을 뛰어 넘어 한국 음악을 사랑하는 한류 팬들이 있다는 것을 알려주고 싶어 행사에 참여하게 되었다고 밝혔다. 그들은 <강남스타일>의 인기 비결에 대해 "음악이 굉장히 중독성이 있다"면서 "언어는 문제가 되지 않는다"고 말했다. 그리고 앞으로도 플래시몹과 같은 여럿이 즐길 수 있는 행사를 개최하고 이를 유튜브에 공유하는 등 다른 캐나다인들에게도 한국 대중문화를 널리 알리겠다고 당찬 포부를 밝혔다.

출처: 한국문화산업교류재단, 토론토 통신원(2012)

# 한류, '소프트 파워'를 넘어 '오가닉 파워'의 공공외교로

그동안 공공외교를 위한 하나의 수단으로서 한류를 이야기할 때, 가장 먼저 언급되는 원칙은 바로 '소프트 파워'•였다. 클린턴 정부에서 안보위원을 역임한 조지프 나이Joseph S. Nye가 소개한 이 개념은, 타국으로부터 원하는 협력을 얻어내기 위해 강압 행위나 경제적 공여 없이, 문화와 사회적 매력을 발산해 목표를 달성하는 능력을 뜻한다.

강력한 매력을 가진 한류는 외국인이 한국에 대한 긍정적 인식을 갖는데 상당 부분 유의미한 영향을 미친다는 점에서, 일종의 문화 권력이다. 이처럼 한류는 소프트 파워의 성공적인 예로 이해되어 왔지만, 오늘날의 한류는 그 속성에 있어 소프트 파워를 넘어서고 있다. 한류는 자국의 이익을 목적으로 펼친 외교 정책이 아닌, 콘텐츠를 접한 타국 국민들 스스로가 한류에 매력을 느껴 네트워크를 형성한 결과이다. 즉, 한류의 매력은 한 국가의 정체성이나 정책에 의해 조율되는 상명하달top-down 소통 방식이 아닌, 하의상달bottom-up 소통 방식의 진수라고 할 수 있다. 이에 한류를 소프트 파워를 넘어서는 새로운 방식의 공공외교 형태로 설명해야 하는데, 필자는 한류가 가진 문화 공유의 새로운 속성을 '유기적인 힘', 즉 오가닉 파워organic power라 명명하려 한다.

---

• 21세기에 접어들어서는 더욱 더 소프트 파워를 비롯한 공공외교의 중요성이 미국을 중심으로 대두되었다. 그 배경에는 9·11테러로 촉발된 미국의 아랍권(무슬림)에 대한 적대감과, 이후 테러 방지 대책에서 유발된 문화 차별적인 국가 정책이 가까운 동맹국으로부터도 낮은 신임을 받는 것에 대한 우려가 이어졌다는 데서 출발한다.

앞서 살펴보았다시피, 과거에 국가 간 문화 교류는 정부에 의해 통제되어 왔다. 그 다음 단계에선 경제적 이익 창출을 주 목적으로 내세운 문화 교류를 통해 강대국의 경제력과 이데올로기가 다른 나라에 직접적인 영향을 미쳤다. 그러나 정보통신 혁명을 계기로 인터넷으로 무장한 다수의 개인과 집단들이 자발적으로 국제 정책에 참여하는 새로운 주체로서 부상하게 되었다. 이제 문화 교류에 있어 더 이상 강대국도 약소국도 존재하지 않는다.

오늘날 한류가 가지는 본질적 '힘'은 인터넷을 통해 전파된 콘텐츠를 즐기는 소비자들에 의해 자발적으로 형성된 '집합체적 정체성'에 기반을 둔다. 또한 한류는 여러 국가 내 문화산업 종사자 및 한류 소비자들의 취향이나 의도에 의해 자발적으로 선택되며, 더 나아가 그들이 만들어낸 민·관 협력 시스템에 의해 공유·확산되는 유기체적 순환 과정을 거치고 있다. 이것이야말로 한류를 통한 세계인들과의 진정한 소통 과정이며, 공공외교의 주요 수단으로서 한류의 가치가 빛나는 순간이다.

이제 공공외교는 대중을 '향한' 것이 아니라 대중에 '의한' 것으로 점차 변모하고 있다. 한류 현상은 비단 한국의 공공외교만이 아닌 21세기에 걸맞은 신新공공외교, 즉 문화를 통해 다양한 주체들과의 소통을 상징하는 대표 모델이 될 수 있을 것이다. 한국 정부가 한류를 활용한 소통 방식에 좀 더 주목한다면, 최근 한류를 둘러싼 주변국의 견제도 일정 부분 상쇄시킬 수 있을 것이라 본다. 문화는 본디 자라나는 유기체와 같고, 그 생명력은 콘텐츠 자체에서 나오는 것이다. 국가의 역할은 그 유기체가 더욱 잘 자랄 수 있는 환경을 만들어주는 일이다. 국가에 의한 '문화의 전파'가 아닌, 타국의 국민들이 자발적으로 네트워크를 형성하고 새로운 문화적 집합체를 형성하는, 즉 '한류의 유기체적 힘'을 성장시키는 것만이 공공외교로서 한류의 힘을 극대화시킬 수 있는 정부의 역할일 것이다.

# 참고자료

## 제1부 한류의 경제적 파급효과

### 한류의 경제적 효과에 관한 연구

고정민(2008), 「한류의 경제적 효과」, 『한류포에버-한류의 현주소와 경제적 효과 분석』, 국제문화산업교류재단, pp.319-397.

김덕중, 남상현 외(2016), 『싸이, 그 이후의 한류』, 한국문화산업교류재단

문화체육관광부(2015a), 「2014 외래관광객 실태조사」

문화체육관광부(2015b), 「2014 콘텐츠산업 통계조사」

이장우, 허재원(2013), 「리더십과 조직역량이 해외진출 전략에 미치는 영향」, 《Korea Business Review》, 17(1), pp.243-266.

이장혁, 김가윤, 우원석(2014), 「K-POP이 수출에 미치는 영향: YouTube 조회수와 Google 검색을 중심으로」, 《마케팅관리연구》, 19(4), pp.83-97.

이준구, 이창용 (2010), 『경제학원론』 4판

전종근, 김승년, 이한석(2015), 『2014 한류의 경제적 효과에 관한 연구』, 한국문화산업교류재단-Kotra

전종근, 김승년, 이한석, 이형오(2016), 『2015 한류의 경제적 효과에 관한 연구』, 한국문화산업교류재단-Kotra

한국관광공사(2015), 한국관광통계-연도별통계

한국무역협회(2015), 무역통계

한국문화산업교류재단(2014), 『2014 한류백서』

한국은행(2014), 『산업연관분석해설』

한국은행(2016), 2014년 산업연관표(연장표)

한국콘텐츠진흥원, 『콘텐츠산업 동향분석보고서』, 각호

Keller, K. L(1993), 『Strategic Brand Management』, Pearson


## 제2부 한류의 정성적 파급효과

### 한류와 국가 브랜드

권연수(2005), 「한류 지속을 위한 현지화 전략 연구: 일본을 중심으로」, 인문콘텐츠, (6), pp. 137-158.

김명전(2005), 「국가 브랜드 관리를 위한 한국의 이미지 지형에 관한 연구」, 성균관대 대학원 박사학위논문

김성섭, 김미주(2009), 「태국사회에서 한류 대중문화 상품이 한국의 국가이미지 인식과 한국 방문의향에 미치는 영향」, 관광연구, 23(4), pp. 101-125.

김성엽(2011), 「문화상품 이미지가 국가 이미지 및 한국 상품 구매의도에 미치는 영향」, 문화산업연구, 11(2), pp. 101-123.

김유경(2004), 「국가 브랜드이미지와 광고의 역할에 관한 전략적 고찰」, 동서언로, 통권, (17), pp. 27-62.

김유경, 이창현, 손산산(2008), 「국가 브랜드에 대한 태도가 상품 구매 의도에 미치는 영향: 중국의 한류를 중심으로」, 커뮤니케이션학 연구, 16(2), pp. 35-55.

김유경, 최창원, & 이효복(2011), 「국가 브랜드 가치 평가를 위한 선행요인에 관한 연구: 국가 브랜드 자산 구성요소 및 인과 구조를 중심으로」 광고학연구, 22(6), pp. 29-52.

김장현(2012), 「한류를 통한 국가이미지 제고방안」, JPI 정책포럼, 2012(9), pp. 1-16.

김정수(2002), 「'한류(韓流)' 현상의 문화산업정책적 함의」, 한국정책학회보, pp. 1-22.

김재휘, 이희성(2007), 「TV 드라마 시청이 국가에 대한 이미지 및 제품 평가에 미치는 영향: 일본인들의 한국 TV 드라마 시청 효과」, 한국심리학회지: 소비자·광고, 8(3), pp. 379-398.

나운봉, 전성률, 이석영, 차태훈, 문철우, 조동성(2005), 『브랜드자산』, 서울경제경영

노형진(2013), 「중국시장에 있어서 한류효과가 한국제품의 브랜드 충성도에 미치는 영향에 관한 실증적 연구」, 한국컴퓨터정보학회논문지, 18(5), pp. 157-165.

문효진, 박성현(2012), 「한류 인기 요인과 호감도 및 국가이미지와의 관계 연구-일본, 미국, 프랑스를 중심으로」, 홍보학 연구, 16(4), pp. 246-279.

박성현(2015), 「ICT 정책; 한류의 경쟁력 강화와 지속적 성장을 위한 한류 이슈 검토 및 개선 방안 연구」, 텔코 저널, 3(단일호), pp. 9-44.

변상호, 송휘영, 최배석(2015), 「중국인의 한국 TV 드라마 시청이 한국 국가이미지 형성에 미치는 영향」, 한국콘텐츠학회논문지, 15(6), pp. 91-103.

배일현, 김장현(2013), 「미국시장에서의 한류확산전략에 관한 탐색적 연구」, 상품학연구, 31, pp. 13-28.

배일현, 김장현(2014), 「일본소비자의 新한류지각이 한국의 국가이미지 및 제품태도에 미치는 영향: K-POP 열풍을 중심으로」, 상품학연구, 32, pp. 1-9.

손승혜(2013), 「한국 문화의 수용과 국가 이미지 형성에 관한 탐색적 연구」, 문화정책논총, 27(1), pp. 100-120.

송정은(2014), 「경제한류와 문화한류가 한국 브랜드 이미지 형성에 미치는 역할-인도네시아에서의 한국 브랜드 이미지를 중심으로」, 한류비즈니스연구, 1(1), pp. 109-142.

염성원, 오경수(2003), 「한국의 국가이미지 제고활동 현황과 인식에 관한 연구」, 홍보학 연구, 7(2), pp. 98-142.

오정학, 장양례(2009), 「일본인의 한국 이미지와 방문의사, 만족도, 행동의도의 구조적 관계에서 한류의 조절효과」, 관광연구저널, 23, pp. 191-206.

유재웅(2008), 『국가이미지』, 커뮤니케이션북스

이유나, 이진용, 정윤재(2014), 「한류 유형이 국가 정체성과 국가 브랜드 자산 인식에 미치는 영향에 관한 연구」, 광고학연구, 25(4), pp. 77-101.

이종주(2016), 「한류관여도와 국가 및 관광지 이미지 그리고 방문의도와의 영향관계」, 한국콘텐츠학회논문지, 16(10), pp. 454-466.

이제홍(2015), 「한류가 베트남 시장에서 한국 이미지와 화장품 브랜드 이미지에 관한 연구」, 통상정보연구, 17(3), pp. 73-91.

이창현, 김유경, 이효복(2010), 「한류경험의 유형이 국가 브랜드 이미지와 기업 및 제품의 인식에 미치는 영향에 관한 연구」, 광고연구, 87, pp. 364-391.

이창현, 정석균(2011), 「한류 체험경로별 국가이미지 제고효과 분석」, 브랜드디자인학연구, 9(1), pp. 5-14.

차희원, 정정주, 이유나(2013), 「빅데이터 분석을 통한 한국의 국가 브랜드 연구」, 한국언론진흥재단

한충민, 진희, 이상엽(2011), 「한류가 한국 화장품 브랜드의 이미지에 미치는 영향」, 경영학연구, 40(4), pp. 1055-1074.

홍지아, 이정환(2014), 「소프트파워 강화를 위한 국가 브랜드 사업과 한류의 역할-방한 중국인 관광 동향을 통해 분석」, 한중사회과학연구, 30(단일호), pp. 201-228.

황인석, 조은성(2008), 「한국 드라마 만족도의 중국 내 한류 효과-한국 휴대폰 상품 구매의도에 미치는 영향을 중심으로」, ASIA MARKETING JOURNAL(구 한국마케팅저널), 9(4), pp. 245-270.

Alvesson, M.(1990), 「On the popularity of organizational culture」, Acta Sociologica, 33(1), pp. 31-49.

Anholt, S., & Hildreth, J.(2004), 『Brand America: The mother of all brands』, Cyan Communications.

Australian(2002), 「Suddenly, All Things Korean are Chic」, Australian 28 Jan.

Dinnie, K.(2008), 『Nation Branding - Concepts, Issues, Practice』, Butterworth-Heinemann, Oxford

Gartnerand, W. C., & Hunt, J. D.(1987), 「An Analysis of State Image Change Over a Twelve-Year Period (1971-1983)」, Journal of Travel Research, 26(2), pp. 15-19.

Gerbner, G.(1998), 「Cultivation analysis: An overview」, Mass Communication and Society, 1(3-4), pp. 175-194.

Kim, S. S., Agrusa, J., Lee, H., & Chon, K.(2007), 「Effects of Korean television dramas on the flow of Japanese tourists」, Tourism Management, 28(5), pp. 1340-1353.

Kim, S. S., Agrusa, J., & Chon, K.(2014), 「The influence of a TV drama on visitors' perception: A cross-cultural study」, Journal of Travel & Tourism Marketing, 31(4), pp. 536-562.

Kim, S., Kim, M., Agrusa, J., & Lee, A.(2012), 「Does a food-themed TV drama affect perceptions of national image and intention to visit a country? An empirical study of Korea TV drama」, Journal of Travel & Tourism Marketing, 29(4), pp. 313-326.

Kotler, P., & Gertner, D.(2002), 「Country as brand, product, and beyond: A place marketing and brand management perspective」, Journal of brand management, 9(4), p. 24

Lantz, G., & Loeb, S.(1996), 「Country of origin and ethnocentrism: an analysis of Canadian and American preferences using social identity theory」, NA-Advances in Consumer Research Volume 23

Lee, B., Ham, S., & Kim, D.(2015), 「The effects of likability of Korean celebrities, dramas, and music on preferences for Korean restaurants: A mediating effect of a country image of Korea」, International Journal of Hospitality Management, 46, pp. 200-212.

Narayana, C. L.(1981), 「Aggregate images of American and Japanese products-implications on international marketing」, Columbia Journal of World Business, 16(2), pp. 31-35.

Niss, H.(1995), 「Country of origin marketing over the product life cycle - A Danish case study」, European Journal of Marketing, 30(3), pp. 6-22.

Nye, J. S.(2006), 『Think again: Soft power』, Foreign Policy, 23(2), pp. 3-5.

Olins, W.(1999), 『Trading identities: Why countries and companies are taking on each others' roles』, London: Foreign Policy Centre, pp. 1-3.

Papadopoulos, N., & Heslop, L.(2002), 「Country equity and country branding: Problems and prospects」, Journal of brand management, 9(4), pp. 294-314.

Shimp, T. A.(1993), 『Promotion management and marketing communications』

Sinaga, P.(2007), 「인도네시아에서의 한류 공감과 감정이입이 한국제품 평가에 미치는 영향」, 전남대학교 대학원 석사학위논문

Tjoe, F. Z., & Kim, K.(2016), 「The Effect of Korean Wave on Consumer's Purchase Intention of Korean Cosmetic Products in Indonesia」, 유통과학연구, 14, pp. 65-72.

Yoo, J. W., Jo, S., & Jung, J.(2014), 「The effects of television viewing, cultural proximity, and ethnocentrism on country image」, Social Behavior and Personality: an international journal, 42(1), pp. 89-96.

## '코리안 웨이브' 타고 세계로 확산되는 한글

국립국어원(2014), 『국어 연감』

국립국어원(2015), 『2015년 한국어 교원자격제도 길잡이』

국회예산정책처(2012), 『국내 유입인구에 대한 지원정책 현황 및 정책과제』

문화체육관광부(2013), 『한류 백서』

문화체육관광부·한국문화산업교류재단(2012), 『국내 한류 조사 결과 보고』
법무부 출입국·외국인정책본부(2016), 『2015 출입국·외국인정책 통계연보』
세종학당재단(2013), 「세종학당 관련 주요 통계」
세종학당재단(2015), 『국외 한국어 교육기관 현황 조사 최종 보고서』
세종학당재단(2016), 『2015 세종학당재단 연차보고서』
재외동포재단(2016), 『재외동포재단 연차보고서: 2015』
한국교육과정평가원(2010), 『한국어능력시험 15년사』
한국국제교류재단(2015), 『2015 한국국제교류재단 연차보고서』
한국국제교류재단(2015), 『2015 지구촌 한류현황』
KOTRA·한국문화산업교류재단(2016), 『2015 한류의 경제적 효과에 관한 연구』
김중섭(2010), 『한국어 교육의 이해』, 하우
오정은(2014), 『대한민국 정부초청 외국인 유학생 실태 분석』, IOM이민정책연구원 워킹페이퍼 시리즈 No.2014-03, IOM이민정책연구원
《이데일리》(2014.10.9.), <전 세계에 '한글' 떴다… 한글 배우는 나라·학교·학생 급증>
《한국대학신문》(2012.10.29), <정부 '2020년까지 유학생 20만 명 유치'>

| 국가지표체계 | www.index.go.kr |
| 국립국어원 | www.korean.go.kr |
| 국립국제교육원 | www.niied.go.kr |
| 교육부 | www.moe.go.kr |
| 문화체육관광부 | www.mcst.go.kr |
| 세종학당재단 | www.ksif.or.kr |

## 새 시대의 공공외교 그리고 한류

김계정(2002), 『마르크스주의 문화론』, 한나래
김기정(2005), 『신공공외교』, 인간사랑
김상배(2005), 『정보화시대의 제국:지식/네트워크 세계정치론의 시각』, 세계정치
김상배(2009), 『디지털 한류의 매력정치』, 지식마당

김휘정(2012), 《문화정책논총》 제26집 1호

양준희(2001), 「월츠의 신현실주의에 대한 웬트의 구성주의의 도전」, 《국제정치논총》 제41집 3호

원용진(2002), 『대중문화의 패러다임』, 한나래

윤지영(2014), 『오가닉미디어』, 21세기북스

외교부, 「조직도 및 연락처: 문화외교국 업무소개」

코트라(2015), 「한류 해외진출 지원」

코트라(2012), 「유럽 한류와 국가브랜드 조사 보고서」

한국국제협력단(2015), 《지구촌가족》 4월호

한국국제교류재단(2013), 『21세기 공공외교 핸드북』, 인간사랑

한국문화산업교류재단(2008), 「한류포에버-한류의 현주소와 경제적 효과」

한국문화산업교류재단(2010), 「한류포에버-중국·대만 편」

한국문화산업교류재단(2012), 「한류포에버-세계는 한류스타일」

행정자치부, 국가기록원(1999), 「한일파트너십선언」

《연합뉴스》(2015.9.2), <국제교류재단 미국 대학 '한류 축제' 후원해드려요>

《헤럴드경제》(2016.3.20), <코이카, 개도국에 이동식영화관 지원해 한류 바람>

HAVARDgazette(2007.2.22), 『Friendly wave hits Asia』, [전자매체] URL: http://news.harvard.edu/gazette/story/2007/02/friendly-wave-hits-asia/

Hocking, Brian(2005), 「The New public diplomacy」

Hocking, Henry(2006), 『Covergrnce Culture』, New york University Press

Huntington, Samuel(1993), 『The clash of civilization』, Foreign Affairs

King, Anthony(2004), 『Britain falls out of love America』, Public Affairs

Lending, Mette(2005), 「Change and Renewal: Norwegian Foreign Cultural Policy 2001-2005」

Melissen, Jan(2005), 『the new public diplomacy』, Palgrave Macmillan

Nye, Joseph S.(2004), 『Soft Power』, Perseus

Park, JungSook(2009), 『The organic power of Hallyu』, Korea Policy Review IV·2009

Peterson, Brooks(2004), 'Cultural Intelligence」

Schneider, Cynthia P.(2005), 『The new public diplomacy』, Palgrave Macmillan

Wendt, Alexander(1992), 「Anarchy is What States Make of it」

# KOFICE 간행물

■ 연간 조사 및 연구 보고서

- (연간) 대한민국 한류백서(2013~2016)
  - 대한민국 대표 종합한류정보서적, 한 해 동안의 국내외 한류 현황 및 이슈 정리

- (연간) 해외한류실태조사(2012~2016) / 2016-2017 글로벌한류실태조사(2017)
  - 전 세계 한류소비자 대상 주요 한류 콘텐츠 인기 현황 및 미래 소비심리 측정

- (연간) 한류의 경제적 효과(2014~)
  - 한류지수, 한류의 경제적 효과 등 한류의 사회·경제적 효과에 대한 국내 유일의 정량적 지표 제공


■ 정기간행물

- (월간) 글로벌 한류동향(2012~2017.5.)
  - '월간 한류 이슈포커스', '통계로 보는 한류', '국내외 한류 동향 단신' 등 심층적인 한류 정보를 제공하는 월간 한류 문화산업 분석 보고서

- (월간) 웹진 한류 스토리(2013~)
  - 급변하는 글로벌 문화 트렌드에 대한 인사이트를 제공하는 문화산업전문웹진

- (분기) 한류NOW 보고서(2012~)
- 정부, 업계, 소비자 등 다각도에서 국내외 주요 한류이슈 심층 분석

■ 단행본

- 사드, 그 이후의 한류(2017) : 정치외교 이슈의 볼모가 된 '한류', 위기상황을 진단하고 미래 한류정책을 모색하기 위해 학계, 업계, 정부 한류전문가들이 참여해 만들어진 대담록

- 한류 메이커스(2017) : 요동치는 한류산업, 창의와 기술력으로 글로벌 트렌드를 창조해 가는 문화 혁신가들의 고군분투기

- 2017 글로벌 한류 트렌드(2017) : 해외 15개국 약 8,000명의 현지인들을 대상으로 한 국내 유일의 한류콘텐츠소비 실태조사로, 다각도의 분석 결과를 바탕으로 새로운 소비 트렌드를 조망

- 포스트 한류 비욘드 아시아(2017) : 작은 흐름을 넘어서 일반적인 소비 현상으로 자리 잡은 한류, 아시아를 넘어 글로벌 시장 진출을 위한 지침서로 북미·유럽 9개국의 한류 스토리를 담은 한류 리소스 북

- 싸이, 그 이후의 한류(2016) : '싸이 신드롬'부터 '태양의 후예'까지 융합한류 시대를 관통하는 꽤 스마트한 한류트렌드 분석서

## 엮고 쓰다

### 김덕중
한양대학교 체육학 박사(스포츠 마케팅·미디어 전공)
現 한국문화산업교류재단 사무국장
前 한국벤처투자 상임감사, 대통령실 기획관리실/문화체육관광비서관실 행정관

### 남상현
성균관대학교 언론학 박사(미디어 경제·경영, 문화콘텐츠 마케팅 전공)
現 한국문화산업교류재단 조사연구팀 팀장

### 류설리
서강대학교 언론학 박사(디지털미디어·콘텐츠 전공)
現 한국문화산업교류재단 연구원

### 김윤지
서울대학교 경제학 박사
現 한국수출입은행 해외경제연구소 연구위원(중소기업, 문화콘텐츠산업, 정책금융 담당)
주요 저서: 『박스오피스 경제학』(2016)

### 전종근
서울대학교 경영학 박사
現 한국외국어대학교 국제금융학부 교수
한국외국어대학교 경상대학장, 소비문화연구 편집위원장

### 김승년
美 노스캐롤라이나대학교 경제학 박사
現 한국외국어대학교 경제학부 교수
前 삼성금융연구소 수석연구원

**이한석**
서울대학교 경영학 박사
現 상명대학교 글로벌경영학과 교수

**김유경**
美 시라큐스대학교 커뮤니케이션학 박사
現 한국외국어대학교 미디어커뮤니케이션학부 교수
국가브랜드연구센터장, 서울시 브랜드추진위원회 위원, 국가브랜드 개발 추진단 위원

**김중섭**
경희대학교 국어국문학 박사
現 경희대학교 국어국문학과 교수
경희대학교 미래위원회 사무총장, 경희한국어문화센터장

**박정숙**
연세대학교 행정대학원 행정학석사
콜롬비아대학교 국제대학원 국제학 석사
現 경희대학교 국제교육원 객원교수
前 외교안보연구원(IFANS) 겸임교수, 청와대 문화관광교육 자문위원, 한국국제협력단(KOICA) 홍보대사

한국문화산업교류재단(KOFICE) www.kofice.or.kr

한국문화산업교류재단은 국가 간 문화산업 교류를 통해 각국 문화에 대한 이해를 도모하고, 상호협력 기반을 조성하고자 설립되었습니다. 재단에서는 한국문화산업의 교류활성화를 위해 <조사연구사업 및 국제학술대회 개최>, <쌍방향 문화교류행사>, <한류 융복합 협력 프로젝트>, <한류중장기 발전전략 수립> 등 다양한 문화교류 진흥 사업을 수행하고 있습니다.

### 한류효과론
## 한류노믹스

**초판 1쇄 인쇄** 2017년 6월 8일
**초판 1쇄 발행** 2017년 6월 8일

**발행인** 곽영진
**발행처** 한국문화산업교류재단
**주소** 서울시 마포구 성암로 330 DMC첨단산업센터 A동 107호
**전화** 02-3153-1779
**팩스** 02-3153-1787
**홈페이지** www.kofice.or.kr

**총괄** 김덕중
**책임편집** 남상현
**디자인 및 인쇄** 화인페이퍼

12,000원
ISBN 979-11-85661-40-7 03300

이 책의 전부 또는 일부 내용을 재사용하시려면 반드시 출처를 밝혀주시길 바랍니다.
문의 조사연구팀 남상현(02-3153-1784, snamsang@kofice.or.kr)